湘江青年法学

LAW JOURNAL OF XIANGJIANG YOUTH

第四卷·第一辑

主编◎魏远山　张贵昊

郭道晖　题

湘潭大学出版社

— 特别鸣谢 —

（排名不分先后）

郭道晖、李步云、江平——法治三老

（以下按首字母排名）

陈云良	中南大学法学院院长
韩大元	中国人民大学法学院原院长
何勤华	华东政法大学原校长
何文燕	湘潭大学法学院教授
贾　宇	西北政法大学原校长
蒋大兴	北京大学法学院教授
姜明安	北京大学法学院教授
梁治平	洪范法律与经济研究所所长
单晓光	同济大学法学院院长
吴汉东	中南财经政法大学原校长
徐阳光	中国人民大学法学院教授
张千帆	北京大学法学院教授

编者语 Editor's Notes

戊戌年冬，《湘江青年法学》第四卷第一辑定稿付梓。该辑的编定离不开每位成员的热情付出，更离不开师长们的谆谆教诲。感谢湘潭大学副校长廖永安教授，法学院·知识产权学院党委书记黄德华老师，法学院·知识产权学院院长肖冬梅教授，副院长吴勇教授、副院长欧爱民教授及学术委员会的诸位老师一路的支持和照顾，高谊厚爱，铭谢不忘！同时还要感谢新老编辑的严格把关与无私付出，作者的不吝赐稿，读者的支持与包容，以及每一位给予我们帮助的法律同仁。

第四卷第一辑承袭本刊多元化的风格，精心选取了来自中国人民大学、山东大学、中央财经大学、南京师范大学、中南财经政法大学、湘潭大学、江西科技师范大学、华东交通大学、福建农林大学以及浙江省岱山县人民法院等多家学术研究和实务机构的十三篇论文，分为“专题研讨”“前沿关注”“思想源流”和“实证研究”四个栏目。

“专题研讨”栏目是我编辑部所举办的“第五届湘江青年法治论坛”所遴选出的优秀征文专栏，以“人工智能时代的法律规制”为题共选取六篇文章。余秀宝法官的《人工智能创作物可版权性质疑——以文学创作论为分析视角》一文，以文学创作论为视角分析了人工智能创作物与人类创作物的不同，人类创作作为人类精神生产的主要形式，其直接目的是要达到主体从观念上把握客体，具有目的性，应受著作权法保护。但人工智能生成物具有无目的的合目的性，仅在结果上可以赋予其价值和意义，故排斥版权法的保护。仅在人工智能创作物具有价值性和可交易性的前提下，可将其作为一种数据信息归入民事权利的客体，为其提供竞争法上的保护。

孟丹女士的《人工智能文学创作物的著作权定性及归属安排》一文认为人力干预程度低的人工智能文学创作物能够满足著作权法的保护要求，虽然人工智能不具有法律主体资格，但为避免人工智能生成物的文学创作物流入公有领域，保护相关利益主体利益，可借助著作权法对人工智能文学创作物进行保护，进而促进人工智能技术的发展。该文与余法官的文章存在相似之处也存在观点对立，可谓形成了一定的观点交锋，恰好也发挥了《湘江青年法学》作为青年法律人学术争鸣的舞台的作用。

聂佳龙先生的《基于正义标准复杂性范式分析的人工智能时代法律构建》一文，以正义标准复杂范式为手段构建法律制度进而消解人工智能所产生的副作用，即以基本权利分配法、市场经济促进法、社会制度矫正法所组成的链环式系统、以发展权为宗旨、改变既定基本权利分配法的基本结构，以市场经济促进法按照生产要素贡献分配的原则来予以建构，以社会制度矫正法通过税收、财政、社会保险等手段矫正不同要素所有者之间收入差别过大问题。

徐杰先生的《人工智能刑法主体资格之检思——以“主体说”为检思对象》一文对人工智能的刑法主体资格问题进行了探讨，认为人工智能与法人组织存在较大差异，相较于“人工智能刑法主体地位肯定说”（徐杰先生归纳为“主体说”）、“人工智能刑法主体地位否定说”可能更为合理。原因在于：首先，人工智能与法人在意志有无、运作基础以及行为基准层面存在实质差异，使后者不具有将人工智能拟制为刑法主体的立法借鉴意义；其次，综合考察人工智能主流研究方向与研究现状、通向强人工智能的技术路径尚未显现以及人工智能的“为人服务”特征等情况，未来人工智能不可能也不应当产生自由意志，仍属于手段，无法成为目的；最后，人工智能的系统工具属性决定了即便能够对其适用“刑罚”，也难以实现预防犯罪的刑罚目的。

当前，智慧司法、人工智能辅助量刑系统等实践正如火如荼，与此同时，算法黑箱、算法歧视等问题也正成为新的关注焦点，人工智能系统真像标榜那般公平、公正尚待观察。郑海山先生所撰写的《大数据时代建构人工智能辅助量刑系统的路径探讨》一文，着眼于大数据、人工智能等新技术对司法实践的影响，认为现代司法制度必须积极响应即将到来的智慧司法趋势，构建智慧法院、智慧量刑、智慧刑法运作体系。但在此过程中，司法实践不应高估人工智能的作用，而应将其视为一种有效但有限的辅助手段。在未来，应尽量优化智能辅助系统，提高数据分析能力，通过人工智能辅助系统检校司法审判程序，预防人为的疏漏；同时也谨慎规避算法黑箱问题，建立内部算法的透明化机制，树立正义的算法观等，使司法权的运作更契合法治精神。

诸如信息技术、人工智能等新兴技术的出现改变了人们的日常生活、工作方式，技术能力与技术素养的差距而导致社会公众之间出现“人工智能鸿沟”。为弥合人工智能正在造成的鸿沟，受教育权的自身价值与保障公民其他权利的工具性价值上升，其内涵也得到扩张。在这种情形下，国家给付义务的核心是提升公民的数字素养、消除功能性文盲，以使公民实现人格的全面发展、适应新的社会环境并充分行使各项权利。而这正是朱家豪先生《人工智能时代受教育权的国家义务》一文所关注的对象。

“前沿关注”栏目则选取了民商法学和诉讼法学两个领域的三篇文章。包丁裕睿先生《股权让与担保的立法论——基于学说和裁判分歧的分析和展开》一文关注民间融资领域的担保方式，考虑到股权让与担保能更好地进行风险监控并降低实现担保的成本，也是民间融资领域最重要的担保方式，为了统一裁判规则、促进交易，应将股权让与担保制度成文化。其制度设计应以“担保权构成”为出发点，利用公司法领域的登记制度，平衡让与担保当事人、公司以及第三人的利益。股权让与担保的对内效力应最大限度地允许意思自治，并兼顾公司内部登记效力，且应有限制地允许流担保契约；对外效力应兼顾商法外观主义原则和担保权实质。王艺坪先生的《委托合同任意解除的赔偿范围》一文定焦于任意解除委托合同的法律责任。我国《合同法》第 410 条规定了委托合同的任意解除权，但该权利的行使势必会导致合同相对方遭受损失，故应要求行使任意解除权的一方赔偿守约方的损失，但《合同法》第 410 条对赔偿范围的规定太过笼统，致使理论与司法实践中对合同解除后的赔偿范围存在较大争议。为更好地保护守约方的利益，应根据具体合同类型确定行使任意解除权的一方的赔偿责任，且确定赔偿范围时应考虑实际损失与可得利益损失。余想钊先生的《法教义学视野下的“明确的被告”》一文以法教义学方法分析当前民事诉讼法领域中“明确的被告”这一起诉条件存在的问题。其认为民事诉讼法学界对于起诉条件的研究过于重视理论的构建，而缺乏对法规范体系和司法实践的关注。现行有关“明确的被告”起诉条件的法律和司法解释虽不够体系化，但经过教义学方法的梳理，可以理顺其逻辑关系并确定面向司法实践需求的规则适用指引；此外，引入驳回诉状的裁判方法、建立对“明确的被告”的二阶段审查制度来解决“明确的被告”在实践中裁判方式的单一化、对司法解释的错误理解和适用、标准的高阶化等问题。

“思想源流”栏目选取了两篇与刑法相关的文章。陈凯先生《试析我国未成年人刑事司法程序的社会调查制度》一文以未成年人刑事诉讼程序中的社会调查制度为研究对象，着重分析了社会调查报告在裁判文书中的表现形式，并以此为基础从社会调查主体、调查程序、调查内容以及社会调查报告如何运用等方面对社会调查制度进行重新构造。王舒女士系统梳理了秦汉时期“计赃论罪”量刑体系的演变，在《秦汉时期的“计赃论罪”》一文中进行了较为详细的论述。其认为“计赃论罪”在范围上包括以基本盗罪为量刑核心的犯罪（个别犯罪对象具有特殊性质的犯罪除外）和部分有关财产的职务犯罪；在内容上前者以基本盗罪为量刑中心，其他犯罪适用与“盗”相同的量刑规定，这与后世财产类犯罪以“六赃”为基准，其他罪名相比附的量刑体系呈现出相同的规律；部分职务犯罪多样的量刑标准则暗合后世“计赃论罪”多中心的发展方向。

“实证研究”栏目秉持“崇法以治世固本，尚道以济民维新”的办刊目的，考虑到我国与新加坡贸易往来日益密切，我国企业有了解新加坡专利制度的需求，特组入“新加坡专利制度”相关的两篇文章以飨读者。宋尧女士的《新加坡专利异议制度及其可鉴经验》一文通过梳理新加坡专利异议流程，并结合比较我国专利公众意见制度，发现两项制度均设置于专利授权前用于判断专利申请是否符合授予条件，但均具有不足：新加坡专利异议制度存在易被利害关系人滥用恶意延迟授权时间的缺陷；而我国专利公众意见制度缺乏反馈机制易削弱公众参与专利审查的积极性。为此我国需要明确公众意见制度的法律地位，且纳入反馈机制，使该项制度更好地服务于专利审查。程煜女士的《新加坡专利申请与审查可鉴经验》一文对新加坡国内专利申请流程进行了系统的介绍，并对新加坡特殊的专利审查制度、国际专利申请和审查的特殊规定以及新加坡对外专利合作计划进行了论述，以期有助于我国在新加坡投资企业充分了解新加坡专利申请制度。

转眼间，《湘江青年法学》已经走过了四个春秋，《湘江青年法学》编辑部也见证了四届“湘青人”的成长。在感叹时光飞逝之际，也更加明白学生自办刊物的不易，也更加钦佩“湘青”前辈的勇气与真情付出。作为《湘江青年法学》的守业者，我们必须感谢一直为我们编辑部无私奉献的各位老师、审稿编辑、编辑部成员、作者和读者，正是因为有你们，才有《湘江青年法学》的昨天、今天和明天。在此，谨代表《湘江青年法学》编辑部全体成员向诸位表示最真挚的感谢！

《湘江青年法学》编辑委员会

二〇一八年十二月

崇法以治世固本
尚道以济民维新

目录

专题研讨

前沿关注

思想源流

实证研究

CONTENT

Special Discussion

Theoretical Froniter

Thinking Origination

Empirical Study

专题研讨

Special Discussion

人工智能创作物可版权性质疑

——以文学创作论为分析视角

余秀宝*

摘　要：作品既是版权保护的制度起点，又是文学活动的基本要素，因此可以从文学创作论的角度分析人工智能创作物的可版权性问题。创作作为人类精神生产的主要形式，其直接目的是要达到主体从观念上把握客体，具有目的性；作品创作完成，作者的目的为作品的目的所替代，而作品具有的多重目的并非为作者所追求，人类创作具有有目的的排目的性，版权法为此提供了不同的保护方式。人工智能的"拟主体性"决定了其"创作"没有目的、价值和意义，仅仅是在结果上可以赋予其价值和意义，具有无目的的合目的性，因此排斥版权法的保护。人类创作遵循情感先发于语言的文学叙事，这是作品获得独创性的合法根据。人工智能通过系统、模型、算法等修辞术进行的"创作"既不以情感为"创作"动机和目的，也不以情感为"创作"手段和方式，体现出情感缺位，缺乏独创性的根据和条件。人工智能创作物在形式上表现为一种数据信息，具有特定性和独立性，可以归入民事权利的客体，对其可以提供一种竞争法上的保护，但前提在于其有价值性和可交易性。

关键词：人工智能　人工智能创作物　著作权法　文学创作

一、问题的提出

人工智能的概念诞生于1956年的美国。目前，人工智能尚无统一的定义。一般认为，对应于自然进化所造就的自然智能，人工智能是指由人类所制

* **作者简介：**余秀宝，浙江省岱山县人民法院法官。

造的智能，即机器的智能。① 根据权威教科书的解释，“人工智能（能力）是智能机器所执行的通常与人类智能有关的智能行为，此智能行为涉及学习、感知、思考、理解、识别、判断、推理、证明、通信、设计、规划、行动和问题求解等活动。”②在技术领域，人工智能和智能系统研究者认为，人工智能（学科）是智能科学中涉及研究、设计及应用智能机器和智能系统的一个分支，而智能科学是一门与计算机科学并行的学科。③ 在经济领域，人工智能被视为一种新的生产要素。如全球最大的管理咨询、信息技术和业务流程外包跨国企业——埃森哲（Accenture）在其研究报告《人工智能如何提高行业利润和创新能力》中指出，人工智能作为正在兴起的新的生产要素，它将有助于盈利能力的增长。人工智能由多种技术组成，它们可以通过不同的方式组合起来以感知、理解、行动和学习。④ 人工智能不仅在技术和经济等领域表现出强大的能力，在文学艺术创作方面也颇为夺人眼球，在小说、诗歌、音乐、电影以及绘画等创作方面都取得了不俗的成绩。2017 年 5 月 19 日，由微软人工智能“小冰”创作的诗集《阳光失了玻璃窗》发布。有人悲怆地指出，连艺术创作这一块具有人类独创精神的领域也快要被机器占领了。也有人自信地认为，该诗集只是简单词语的堆砌，没有情感和灵魂的传递。但无论如何，人工智能创作物是否享有版权问题由此引发了广泛的争议。“自版权制度诞生以来，科学技术的每一次重大突破，都伴随着版权产业的深刻变革，版权制度也随之调整。过去，技术的影响，更多的是体现在作品的传播和使用方式上，在版权法上的反映是作品类型、权利类型、权利限制等制度上的变化。不同的是，人工智能的影响，则体现在作品的创作上。”⑤面对这一文学创作发展史上的重大变故，既有版权（著作权）制度无法解决人工智能创作物是否具备可版权性这一问题。笔

① 钟义信：《人工智能：概念·方法·机遇》，《科学通报》2017 年第 22 期。

② 蔡自兴、徐光祐：《人工智能及其应用》（第 4 版），清华大学出版社 2010 年版，第 2 页。

③ 蔡自兴、徐光祐：《人工智能及其应用》（第 4 版），清华大学出版社 2010 年版，第 2 页。

④ Mark Purdy and Paul Daugherty. How AI Boosts Indystry Profits and Innovation, https://www. accenture. com/t20170620T055506__w__/us - en/_acnmedia/Accenture/next - gen - 5/insight - ai - industry - growth/pdf/Accenture - AI - Industry - Growth - Full - Report. pdf? la = en.

⑤ 易继明：《人工智能创作物是作品吗》，《法律科学》（西北政法大学学报）2017 年第 5 期。

者不揣冒昧,从文学创作论的视角解读人工智能创作物的生成机理,以期为该问题的解决提供一个参考的视角。

二、人类创作有目的的排目的性与人工智能无目的的合目的性

一提到创作,我们就会当然地想到作品(这也是版权法上的核心范畴之一)这个文学成品。⑥ 从法律的角度讲,作品是版权保护的起点;⑦从文艺理论的角度讲,作品是文学的基本要素,这为从文艺理论的角度研究人工智能创作物的可版权性问题提供了切入点。在文艺理论家看来,文学并不是以成品这种形式而存在的,它是以活动的方式而存在的,文学即是一种活动。20 世纪的西方文论中尤其强调作品的价值,美国新批评派的代表人物兰塞姆(J. C. Ransom)就认为文学活动的本体在于作品而非作者或是其他。美国当代著名文艺学家 M. H. 艾布拉姆斯在《镜与灯——浪漫主义文论及批评传统》一书中提出了文学四要素的著名观点,其认为文学作为一种活动,总是由作品、作者、世界、读者这四个要素组成的。⑧ 这一观点被文学理论界广泛接受,并产生了深刻的影响。在文学四要素中,世界指我们的社会生活,作者通过对社会生活的原料进行艺术创造,最终变成作品,作品、作者、世界、读者构成的一个整体的循环结构(如图 1)。在这一结构中,作品成为连接世界、作者和读者之间的桥梁。研究作者如何根据社会生活进行艺术创造的过程和规律,形成了文学创作论。

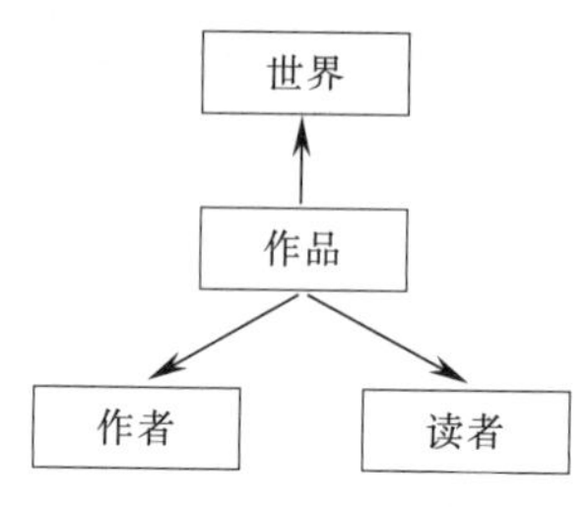

图 1 文学四要素的整体结构

马克思曾说,人掌握世界有四种方式——理论的、艺术的、宗教的、实践—精神的,文学创作属于人们艺术地掌握世界的方式。因而,文学创作活动是人类的一种特殊的美的审视与美的创造活动。⑨ 这决定了文学创作作为一种生产方式的特殊性首先在于它是一种精神生产。文学创作作为精神生产之一

---

⑥ 我国著作权法上的作品,包括文学、艺术和自然科学、社会科学、工程技术等作品,本文基于文学创作论的角度,主要指文学作品。

⑦ 版权法作为一种权益分配机制,其权益的来源正是受保护的作品。参见刘远山、余秀宝:《著作权侵权损害赔偿要论》,《行政与法》2011 年第 5 期。

⑧ [美]M. H. 艾布拉姆斯:《镜与灯——浪漫主义文论及批评传统》,北京大学出版社 1989 年版,第 5—6 页。

⑨ 杨春时、俞兆平、黄鸣奋:《文学概论》,人民文学出版社 2002 年版,第 185 页。

种，始终表现为精神个体性的形式，满足于个体的自由创造，是富于个性的自由创造活动，因而马克思称之为"自由的精神生产""真正自由的劳动"。这个生产过程是作者主观过程客观化的过程。创作作为人类精神生产的主要形式，是一种观念性活动，具有鲜明的个体性特征。创作的直接目的是要达到主体从观念上把握客体，以观念形态再现和建构客体，以满足人们精神生活的需要。[⑩] 为达致这一目的，创作主体或是抒发感情，或是鞭挞时弊，或是表达哲理，或是记事回顾，或是传递信息，不一而足。但是，一旦完成主观客观化，作品表现的内容就不仅仅是创作主体意欲抒发的感情、鞭挞的时弊、表达的哲理、记录的事实、传递的信息，它从个体的吐露、个性的凝固升华为人类共存的关于生命的体悟，成为一般的概念化的符号。当作品创作完成之日，也就是作者主观领域客观化过程结束之时，作者进而从其作品中解放出来。[⑪] 美国著名文艺理论家苏珊·朗格就曾指出："一个艺术家表现的是情感，但并不是像一个大发牢骚的政治家或是像一个正在大哭或大笑的儿童所表现出来的情感。艺术家将那些在常人看来混乱不整的和隐蔽的现实变成了可见的形式，这就是将主观领域客观化的过程。但是，艺术家表现的绝不是他自己的真实情感，而是他认识到的人类情感。一旦艺术家掌握了操纵符号的本领，他所掌握的知识就大大超出了他全部个人经验的总和。艺术品表现的是关于生命、情感和内在现实的概念，它既不是一种自我吐露，又不是一种凝固的'个性'，而是一种较为发达的隐喻或一种非推理性的符号。"[⑫]由此，作者通过作品"直抒胸臆"，其带有无可置疑的目的性，一旦作者从作品中抽离，其本来的目的就完成使命而退出作品的舞台，作品自身表现出不同的目的，甚至是多重不同的目的，这些目的在创作主体看来是无法预测且无须预测的，从而也就无须在创作过程中刻意揣度作品可能的目的。因此可以说，作者在创作时，是有着强烈的目的的，而创作完成后，作品可能表现出的作者的一些目的，作者又是排斥的，即人类创作具有有目的的排目的性。无论是作者创作本身的目的，还是作者所排斥的目的，都是作者主体精神在作品中的客观化反映。这反映在法律制度层面上就是著作权法对作者人格的保护并不是直接进行的，而是间接

---

⑩ 曹世华:《版权理论中的创作概念》,《法学研究》1997 年第 6 期。

⑪ 余秀宝:《论著作人身权与作者的分离》,《电子知识产权》2012 年第 9 期。

⑫ [美]苏珊·朗格:《艺术问题》,腾守尧、朱疆源译,中国社会科学出版社 1983 年版,第 25 页。

地予以保护。例如《德国著作权法》就规定:“著作权保护作者与作品之间以及作品使用过程中的精神及人身关系。”在德国学者看来,“尽管著作权法是与作品联系在一起的,但是它也间接地保护与创作行为有关的作者人格。”⑬

除此之外,作者创作有目的的排目的性还关涉作者的主体性。作者的主体性,“包括作家的实践主体性与精神主体性。实践主体性是指作家在创作实践过程中(包括为创作做准备的感受生活的实践)的实践能力,主要是作家的表现手段和创作技巧;而精神主体性,则是指作家内在精神世界的能动性,也就是作家实践主体获得实现的内在机制,如作家创作的动机,作家在创作过程中的情感活动等等。”⑭作者的实践主体性是达致目的的方式,作者的精神主体性是达致目的的路径。这好比一个人从家里到公园散步一样,从家里到公园可供选择的多条道路是这个人散步的路径,而以怎样的步伐和速度到达公园则是这个人散步的方式,前者体现散步者的精神能动性,后者体现散步者的实践能力。在创作过程中,作者的实践主体性是有目的的,并且作者往往会刻意追求这种目的;在精神主体性方面,尽管作者在创作一开始也带有目的,但创作完成后,其一开始的目的就不复存在,存在的是作品本身带有的多重目的,是排目的的。在法律层面上,对这一有目的的排目的性的保护模式是存在差异的。对作者实践主体性的保护方式主要是靠著作人身权(精神权利)来完成的,如对表现手段和创作技巧的破坏,可能构成侵犯作者的修改权、保护作品完整权等权利;而对作者精神主体性的保护方式则主要不依版权法来保护,如对作家创作动机的攻击、创作情感的恶意解读,则可能承担民法上侵犯一般人格权的民事责任。

人工智能的本质是一种具有社会性的智能,其目标是要建造能够表现出一定智能行为的真体(agent),也可称为人工智能系统。人工智能系统的工作原理可以简括为“客体信息→感知信息→知识→智能策略→智能行为”这一技术路线。⑮ 就创作而言,人工智能体的思维模型为:通过人工干预,将客观存在的信息(客体信息)作用于人工智能体,人工智能体根据其预设目的作出智能决策,并通过智能行为(表现为创作物)反作用于客体信息。人工智能的创作过程,大抵以大量文本语料(信息)的数据为基础,通过快速阅读并形成

---

⑬ [德]M. 雷炳德:《著作权法》,张恩民译,法律出版社2005年版,第5页。

⑭ 刘再复:《论文学的主体性》,《文学评论》1985年第6期。

⑮ 钟义信:《人工智能:概念·方法·机遇》,《科学通报》2017年第22期。

表达意思的专题模板（知识），最后通过语言模型进行加工合成（智能）。⑯ 例如，一种关于 NBA 赛事新闻的自动写作软件，其设计过程为：“首先根据两支球队的比分差，构建比分差函数，并提出基于比分差函数性质的数据分片算法和数据合成算法；然后对数据片进行分类处理，根据数据片的类别以及历史 NBA 赛事的新闻报道，构建 NBA 赛事报道模板库，并以球队和球员的表现为中心，将数据片的信息填入已构建好的模板，得到一篇自动生成的 NBA 赛事新闻稿。”⑰在这个“创作”过程中，人工智能（体）在给定特定的信息情形下，按照事先预设的程序、模型和规则，产出具有价值的信息。这种人工智能的创作可通过自动的认知、决策和行为执行任务（暂且不论其实现条件），这使其在一定程度上显示出某种“主体性”，成为一种介于人类主体与一般事物之间的实体。但是，学术界多数研究者认为，由于人造机器没有自身的目的（机器的工作目的都是非常特定的，而且都是人类设计者设置的，而不是机器自己生成的，所以和人类的目的性质完全不同），也没有自身积累的知识（机器知识库的知识都是特定领域的，都是人类输入的，而且往往是不完备的；虽然机器可以具有一定的学习能力，但也只是针对特定领域的学习），机器难以具备直觉能力、想象能力、灵感和审美能力。⑱

人工智能的“创作”仅仅属于功能性的模仿，而不是基于自我意识、自由意志的能动性创作，尚未形成独立的主体，仅表现为一种“拟主体性”。而“拟主体性”会表现出某种逆悖性：一方面，它们可能实际上并不知道自己做了什么、有何价值与意义；另一方面，至少在结果上，人可以理解它们的所作所为的功能，并赋予其价值和意义。⑲ 这种逆悖性可以称作“无目的的合目的性”。所谓“无目的”，是说人工智能的“创作”既无伦理、功用、欲望等主观意志方面的目的，又无概念、逻辑等客观认识方面的目的，既与实践理性不同，又与纯粹理性不同。凡“目的”总是与需要、利害相联系的，所以“无目的”也就没有利害感，既无官能的或是道德方面的利害感，也没有理性方面的利害强迫我们去

---

⑯ 吴军：《智能时代》，中信出版集团 2016 年版，第 314—315 页。

⑰ 陈玉敬、吕学强、周建设、李宁：《NBA 赛事新闻的自动写作研究》，《北京大学学报（自然科学版）》2017 年第 2 期。

⑱ 钟义信：《人工智能：“热闹”背后的“门道”》，《科技导报》2016 年第 7 期。

⑲ 段伟文：《人工智能时代的价值审度与伦理调适》，《中国人民大学学报》2017 年第 6 期。

判断,因而这种"无目的"的判断就是一种超脱的自由的意识。[20] 从审美的意义上讲,人工智能创作物产生之后,其以话语符号的形式表现在人们面前,总能向读者传递语言本身所蕴含的信息,读者总是基于自身的知识储备、情感立场、功利取舍、道德基准等评判、体验创作物本身,并赋予其功能上的意义,这就产生了读者与人工智能创作物之间的利害感,又符合文学作品本身的审美体验,从而呈现出一种"合目的性"。所以说,从人工智能"创作"的过程来讲,它是无目的的;从人工智能"创作"的结果来讲,它又是合目的的。它与人类创作"以最强烈和最持久的方式体现出其作者的个性,作者则在其作品中'生存'并超越自我"[21]形成鲜明对比。退一步讲,即便承认人工智能这一"拟主体性"的实践主体性和精神主体性,当发生经过人工智能创作物侵犯其创作主体之主体性时,尤其是侵犯其精神主体性时,会产生这样不可接受的情形:即明明出现了侵犯行为,却找不到侵犯的对象和需要承担责任的依据,因为人工智能不具备精神利益,也不可能将侵犯的对象追溯到人工智能的设计者、所有者或使用者,因为侵犯行为的确没有针对这些主体。由此似乎不难得出,人工智能无目的的合目的性排斥版权法给予的保护。

三、情感先发于语言的文学叙事与人工智能修辞术的情感缺位

文学创作作为一种生产,是人与世界(即主客体间)的特定关系的反映。文学创作的客体,即文学反映的对象,是关系文学的根本问题。[22] 关于文学创作的客体,存在不同的学说。"自然说"认为,文学的客体是独立于人之外的自然,即社会生活。古希腊亚里士多德在其《诗学》中认为,史诗、悲剧、酒神颂以及大部分双管箫乐、竖琴乐,都是模仿自然事物的结果。[23] 南北朝时期的刘勰在《文心雕龙》中认为,"言之文也,天地之心哉!"[24]这些都表明文学的客体是天地自然。"情感说"认为,文学是人的内心世界的表现,文学客体即人的心灵。英国浪漫主义诗人华兹华斯说:"诗是强烈情感的自然流露。它起

---

[20] 辛潮:《审美经验的"无目的的合目的性"》,《辽宁师范大学学报》1985 年第 6 期。

[21] [西班牙]德利娅·利普希克:《著作权与邻接权》,联合国教科文组织译,中国对外翻译出版公司 2000 年版,第 112—113 页。

[22] 童庆炳:《文学理论教程》,高等教育出版社 1998 年版,第 103 页。

[23] 亚里士多德:《诗学》,见《诗学·诗艺》,人民文学出版社 1982 年版,第 3 页。

[24] 刘勰:《文心雕龙·原道》。

源于在平静中回忆起来的情感。”[25]苏珊·朗格将艺术定义为：“艺术乃是象征着人类情感的形式之创造。”[26]在中国古代，西晋的陆机在《文赋》中提出“诗缘情而绮靡”，肯定了文学的主要表现对象是情感。“社会生活说”认为，社会生活是文学创作的客体，是文学创作的唯一源泉，离开了这个客体，就没有文学创作。[27] 社会生活“是一切文学艺术的取之不尽、用之不竭的唯一源泉。这是唯一的源泉，因为只能有这样的源泉，此外不能有第二个源泉”。[28] 以上三种学说关于文学创作的客体虽有不同的认识，但有一点是共同的，即文学创作的对象都是作者体验过的对象，只有作者体验过的客体，才能成为文学创作的实际客体。这种体验是审美体验，主要是情感体验。所以，“文学对象是经过作家的体验而成为情感化了的客体。”“文学活动是通过人对世界的情感体验、感受、评价，力求表达主体对世界的主观感受和认知，并将这种感受和认知传达给别人，以满足自己和他人的情感需要，其生产成果，主要体现为人的情绪、情感的物化形态。”[29]在我国古代，很早就认为作品是作者情感的表现。如《尚书·尧典》云：“诗言志”；《毛诗序》曰：“诗者，志之所之也，在心为志，发言为诗。”这些议论都表达了作者情感之于作品的决定意义。

作者的审美体验作用于客体进行创作的过程可以描述为：客体映入作者视野→作者产生情感→情感作用于客体→作者选取表达符号→符号汇集成作品。由这一过程可以看出，人类文学创作遵循了情感先发于语言的叙事结构。这在十九世纪的西方文论上也可以体现出来。十九世纪浪漫主义艺术理论尊崇的表现说认为：“作品本质上是内心世界的外化，是激情支配下的创造，是诗人的感受、思想、情感的共同体现。因此，一首诗的本原和主题，是诗人心灵的属性和活动；如果以外部世界的某些方面作为诗的本质和主题，也必须先经诗人心灵的情感和心理活动由事实而变为诗。”“诗的根本起因是一种动因，是诗人的情感和愿望寻求表现的冲动，或者说是像造物主那样具有内在动力

㉕ 华兹华斯：《〈抒情歌谣集〉1880年序言》，伍蠡甫：《西方文论选》（下册），上海译文出版社1979年版，第17页。

㉖ ［美］苏珊·朗格：《情感的象征符号》，《美学译文》（第3辑），中国社会科学出版社1984年版，第124页。

㉗ 童庆炳：《文学理论教程》，高等教育出版社1998年版，第106—107页。

㉘ 毛泽东：《在延安文艺座谈会上的讲话》，载《毛泽东论文艺》，人民文学出版社1958年版，第64页。

㉙ 童庆炳：《文学理论教程》，高等教育出版社1998年版，第110、102页。

的‘创造性’想象的迫使。”[30]

知晓了情感先发于语言的文学叙事这一原理后，还要明白情感先发于语言作用于创作客体对作品独创性的影响。我们知道，作品反映的世界并不等于世界本身，作品中体现的情感也并不完全同于作者内心的真实感受，作品恰好又把这两种不同均表现了出来。作品表现出的与现实世界的不同、与作者真实感受的差异，既是其短处又是其长处。其短处在于作品创作不能原本地再现现实，其长处在于作品创作可以超越世界的本真状态，去创造更具普遍性、更具深层的意蕴。由于作者对不同于世界的特性有自觉的认识，作者在作品上体现的创造性因而具有合法性。[31] 这就不难理解，版权法上受保护的作品，创造性乃其先决条件。作者的不同情志，体现于对不同于世界的特性有自觉的认识，这种认识因人因时而异，是带有绝对个性的，也是不可模拟或复制的。所以可以说，情感先发于语言的文学叙事，是作品获得独创性的唯一正当根据，因此版权法保护这种独创性具有合法性和正当性。

人工智能的“创作”过程则不遵循这一规律，这在前文关于 NBA 赛事新闻的自动写作及其相关分析上可见一斑。再以一种汉语格律诗写作软件的“创作”为例加以分析。这种汉语格律诗写作软件的生成原理为：首先，用户输入若干关键词，系统根据事先设置的词汇库和统计语言模型自动地生成若干首句候选。其次，将格律诗的上下句关系映射为源语言到目标语言的翻译关系，基于短语的统计机器翻译模型，根据若干候选的首句，把诗歌的上一句作为输入以“翻译”生成下一句。在这个过程中，每生成一句，其依据的信息不仅仅是包括上一句诗，而是追溯到首句诗，还包括用户输入的关键词，以使所生成的诗歌在意境上具有整体一致性。[32] 由此可以看出，人工智能诗歌“创作”停留在从语言到语言的循环往返过程，其“意象”的选取、“意境”的营造、“意思”的表达，都依赖于语言本身所表示的含义。尽管在“创作”难度相对较低的时事新闻写作领域，经由人工智能复杂的算法处理后产出的财经和体育类新闻报道，大多数读者都无法将其与人类记者生产的新闻区别开来，但其仍

---

[30] [美]M. H. 艾布拉姆斯：《镜与灯——浪漫主义文论及批评传统》，北京大学出版社 1989 年版，第 25—26 页。

[31] 童庆炳：《文学理论教程》，高等教育出版社 1998 年版，第 30 页。

[32] 何晶、周明、蒋龙：《基于统计的汉语格律诗生成研究》，《中文信息学报》2010 年第 2 期。

是基于少数几种有限的模板，风格和语调较为生硬。[33] 由此看来，人工智能的“创作”机理更加注重修辞术的安排和运用，人工智能创作物终将以语言的形式表现出来。人工智能通过系统、模型、算法等修辞术进行的“创作”其本身是不带有任何情感色彩的，它既不以情感为“创作”的动机和目的，也不以情感为“创作”的手段和方式。其“创作”的开端、过程和结果，均源于人工智能获得了其可识别的数据，再根据这些数据产生出新的数据，只要预设的模型和算法可以无限次地不重复地运行，人工智能就可以产生无限量的不雷同的数据，只不过这些数据最终以语言符号的形式表现了出来。

在人类的创作过程中，语言之于情感表达的有效性都是值得怀疑的。十八世纪苏格兰宗教学家休·布莱尔在其《论纯文学与修辞的演讲》中认为，“激情往往通过简短的、破碎的、断断续续的语言表达出来，这是与人们心灵中强烈的、散乱的情感相应的。”[34]在这方面，十八世纪欧洲情感小说叙事上的碎片化特征即是著例。这种碎片化叙事表现为主要情节的断裂、时间顺序的混乱安排、偏离主题的内容置入，利用空行、空页、符号等元素取代文字叙述。[35] 这些学说和现象表明，情感和语言的关系在人类创作中尚且无法找到完全契合的对应关系，更遑论在无情感机制介入而只有符号计算的人工智能“创作”中了。因此，人工智能创作物所表达的情感的有效性和合法性就更加值得怀疑。也因此，在很多人工智能创作物中，根本就难以找到情感的体验和表达。所以一些人工智能创作物并不为读者所爱好和接受。如一名美国记者曾与新闻写作机器人进行了一场比赛，双方以同一主题撰写一篇新闻稿，机器人用时 2 分钟，记者却用时 7 分钟。但在公众投票过程中，机器人只获得了 912 票，记者却获得了 9916 票。

四、人工智能创作物独创性标准的分析缺陷及竞争法保护之选

随着数字网络技术的飞速发展，版权人权利的实现正逐步由“复制权中心”向“传播权中心”转变，版权的所有者、传播者和使用者三者正经历着利益

---

[33] 邓建国：《机器人新闻：原理、风险和影响》，《新闻记者》2016 年第 9 期。

[34] Hugh Blair, Lectures on Rhetoric and Belles Lettres, II. Edinburgh: W Strahan, T. Cadell, and W Creech, 1783, p. 510. 转引自朱研：《十八世纪欧洲情感主义思潮与文学现代性的起源》，西北大学 2016 年博士学位论文，第 127 页。

[35] 朱研：《十八世纪欧洲情感主义思潮与文学现代性的起源》，西北大学 2016 年博士学位论文，第 127 页。

格局的全新调整。互联网技术每一小的进步，都给版权司法实践带来很大的冲击。㊱ 为了应对这样的冲击，当前学界对人工智能创作物开展了卓有成效的研究。关于人工智能创作物可版权性问题的研究，大多从“作品”这一基本范畴出发，进而论证其是否符合版权法上作品之要件。在版权法上，作品的构成要件包括表达和独创性两个方面。前者是指人们对于某种思想观念、客观事实、操作方法（简称思想观念）的表达；后者是指作者独立创作了相关的作品，并且将自己的思想、情感、精神和人格等要素融入了相关的作品之中。㊲ 在美国版权法上，独创性的门槛较低，作品仅需表现出较少的独创性并固定于有形的表现媒介即可获得版权保护。㊳ 一般认为，在英美法系的版权法上，只要是作品来自作者就满足了独创性的要求。而依据欧洲大陆的著作权法体系，相关的作品不仅应当来自作者，而且应当带有作者的某种精神或者人格的印迹。只有当有关的表达体现了作者的情感、精神和人格的时候，才可以成为受保护的作品。㊴ 在讨论人工智能创作物是否具有独创性这一问题上，学界出现了肯定说和否定说两种不同的认识。（1）肯定说。该说认为，人工智能创作物符合作品的独创性标准，构成版权法意义上的作品。应该在法律上明确人工智能创作物为知识产权的新客体。㊵ 易继明教授认为，版权法中的独创性判断标准，应当向一种客观化判断标准倾斜，即从形式上考察其是否与现存的作品表达不一样，并在人类自己所创设符号意义上是否能够解读出具有“最低限度的创造性”。照此标准，人工智能创作物符合形式上的作品要件，可构成版权法上的作品，从而受版权法的保护。㊶ 吴汉东教授认为，“作品是作者自己的创作，完全不是或基本上不是从另一作品抄袭来的”，即满足作品的独创性标准。“人工智能生成之内容，只要由机器人独立完成，即构成受著

㊱ 余秀宝：《视频聚合 APP“深度链接”行为性质的司法认定》，《社会科学动态》2018年第3期。

㊲ 李明德：《论作品的定义》，《甘肃社会科学》2012年第4期。

㊳ Peter S. Menell, Mark A. Lemley, Robert P. Merges. Intellectual Property in the New Technological Age 2017: Vol. II, Clause 8 Publishing, 2017, p488.

㊴ 李明德：《论作品的定义》，《甘肃社会科学》2012年第4期。

㊵ 梁志文：《论人工智能创造物的法律保护》，《法律科学》（西北政法大学学报）2017年第5期。

㊶ 易继明：《人工智能创作物是作品吗?》，《法律科学》（西北政法大学学报）2017年第5期。

作权保护的作品，至于其用途、价值和社会评价则在所不同。”[42]在持肯定说的学者中，如何安排人工智能创作物的权利归属问题，出现了将其纳入作者权体系或者邻接权体系之分歧。有学者认为，机器人作品享有著作权，但机器人并不能像自然人作者或法人作者那样去行使权利，可参照著作权法关于职务作品或雇佣作品的规定，由创制机器的“人”去享有和行使权利。换言之，该项著作权应归属于机器人的创造人或所有人。[43] 也有学者认为，人工智能创作物的权利应归使用者享有。由于使用者是作品的实际创作者，而程序只是作为实现创作目的的工具。使用者使用该程序的目的在于创作出符合独创性要求的作品，从这个意义上来说，其具有创作的主观意图。此外，使用者对于最终创作物如果进行了选择、编排，可以成为创作物的“作者”。[44] 还有学者认为，狭义的版权旨在保护真正的创作，而邻接权则旨在保护投资者。人工智能创作物由于不存在一个确切的、需要受到法律保护的创作者身份，授予人工智能创作物以狭义的版权，也许会导致我们偏离了版权法的立法宗旨。[45] 因此，应将人工智能创作物纳入邻接权系统。就产业经济形势而言，将智能作品的广义的版权授予人工智能的所有者或者使用者，可能是一种较为实际和合理的选择。作为投资人的人工智能所有者或者使用者，促进了人工智能产业的发展，理所应当地成为邻接权制度保护的权利主体。设计者对人工智能的“智能设计”本身享有版权，智能作品是一种演绎行为，符合邻接权的特征。[46]

(2)否定说。该说认为，人工智能创作物是应用算法、规则和模板的结果，同一人工智能体由不同人员操作，或者在不同载体上操作，其产生的结果往往没有多大区别。人工智能通过对大量数据的分析，找出事物运行的规律，对相同的原始材料，人工智能运用相同的策略进行处理，其结果具有高度的可重复性，对策略的应用不具备个性化的特征。因此，人工智能创作物不符合独创性

---

[42] 吴汉东：《人工智能时代的制度安排与法律规制》，《法律科学》（西北政法大学学报）2017年第5期。

[43] 吴汉东：《人工智能时代的制度安排与法律规制》，《法律科学》（西北政法大学学报）2017年第5期。

[44] 孙那：《人工智能创作成果的可版权性问题探讨》，《出版发行研究》2017年第12期。

[45] 许明月、谭玲：《论人工智能创作物的邻接权保护——理论证成与制度安排》，《比较法研究》2018年第6期。

[46] 易继明：《人工智能创作物是作品吗?》，《法律科学》（西北政法大学学报）2017年第5期。

的要求。目前,人工智能本质上是应用人的智能,其创作过程并不涉及创作所需的智能,不能成为受版权法保护的作品。㊼ 例如,机器人记者撰写的新闻报道,往往只是按新闻六要素搭建起来的对事实的简单描述,而缺乏对事实的深度评论,只能被归于不受版权法保护的单纯事实消息(时事新闻);而机器翻译所依凭的只有基本的词典释义和语法规则,无法与具体语境相匹配,更别论对翻译"雅"的要求。㊽

从作品独创性标准论证人工智能创作物可版权性问题会面临不可回避的缺陷。若论证者认为人工智能创作物值得版权法保护,则可尽力证明其符合作品独创性标准。反之,则想方设法论证其不符合作品独创性标准。如有学者认为,随着人工智能生成的内容越来越多,如果不明确界定其属性和权利归属,将引发大量版权法律争议,冲击既有版权制度。例如,人工智能生成的内容将成为新类型的"孤儿作品"和"无主作品",任何人可以随便使用,这既不利于激励新作品的创作和新人工智能的开发,也无益于版权市场的合规性和稳定性。㊾ 也有学者认为,如果不对这些成果给予版权法上的保护,其后果是大量的具有独创性内容的成果将会进入公有领域,人类将会有大量的免费优质内容可以使用,不需要再通过付费获取内容,进而损害了人类创作者的版权获利,从长远来看会挫伤版权人的创作积极性。㊿ 正是基于这样的前提假设,再进一步从结论出发,证明其符合版权法上的独创性,进而认为其属于受版权法保护的作品。人工智能创作物作为一种新生事物,似乎有必要问一下:即便其符合受众认为的独创性标准,就一定构成作品吗? 这一问题从版权法的角度似乎难以解答,这也从侧面证明了文学创作论这一角度论证人工智能创作物可版权性问题的合理性。

从实证法意义上讲,作品在本质上是人的思想情感的表达,版权意义上的作品应当是属于人的智力创造活动所产生的成果。[51] 由计算机制作的资料等

㊼ 王迁:《论人工智能生成的内容在著作权法中的定性》,《法律科学》(西北政法大学学报)2017 年第 5 期。

㊽ 白帆:《机器人"记者"享有著作权吗》,《中国新闻出版报》2015 年 2 月 11 日,第 6 版。

㊾ 熊琦:《人工智能生成内容的著作权认定》,《知识产权》2017 年第 3 期。

㊿ 孙那:《人工智能创作成果的可版权性问题探讨》,《出版发行研究》2017 年第 12 期。

[51] 张今:《著作权法》,北京大学出版社 2015 年版,第 21 页。

非由人类“创作”的东西,不属于版权法意义上的“作品”,不属于版权法保护的范围。[52] 这也是我国著作权法的基本要求:“创作作品的公民是作者”(《著作权法》第11条第2款)。因此著作权法上否认了自然人以外的主体能够实施创作行为,明确了创作者主体的自然人身份。[53] 日本知识产权战略本部在一份报告中认为,在目前的知识产权制度上,人工智能自动生成的内容和信息,不能成为权利保护的对象。人工智能自律性的创作物(与作品相关的信息),因为不是“创作思想或感情表现的东西”(《著作权法》第2条第1项),所以不产生著作权。在美国,版权法保护的作品必须是由人类创作的,美国版权局不会登记那些没有任何人类作者(human author)创造性的投入或参与,由机器或者单纯随机、自动的机械加工生成的作品。[54] 2002年在Desktop Marketing Systems Pty Ltd v. Telstra Corporation Ltd一案中,澳大利亚联邦法院合议庭法官佩勒姆(Perram)称,如果人类对软件程序的控制可以被视为对创作作品的调整和塑造,那么将该人作为计算机软件所创作作品的作者并无不妥。但如果操作软件程序的人并不能控制最终创作之作品的物质形式,那么这种情形下,该人不得被视为作者,该创作物亦不能被视为版权法上的作品。[55]

既然实证法不为人工智能创作物提供保护,倘若因人工智能创作物而产生纠纷,法律是不是就此无能为力了呢?情况也没有这么糟糕。笔者认为,人工智能创作物可以作为一种信息,提供竞争法上的保护。版权的目的是从法律角度提供一种激励因素,其不仅对创造性写作进行保护,还对作品的传播提供保护。尽管人工智能创造物无法成为版权法上的作品,但其外在形式、存在方式、传播途径,甚至是功能用途(指有价值的人工智能创作物)都与作品有实质性的相似之处,这决定了需要为其提供类似于版权的必要保护。在普通

---

[52] 李明德、许超:《著作权法》(第二版),法律出版社2009年版,第29页。

[53] 易继明:《人工智能创作物是作品吗?》,《法律科学》(西北政法大学学报)2017年第5期。

[54] See US Copyright Office. Compendium of the U. S. Copyright Office Practices(3rd Edition), pp16～17. https://www.copyright.gov/comp3/docs/compendium.pdf.

[55] Jani Mc Cutcheon, The Vanishing Author in Computer－Generated Works: A Critical Analysis of Recent Australian Case Law, Melbourne University Law Review, vol. 36, no. 3, 2013, p927. 转引自易继明:《人工智能创作物是作品吗》,《法律科学》(西北政法大学学报)2017年第5期。

法系的版权立法中,经济观点总是处于突出的地位。[56] 因为只有保证投资者有利可图,才能指望他们会为此承担经济风险,而提供这种保证的最好方法是使投资者和生产者对其制造和出版的产品拥有权利。[57] 对人工智能创作物进行法律保护的落脚点和归宿点应在于保护人工智能投资者有利可图,以进一步促进技术和产业的发展。当前,物质生产和精神生产互相渗透、互相融合。技术文明和商业形态的高度发展进一步模糊了物质生产和精神生产的界限,甚至广泛地出现了从事物质生产的目的就是为了创造精神产品,以及从事精神生产的目的就是为了制造商品的现象。比如,在商品社会中,影视生产也是商品生产,它是资本的简单再生产和扩大再生产在影视工业中的体现。[58] 因此,物质生产与精神生产区分的意义从绝对性走向了相对性。在版权制度实践中,"智力活动"成果只涉及于精神生产领域。人工智能创作物作为物质生产和精神生产领域的模糊地带,探讨其是否应受版权法的保护存在难以逾越的障碍。然而,人工智能创作物在形式上表现为一种数据信息,这种数据信息具有特定性和独立性,因此可以归入民事权利的客体。在目前的法律体系中,对这种权利客体可以提供一种竞争法上的保护。人工智能创作物信息受竞争法保护的前提在于其有价值性、可交易性,可以视为一种独立的财产。将人工智能创作物纳入竞争法领域进行保护,无须考虑其是否具备版权法上的独创性要件,只需判断其是否具有价值性和可交易性即可,这种保护模式既不需要修订现有版权法的规定,也能为人工智能创作物提供较高程度的保护,且不会对现有法律制度造成冲击,是一条可选之路。

Artificial Intelligence Creations can be Questioned by Copyright ——Analysis of Literary Creation Theory

Abstract: The work is not only the starting point of copyright protection system, but also the basic element of literary activity. Therefore, it can analyze the

---

[56] 英美法系国家的版权法最初认为版权仅具有财产权性质,作者的精神权利按一般人格权加以保护。参见余秀宝:《论著作人身权的性质——以著作人身权的非人身性和财产性为视角》,《广东工业大学学报(社会科学版)》2013 年第 3 期。

[57] 中国版权研究会:《版权研究文选》,商务印书馆 1995 年版,第 202 页。

[58] 丁亚平:《艺术文化学》,文化艺术出版社 1996 年版,第 305 页。

copyright ability of artificial intelligence creation from the perspective of literary creation theory. As the main form of human spiritual production, creation has the direct purpose of achieving the subject's conceptual grasp of the object and its purpose; the creation of the work is completed, the purpose of the author is replaced by the purpose of the work, and the multiple purpose of the work is not for the author. Pursuit of human creation has a purposeful purpose, and copyright law provides different protection methods for this. The "subjectivity" of artificial intelligence determines that its "creation" has no purpose, value and meaning. It can only give its value and meaning to the result, and has a purposeless purpose. Therefore, it excludes the protection of copyright law. Human creation follows the literary narrative of emotion first in language, which is the legal basis for the originality of the work. The "creation" of artificial intelligence through rhetoric such as system, model, algorithm, etc. does not use emotion as the motive and purpose of "creation", nor does it use emotion as the means and means of "creation", reflecting the lack of emotion and lack of originality. According to and conditions. The artificial intelligence creation is expressed in the form of a kind of data information, which has specificity and independence. It can be classified into the object of civil rights, and it can provide a kind of competition law protection, but only if it is valuable and tradable.

Key Words: artificial intelligence; artificial intelligence creation; copyright law; literary creation

（责任校对：魏远山）

人工智能文学创作物的著作权定性及归属安排

孟　丹*

摘　要：依据客观独创性标准，暂将人工智能文学创作物分为一般人工智能文学创作物与高级人工智能文学创作物两类。其中人工智能通过自主学习生成具有独创性的高级文学创作，符合《著作权法》中作品的独创性。为避免这些文学创作未经保护直接流入公有领域，可借助著作权法对文学创作物予以保护，并将由人工智能创作产生的著作权权益分配到人工智能使用者，在解决人工智能文学创作物保护困境的同时，防止因相关权利人利益受损而阻碍人工智能技术的发展。

关键词：人工智能文学创作物　独创性　著作权保护　著作权

人工智能发展至今，与其相关的各方面研究，无论是理论研究，抑或是实践研究，都取得了优异成果。理论方面，学者对人工智能的研究不仅包括对人工智能的原理剖析，仍包括对人工智能目前带来的或将来面临的法律及伦理方面的问题分析；实践方面，人工智能的出现及进步对发展生产力、代替人类劳动等方面产生了巨大影响。作为受人工智能影响的领域之一"著作权法领域"亦然。从诗歌到小说，从作曲到绘画，人工智能已多方面地向人类展现其令人震惊的能力以及不可低估的潜力。2017 年，微软公司的人工智能"小冰"创作诗集《阳光失了玻璃窗》并出版。① 该诗集形如现代诗人所创，譬如该诗

* **作者简介**：孟丹，湘潭大学法学院硕士研究生。

① 《阳光失了玻璃窗》是小冰对 1920 年以来的 519 位诗人的现代诗进行学习之后完成的创作。

集中《你是人间的苦人》一诗，小冰通过“落花”描写人苦，极具现代诗人饱含真情以及联想自然等特点。在上述创作方面，小冰是极具代表的人工智能，但并非是唯一进行创作的人工智能，这使人类逐渐感知到人不再是创造力或创新的唯一来源。

人工智能文学创作物作为人工智能的产物，学者对其性质的认定存有不同见解。有些学者对人工智能文学创作物持肯定态度，认定其属于作品；有些学者则认为人工智能文学创作物并非作品。而对人工智能文学创作物性质的不同认定，直接影响人工智能文学创作物能否获得著作权法保护以及权属分配。作为新时代的产物，人工智能文学创作物理应得到保护，但基于现状，人工智能文学创作物由于自身原因或他因使其在获得著作权的保护上存有困境。本文首先对人工智能文学创作物的现存困境予以分析，在此基础上，进而对人工智能文学创作物加以定性，最终对人工智能文学创作物的归属问题提出解决建议。

一、人工智能文学创作物著作权归属困境

（一）人工智能文学创作物理论困境：主体不适格

人工智能技术的出现可以更好地服务于社会，它的快速发展与广泛应用将推动一国的政治、经济、文化等多方面的发展。文化领域中的文学方面，人工智能逐渐自主生成一些文学创作，即人工智能文学创作物，这些创作对文学的意义是深远持久的，但在当前法律体系中，没有与之相适的法律对其给予保护。究其本质，主要有以下两方面原因：

首先，主体自身资格方面。传统民法意义中的人必须具备独立人格，该主体既包括自然人，也包括法人。而人工智能作为程序，没有人类的思维与意识，也不能像法人一样依法独立享有民事权利和承担民事义务。人工智能不属于传统民法意义上的人，其作为新时代的产物，同时作为人工智能创作物的产生主体，可以借助康德的思想予以解读，即没有理性的东西只是具有一种相对的价值，只能作为手段，因此叫作物；而有理性的生灵叫作“人”，因为人依其本质即为目的本身，而不能仅仅作为手段来使用。② 有鉴于此，人工智能只是物，物不享有人格权，人工智能即不能享有人格权。当人工智能文学创作物

---

② 李永军：《民法总论》（第二版），法律出版社，第 179 页。转引自［德］卡尔·拉伦茨：《德国民法通论》，王晓华等译，法律出版社 2003 年版，第 46 页。

符合作品的独创性，理应获得著作权法的保护时，人工智能本体也不能作为作者享有权益。当然，有学者提出可以对人工智能赋予与人类相同或者类似的人格属性，这样当人工智能产生文学创作物后，即可解决人工智能文学创作物的归属问题。然而这一建议忽视了无穷的法理、实践中的问题。譬如当人工智能发生侵权行为或者是其他犯罪行为时，人工智能不能像人类一样承担相应的法律责任，一旦发生危险，后果是不可预估且无法解决的。所以，将人工智能视为“人”，赋予其以主体资格，难以在现有民法理论中得到合理解释。且该问题不仅存于我国，其他国家亦是如此。

美国加州法院于2016年受理的“猴子自拍”一案（Naruto 诉 Slater 案）③，对是否将源于人以外主体的创作进行著作权保护，给予了相应回应。在该案中，动物保护组织（PETA）认为，该照片是由雌性短尾猴拍摄，因此该雌性短尾猴应视为这份“自拍照”的著作权的合法所有权人。而主持审理该案的法官因猴子不能被视为作者驳回了该案。法官随后进一步澄清，由于动物（非人类）没有合法地位，该动物（非人）不能行使著作权。事实上，法院的裁决将这些照片公诸于世，否认了大卫·斯莱特或母猕猴提出的任何关于作者身份的主张。因此，即使一些相关创作是该动物直接产生的，也不得拥有任何著作权。“猴子自拍”案虽未直接涉及人工智能文学创作物，但该案对当前法院审查非人类作者能否申请著作权保护，提供了可借鉴的处理方式。④ 所以，如同美国的“猴子自拍案”，就当前法律体系而言，人工智能因自身存在的主体资格缺陷而不能享有相应权利，致其文学创作物难以获得著作权法的保护。

其次，主体所处的客观法律环境方面。部门法的产生都有其自身立法目的，《著作权法》亦然。英美法系中，著作权制度的哲学基础是功利主义或激励理论，其认为著作权并非是天赋人权，该制度是立法者为了鼓励、刺激更多的人投身于对社会有益的活动中而设立；大陆法系恰好相反，他们更多从天赋

---

③ See Naruto v. Slater, 2016 U. S. Dist. Lexis 11041 at ＊1 (N. D. Cal. Jan. 23, 2016). 猴子自拍案：斯莱特前往印度尼西亚为当地的猕猴拍照，在一次拍摄中，斯莱特把相机放在三脚架上，调整相机的设置以适应周围的环境，并把遥控快门按钮故意让给他拍摄的猕猴。一只母猕猴抓住了这个机会，并拍了一些照片。尽管只有少量照片是可以使用的。这些“猴子自拍”在世界各地得到了广泛的回响，斯莱特一回到家，就开始根据他拥有他们著作权的假设来授权这些照片。他对这些照片所有权的法律诉讼很快在美国法院受案。

④ See Russ Pearlman, Recognizing Artificial Intelligence (AI) as Authors and Investors under U. S. Intellectual Property Law, 24 Rich. J. L. & Tech. i (2018).

人权的角度解释创设著作权的正当性。⑤ 相较而言,英美法系的激励理论更为符合我国《著作权法》的创立目的⑥,因为激励理论激励的对象是作品的作者和其他的著作权人,即赋予作者对作品享有一定期限的专有权,为作者提供经济回报与精神层面的认可,激励作者创作更优异的作品,进而促进社会文化的繁荣发展。⑦ 人工智能作为没有生命的物体,它创造的文学内容不会激励自身再创作,对人工智能赋予作者身份,没有再创造价值。所以,通过著作权法直接保护人工智能的文学创作,不符合《著作权法》对作品保护的目的。

（二）人工智能文学创作物现实处境:流入公有领域

目前,人工智能文学创作物可否获得保护还没有相关制度出台,但计算机创作在美国版权法中有所规定:负责自主创作的计算机程序是人类独创性的产物,它们的源代码可以作为作品获得著作权保护;但如果没有人类作者的直接影响,这些程序所产生的艺术作品就不具有著作权。此外,美国版权局又通过列举"机器织布"的例子加以说明,"机器在织布过程中,如果没有人类作者的直接影响,随机产生的不规则形状的布面图案即不具版权保护"。⑧ 例中的随机性就像人工智能的自主学习行为,该行为所产生的内容不属于编写人工智能的程序员的作品。且前文已述,人工智能是物,它同动物母猕猴相似,都无法拥有与人类相同的真正人格,当其产生文学创作后,若对人工智能赋予人格权从而保护人工智能文学创作,便与传统著作权法发生碰撞。所以,将人工智能文学创作物直接流入公有领域是许多学者建议的方式,也是实践中普遍的做法。

但事实上,文学创作物不同于普通的文字作品。首先,文字作品在范围上比文学作品广;此外,对于虽具独创性,却未达到"文学"水准的一系列文字组合,其只属于文字作品,而不是文学作品。⑨ 文学作品相较普通的文字作品,更加难能可贵,文字作品的表达只是具体的文字组合,而文学通过诗歌、散文、小说、剧本等多种体裁予以表现,就小说、喜剧这些具有一定情节的文学作品

---

⑤ 王迁:《著作权法》,中国人民大学出版社 2015 年版,第 8 页。

⑥ 王迁:《著作权法》,中国人民大学出版社 2015 年版,第 9 页。

⑦ 李扬、李晓宇:《康德哲学视点下人工智能创作物的著作权问题探讨》,《法学杂志》2018 年第 9 期。

⑧ See Kalin Hristov, Artificial Intelligence and the Copyright Dilemma, 57 IDEA. 2017, 436.

⑨ 王迁:《著作权法》,中国人民大学出版社 2015 年版,第 79 页。

看，它们表达的不只含有文字组合，还有情节设计。[10] 所以，它是一门语言艺术，是话语蕴藉中存在的审美意识形态。在文学作品中，作者通过不同的形式抒发情感，再将一定时期以及一定地域的社会生活体现在文学作品中。这与普通的文字作品是极为不同的，方如对电话号码等数据的汇编，若在选择或者编排层面有体现独创性，其也属于文字作品，但不属于文学作品。[11] 文学除了拥有外在的、实用的、功利的价值以外，更为重要的是它还拥有内在的、看似无用的精神价值。因此，人工智能文学创作物属于文学创作内容，相较于文字创作，它不仅是语言文字的艺术，更是社会文化的一种重要的表现形式，是对美的体现，应获得保护。如果未经一段时期的著作权保护，人工智能文学创作物就已发布到公共领域中，会直接导致对人工智能文学创作物的产生付出大量经济、人力、物力、时间等精力的人的努力付之东流，会严重挫伤他们继续创造、使用及提高自身能力的积极性以及对人工智能机器产生文学创作物进行投入的积极性。因为他们虽为人工智能文学创作物的产生付诸极大努力，现实中却无从享受到与之相关的利益。这一趋势也会限制创新，导致人工智能生成的可受著作权保护的文学创作数量减少，即直接导致流入市场可供人欣赏、学习的文学创作减少。

基于上述困境，首要解决的问题应是人工智能文学创作物是否属于作品，唯有如此，方可进一步讨论人工智能文学创作物的著作权归属问题。

二、人工智能文学创作物的著作权法性质

（一）人工智能文学创作物符合客观独创性要求

是否将人工智能文学创作物认定为文学作品，应首先分析其是否具备我国《著作权法》中“作品”的构成要件；再分析其是否具有文学意义，可构成文学作品。依据我国《著作权法》第 3 条：“本法所称的作品，包括以下列形式创作的文学、艺术和自然科学、社会科学、工程技术等作品：（一）文字作品；（二）口述作品；（三）音乐、戏剧、曲艺、舞蹈、杂技艺术作品；（四）美术、建筑作品；（五）摄影作品；（六）电影作品和以类似摄制电影的方法创作的作品；（七）工程设计图、产品设计图、地图、示意图等图形作品和模型作品；（八）计算机软件；（九）法律、行政法规规定的其他作品。”依据我国《著作权法实施条例》第

[10] 王迁：《著作权法》，中国人民大学出版社 2015 年版，第 79 页。

[11] 王迁：《著作权法》，中国人民大学出版社 2015 年版，第 79 页。

2条,《著作权法》中作品是指文学、艺术和科学领域内具有独创性并能以某种有形形式复制的智力成果。由此可知,作品若要获得《著作权法》的保护,必须要满足一定条件。首先,作品必须具有独创性。独创性指作品是由作者独自完成,在文中没有出现抄袭、剽窃他人智力成果的内容。其次,作品还需具备可复制性。虽然作品无须通过有形的载体进行固定,但是也应当可以通过印刷、绘画、摄影、录制、表演、放映等多种方式得以再现。⑫

人工智能文学创作物能否成为作品,需先考虑其是否具备客观独创性。其中"独创性"可被分解为"独"与"创"两个方面。"独"即指"独立创作,源于本人"。"创"即指源于本人的表达,是智力创作成果,具有一定程度的智力创造性。⑬ 按照人力干预程度,笔者将人工智文学创作物分为一般人工智能文学创作物与高级人工智能文学创作物。一般人工智能文学创作物是在人类直接指导、帮助或投入下,人工智能按照人类的指示,根据提前设定的程序完成作品,即人工智能以具体的数据及信息作为基础,通过对信息的分析再处理,将其进行新的组合以及排列,进而套用到事先设置好的创作程序中,最终输出创作成果。⑭ 这类人工智能文学创作物虽具备"创",却缺乏"独",其著作权理应归于人类作者。这是弱人工智能时代,人工智能文学创作物存在的较为普遍的形式。王迁等多位学者都认为这会是人工智能文学创作物现存或将来存在的形式。⑮

高级人工智能文学创作物是指创作由人工智能自主生成,虽然负责自主生成创作的计算机程序是人类的产物,但其创作的具体文学内容不受人类的预知与控制。这类文学创作的产生是由人工智能独立完成,没有自然人通过组合、安排、选择等方式驱动创作。⑯ 随着人工智能不断地自主学习及完善,它以本就智能化的数据库为基础,通过模拟大脑的运行,对存储的数据进行取样、加工。在其模拟"脑"的形态过程,经过分析、组合、排列、筛选等整合,产

---

⑫ 梅术文:《著作权法:原理、规范和实例》,知识产权出版社2014年版,第79页。

⑬ 王迁:《著作权法》,中国人民大学出版社2015年版,第24-27页。

⑭ 易继明:《人工智能创作物是作品吗?》,《法律科学》(西北政法大学学报),2017年第5期。

⑮ 王迁:《论人工智能生成的内容在著作权法中的定性》,《法律科学》(西北政法大学学报)2017年第3期。

⑯ See Robert Yu, The Machine Author: What Level of Copyright Protection is Appropriate for Fully Independent Computer Generated Works, 165 U. Pa. L. Rev. 2017: 1245-1270.

生出文学作品。[17] 这是高级人工智能与以往影响著作权法机器的不同之处，即该人工智能已介入文学作品的创作环节。正因高级人工智能文学创作物的产生，才迫切需求著作权法对其进行保护。

因此，尽管计算机没有人类的脑力思维，仍可进行创作，且不止生成固定为人类所预知的内容，由此生成的人工智能文学创作物即具独创性。由于人工智能文学创作物可以通过印刷、绘画、摄影、录制、表演、放映等各种形式再现，它也具备可复制性。所以，人工智能文学创作物具备作品的构成要件。同时，越来越多的人工智能产生的文学创作物既富感情，又具美感。像小冰创作的《阳光失了玻璃窗》，该诗集就形如现代诗人所创。此外，可预见的是，人工智能的自主学习能力会越来越强，只要创造出的文学内容符合著作权法意义上的文学作品的要求，人工智能文学创作物就应视为文学作品，且应得到著作权法的保护。

（二）人工智能文学创作物应纳入著作权法保护

当前，学界对“人工智能创作物是否属于作品”已经进行了深入且广泛的探讨，并形成了诸多优秀成果。“人工智能创作物”与“人工智能文学创作物”虽有“文学”二字之差，仍存有相同之处。因此，可借助学界业已存在的与“人工智能创作物”相关的研究成果，进一步分析人工智能文学创作物能否成为文学作品。下文首先对“人工智能创作物是否为作品”进行分析，主要存在肯定说与否定说两种观点。

否定说[18]认为，目前人工智能尚处于弱人工智能阶段，人工智能的作用是辅助人类完成任务，即便在新闻写作，抑或其他一些作品创作中，人仍占主导地位，人工智能只能作为辅助工具，按照人类预先设定的算法、规则和模板进行计算并生成内容。且人工智能也不会因著作权法保护作品受到鼓励而产生创作动力。这与美国版权局的态度如出一辙。美国版权局规定：只有来源于人的创作，才可以受到著作权法的保护。[19] 正如此，作品是自然人对其思想观

---

⑰ See Robert Yu, The Machine Author: What Level of Copyright Protection is Appropriate for Fully Independent Computer Generated Works, 165 U. Pa. L. Rev. 2017: 1245 – 1270.

⑱ “否定说”观点以王迁为代表，参见王迁：《论人工智能生成的内容在著作权法中的定性》，《法律科学》(西北政法大学学报)2017 年第 3 期。

⑲ See U. S. Copyright Office, Compendium of Copyright Office Pratice (1973), &2. 8. 3.

念的表达,而由人工智能创作的内容不属于著作权法所保护的‘作品’。[20] 这一观点否定了人工智能通过自主学习可创作出具有创造性的文学内容。他们认为基于目前的人工智能技术发展速度,超人工智能遥不可及。即便是腾讯新闻写作机器 Dreamwriter,无论其以平均每篇文章 0.5 秒的速度连续完成 14 篇写作,抑或在 2016 年的里约奥运会自动撰写 3000 多篇实战报道,这些创作物仍是人类计算机下的产物,是基于算法的计算而得出的结果。所以人工智能自主产生的内容并非著作权法意义上的作品,也无须谈及保护问题。

与此相对,肯定说认为“人工智能创作物属于作品”[21]。有学者提出,人工智能在创作过程中通过“机器学习”,产生了“机器意识”,该创作过程没有人类直接实质性地介入,即人的智力活动无法对人工智能自主生成的成果予以预测与添附,所以由人工智能自主生成的成果不再是人类利用机械工具产生的著作权意义上的表达。[22] 通过自主学习进行创作的人工智能不同于对人类仅进行辅助工作的人工智能,作为辅助工具的人工智能产生创作的过程都是基于人类对其的安排、组合、发布等产生。而通过自主学习进行文学创作的人工智能,其创作过程往往是自动的,其所进行的创作并不受人类的干预,没有单独的人类作者通过组合、安排、选择或方向来驱动创作过程。所以人工智能创作物是人工智能通过对大数据分析、挖掘得到的创造成果,这些人工智能创作物不仅是机械的延伸,更应视为著作权法意义上的作品。

基于目前信息技术的发展,人工智能程序愈加复杂,人工智能的创作过程愈独立,整个创作过程对人为干预的需求愈少。当人工智能生成一些未经人类后期加工的、具有文学意义的高级创作物时,这些文学创作物不仅具备客观独创性,而且使一般受众群体基于普遍认知的情况下,不能将人工智能文学创作物与人类创作的文学作品相区分(即相当于通过了“作品”意义上的图灵测试),我们是否可以认定该人工智能文学创作物具有独创性,进而将其作为一

---

[20] 王迁:《论人工智能生成的内容在著作权法中的定性》,《法律科学》(西北政法大学学报)2017 年第 3 期。

[21] “肯定说”观点以易继明为代表,参见易继明:《人工智能创作物是作品吗?》,《法律科学》(西北政法大学学报)2017 年第 5 期。

[22] 何炼红、潘柏华:《人工智能自主生成成果“作品观”质疑与反思》,《贵州省党校学报》2018 年第 5 期。

种特殊的“文学作品”纳入著作权客体范畴呢?㉓

在此问题上,如果仍坚持“否定说”,那这些没有受到人类作者直接影响的人工智能文学创作物,基本因无法获得著作权法保护资格而流入公有领域;而使用人工智能机器的人即使对人工智能产生文学创作进行了投资,也无法得到与之相适的有形回报。这些后果无疑非常严重。所以即使以往的人工智能需要以人为主导,整个创作过程也只对人类起到辅助作用,但其不同于现阶段可以进行自主学习的人工智能。当前人工智能技术发展迅猛,人工智能创作过程逐步独立,当人工智能在不受人类任何干预的情况下生成符合客观独创性的文学创作物,该创作内容又具有文学意义时,人工智能文学创作物应当纳入著作权法的保护。

三、人工智能及人工智能文学创作物的归属探究

在确定人工智能文学创作物的归属之前,应理清人工智能的归属问题,以方便后续分析人工智能创作物的著作权归属时,不易造成混淆。人工智能程序由人工智能设计者开发,与该程序相关的权利主体包括该程序的设计者、所有权人和使用者。人工智能程序创作出人工智能文学创作物后,由于人工智能本身不具有法律主体资格,不可成为作者,所以人工智能文学创作物的著作权分配应在上述三类主体中考虑。

(一)人工智能的著作权归属——设计者

对于人工智能程序的归属,我国目前已存在较为成熟的知识产权规则。人工智能创作程序的开发者可以对其设计开发的程序享有著作权、专利或商业秘密,并通过销售人工智能软件或许可他人使用人工智能软件获益。㉔ 而上述对人工智能程序享有著作权的人即为人工智能的设计者。在对人工智能程序研发的过程中,设计者是最主要的贡献者,且设计者大致包括开发人工智能的程序员以及公司两方主体。

其一,就程序员来说,人工智能的程序员对人工智能的诞生进行了基础性的努力。程序员通过最初设计编码及载入程序,为人工智能自主地创造文学

㉓ 胡光:《人工智能生成对象著作权法基本理论探讨:历史、当下与未来》,《当代传播》2018 年第 4 期。

㉔ 宋红松:《纯粹“人工智能创作”的知识产权法定位》,《苏州大学学报(哲学社会科学版)》2018 年第 6 期。

作品奠定了基础。程序员对人工智能进行设计,当该人工智能的设计是为了程序员自己的需求时,人工智能程序的著作权则归程序员。

当程序员对人工智能的创设是基于他人的委托,也即根据其与受托人签订的委托合同所创作的作品时。依据《著作权法》的规定,受委托创作的作品,著作权的归属由委托人和受委托人通过合同约定。合同未明确约定或者没有订立合同的,著作权属于受托人。需注意,二者达成的并非是《合同法》中的委托合同,而是承揽合同㉕。所以,当他人委托程序员设计人工智能,有约定人工智能的著作权归属按约定,合同未明确约定或者并未订立合同的,该人工智能程序的著作权则归受托人,也即程序员所享有。

其二,就研发公司来讲,主要通过与程序员订立劳动抑或雇佣关系,使程序员按照公司的要求设计程序,开发生产人工智能供公司使用,此时该人工智能程序被设计出后,依著作权法,其被称为职务作品。在著作权法中,职务作品可以分为一般职务作品与特殊职务作品,其中著作权法的第 16 条第 2 款对"特殊职务作品"予以规定,即主要是利用单位的物质技术条件创作,并由单位承担责任的工程设计图、地图、计算机软件等职务作品。此外,该条文还规定:对于特殊职务作品,作者享有署名权,著作权的其他权利归属于单位。因此,当人工智能的程序员主要利用单位的物质技术条件进行创作,此时,生成的人工智能程序属于特殊职务作品。程序员对该人工智能程序享有署名权,而人工智能的其他著作权权益归该公司享有。

普通职务作品与特殊职务作品不同,它的产生虽也是公民为了履行工作职责所进行的创作,但它无须公司为其专门提供投资以及提供其他特定的物质技术条件。所以,普通职务作品的著作权由程序员享有,而单位有权在其业务范围内优先使用。即当人工智能程序属于普通职务作品时,该程序员则为人工智能的著作权所有人,而公司有权在业务范围内对该人工智能程序享有优先使用的权利。

因此,当人工智能程序被设计开发,其著作权权益可能归属于人工智能的程序员,但也可能归于人工智能的研发公司。总言之,无论是程序员,抑或是研发公司,都是人工智能的设计者。人工智能本体的著作权权益应归其设计者。人工智能程序被开发后,即可通过公司生产或其他途径产生人工智能实

㉕ 《合同法》第 251 条规定"承揽合同是承揽人按照定做人的要求完成工作,交付工作成果,定做人给付报酬的合同"。这里的"完成工作",即包括了"受委托创作"。

体。而人工智能文学创作物就是该人工智能实体下的产物。在已经对人工智能程序的著作权权益归属阐述过后，下文即将对人工智能文学创作物的归属提出些许建议。

(二)人工智能文学创作物的著作权归属——使用权人

当人工智能产生文学创作物且符合著作权法意义上作品的构成要件时，此文学内容当获著作权法的保护。但由于人工智能作为物，无法取得主体资格，其创作物则不在我国著作权法的保护对象之列。若跳出传统的民法框架，赋人工智能以法律主体资格，即表明人工智能可以像人类一样，作为一个有合法权利与义务的法律主体，而不再简单地被认为是一个系统抑或程序。这对现行的法律制度而言，无疑是一个巨大的挑战，会对传统民法主、客体框架造成冲击。[26] 因此，对人工智能文学创作物的著作权归属设计，需参考一些现存制度以便作出更好地安排。

1. 现有人工智能创作物保护路径评析

在对人工智能文学创作物保护路径的探讨过程中，大体包括"邻接权模式""孤儿作品保护模式""孳息保护模式"等多种路径。不同保护模式各有利弊：

首先，孤儿作品的管理制度[27]的利弊分析。孤儿作品是指该作品仍在版权保护的期限内，但是由于版权人不明，或者即使可以查明版权人却因无法找到版权人而不能获得其许可的作品。我国《著作权法实施条例》规定了"作者身份不明的作品"的著作权利用规则。身份不明是指作品的著作权主体不明确或者是找不到。[28] 而孤儿作品没有规定在我国《著作权法》中，只是在著作权法第三次修改草案(送审稿)第51条中有对"孤儿作品"的管理的规定，即在权利查找无果的情况下，可以直接向著作权局管理机构提存费用，进而直接

---

[26] 朱梦云：《人工智能生成物的著作权归属制度设计》，《山东大学学报(哲学社会科学版)》2019年第1期。

[27] 刘强、刘忠优：《人工智能创作物孤儿作品保护模式研究》，《安阳师范学院学报》2018年第4期。

[28] See GOMPEL, HUGENHOLTZ. The Orphan Works Problem: The Copyright Conundrum of Digitizing Large - Scale Audiovisual Archives, and How to Solve It. Popular Communication, 2010 (1): 61 -71. 卢家银、段莉：《孤儿作品版权保护的三大模式评析》，《编辑之友》2016年第1期。

使用相关作品。[29] 管理的实质目的是便于使用者使用相关作品，同时也保护了孤儿作品的著作权。依法律规定，当在无法找到作品的版权所有人时，由于未得到版权人的许可，用户便不能对该作品予以任何使用或者演绎。如果未经授权任意使用孤儿作品，会侵害版权人的权利，所以多数情况下还须承担赔偿责任；但如果为保护版权人的权益而禁止使用孤儿作品，又会阻碍作品的数字化和网络化，最终将严重损害公共利益。[30] 因此产生了对孤儿作品的管理规定。

若人工智能文学创作物通过孤儿作品模式进行保护，可以认定该文学创作为作品，也可以方便用户对人工智能文学创作物予以使用，使该文学作品的文学价值得以发挥。但人工智能文学创作物为人工智能所创，只是人工智能作为物不具备著作权人的资格，若依据孤儿作品模式对该文学创作予以保护，即认为人工智能文学创作物的创作者不明抑或不能找到人工智能文学创作者的情况，这似乎与孤儿作品定义相悖。人工智能在创作文学作品时，虽不受人类的操控，但人工智能产生的文学创作物不仅服务于公众，也服务于人工智能的使用者。如果通过孤儿作品的方式对人工智能文学创作物予以保护，即在认可人工智能文学创作物没有实在作者，这虽对人工智能文学创作物有所保护，但人工智能的使用者却不能在该保护模式下享有直接利益。

其次，邻接权保护模式[31]的利弊分析。邻接权是指一些创造者对他们所创造的不构成作品的特定文化产品所专门享有的权利，它的产生主要是因为一些非物质劳动成果很有价值但独创性不足，从而无法通过狭义著作权进行保护。[32] 正如易继明[33]所述，人工智能所进行的随机创作这一行为，与之相对

---

[29] 杨延超：《人工智能对知识产权法的挑战》，《法理研究》2018 年第 5 期。或参见《中华人民共和国著作权法（修改草案送审稿）》第 51 条规定：“‘孤儿作品’著作权保护期未届满的已发表作品，使用者尽力查找其权利人无果，符合下列条件之一的，可以在向国务院著作权行政管理部门指定的机构申请并提存使用费后以数字化形式使用：（一）著作权人身份不明的；（二）著作权人身份确定但无法联系的。”

[30] 卢家银、段莉：《孤儿作品版权保护的三大模式评析》，《编辑之友》2016 年第 1 期。

[31] 易继明：《人工智能创作物是作品吗?》，《法律科学》（西北政法大学学报）2017 年第 5 期。

[32] 王迁：《著作权法》，中国人民大学出版社 2015 年版，第 267 页。

[33] 易继明：《人工智能创作物是作品吗?》，《法律科学》（西北政法大学学报）2017 年第 5 期。

应的是表演者对剧本的表演行为。若这样分析,人工智能所进行的创作行为,实质上是对设计著作权的某种演绎,可以将其类推为剧本模式。且较狭义的著作权法保护而言,邻接权是在保护投资人,而狭义的著作权的目的是保护真正的创作者。该模式就人工智能文学创作物来说,是较为有利的,因为人工智能文学创作物是由人工智能所创,邻接权模式旨在保护人工智能文学创作物的投资方。

最后,孳息保护模式[34]的利弊分析。该模式将人工智能文学创作物视为人工智能的一种孳息,再将人工智能文学创作物的著作权进行分配。在私权体系中,权利主体与权利客体之间的关系不会调转,即权利主体和权利客体不只是相对应,它们的法律地位也不得转换。在此意义上,权利主体不可能成为权利客体,而权利客体仅是作为法定支配权的对象,也不会变为权利主体。[35]人工智能作为人类的产物,是民法中的权利客体,所以,在对人工智能文学创作物进行权利归属时,对其定位也应遵循民法体系中权利主体和权利客体不能互换的私法基本原理。基于物权法的规定,由于孳息的权利主体并不是原物,孳息即应归属于人并且由人进行支配。[36] 所以,人工智能文学创作物,作为人工智能的自然产出,可以视为人工智能的孳息,再参考民法中的孳息归属原则对人工智能文学创作物予以分配。

人工智能文学创作物的各种保护模式都有其自身的利弊。相较而言,笔者更加认同最后一种模式,将人工智能文学创作物视为人工智能的孳息,并通过孳息归属模式对人工智能文学创作物予以保护。

2. 归人工智能使用者的合理性

综上所述,笔者更赞同"孳息保护模式"。即将人工智能文学创作物视为人工智能的孳息,并按孳息归属规则分配人工智能文学创作物的权利。理由如下:

人工智能产生人工智能文学创作物的整个过程无须激励,它们的业绩不

㉞ 林秀芹、游凯杰:《著作权制度应对人工智能创作物的路径选择——以民法孳息理论为视角》,《电子知识产权》2018年第6期。

㉟ 参见[德]汉斯·布洛克斯等:《德国民法总论》,张艳译,中国人民大学出版社2012年版,第456页。林秀芹、游凯杰:《著作权制度应对人工智能创作物的路径选择——以民法孳息理论为视角》,《电子知识产权》2018年第6期。

㊱ 林秀芹、游凯杰:《著作权制度应对人工智能创作物的路径选择——以民法孳息理论为视角》,《电子知识产权》2018年第6期。

取决于有形回报,而是由对其充分利用的人类以及法人决定。在探讨人工智能文学创作物的著作权归属这一问题时,笔者更为赞同"天然孳息理论"。[37]在民法中,孳息分为天然孳息与法定孳息。天然孳息指因物的自然属性而获得的收益;法定孳息指因法律关系所获得的收益。人工智能文学创作物由人工智能所创,二者之间不存在法律关系。因此,将人工智能与人工智能创作物看作原物与天然孳息,并借助民法中天然孳息的归属原则,对人工智能文学创作物的著作权进行分配,更为合理。

我国《物权法》第116条规定:天然孳息,由所有权人取得;既有所有权人又有用益物权人的,由用益物权人取得。用益物权是指在法律规定的范围内,对他人所有的不动产,享有占有、使用和收益的权利。[38] 人工智能虽不是天然孳息理论中规定的不动产,但是人工智能文学创作物作为人工智能的自然产出,同天然孳息相似。而且,人工智能的使用权人也与用益物权人相似,是对人工智能加以使用、产生收益的人。因此,可以参考民法中天然孳息的归属原则,将人工智能文学创作物的著作权分配给人工智能使用者。

有学者认为,可将人工智能创作物的著作权分配给人工智能所有者。[39]该观点有待商榷。当人工智能所有者与人工智能使用者相重合时,人工智能创作物的著作权分配给该所有者不会产生分歧,因为此时的人工智能所有者对人工智能加以利用并产生收益,而人工智能文学创作物正是在所有者对人工智能加以使用的情况下出现的产物;但当使用者与所有者相分离时,即人工智能所有者通过出租、出借等方式将人工智能的使用权转让给他人,使用者对人工智能加以使用,目的是人工智能服务于自己,这种情况下人工智能产生人工智能文学创作物,理应分配给此时的使用者,如果分配给人工智能所有者对使用者有失公平。所以将人工智能文学创作物分配给所有者虽有一定道理,但出现所有者与使用者相分离的情况会有失偏颇。而使用者无疑是最后对人工智能加以利用的人,他既可以包括人工智能所有者即人工智能使用人的情况,也可包括人工智能所有者与人工智能使用者相分离的情形,所以将人工智能文学创作物分配给人工智能使用者更为合理。

---

[37] 林秀芹、游凯杰:《著作权制度应对人工智能创作物的路径选择——以民法孳息理论为视角》,《电子知识产权》2018年第6期。

[38] 参见《中华人民共和国物权法》第116条。

[39] 熊琦:《人工智能生成内容的著作权认定》,《知识产权》2017年第3期。

上述之外,将人工智能文学创作物的著作权权益分配给人工智能使用者仍有诸多好处。首先,就人工智能文学作品的产生来说,人工智能自主学习、不断完善的过程中,都有人工智能使用者创作意图的存在。其次,将人工智能文学创作物的著作权权益分配给人工智能使用者会相应保护人工智能使用者的经济利益。因为人工智能使用者针对人工智能创作投入了许多心血——包括人力、物力以及财力上——就是希望人工智能创作出其想要的内容,人工智能文学创作物的版权分配给他们,既可以使文学作品的文学价值得以实现,也可以对人工智能使用者的付出给予相应回报。最后,就整体的经济形势而言,对人工智能使用者授予人工智能文学创作物的著作权,也是一项更为实际的选择。这不仅可以将人工智能文学创作物作为作品予以保护,还会对人工智能的使用者予以分配著作权利益,推动人工智能产业的发展,进而产生更多优异的文学作品。因此,在赋予人工智能文学创作物著作权时,要积极考虑保护人工智能使用者,维护人工智能使用者的利益,通过对人工智能文学创作物的著作权归属给使用者,暂可解决人工智能目前所面临的归属困境,且促进整体人工智能产业的发展。

此外,仍值得一提的是,当一件文学作品生成后,人工智能不具备人格利益,即不享有署名权。但人工智能作为该文学创作物的生成实体,应在文学作品上有所体现。且依据民法的诚实信用原则,应向读者披露该文学创作物由人工智能所创。正如全国首例人工智能生成内容著作权案于 2019 年 5 月 6 日宣判,该案宣布非创作者不能作为作者身份署名,应当从保护公众知情权、维护社会诚实信用以及对文化传播有利发展的角度出发,在分析报告中应当添加生成软件的标识,标明该内容由系软件自动生成。[40] 所以,应在文学作品的封面或内部标明该作品由人工智能所创。譬如微软小冰所著的《阳光失了玻璃窗》一书,就有将人工智能“小冰”标示于该书的封面上。

四、结语

未来以来,人工智能技术加速走入我们的生活。人工智能不可取代人类的智慧是历史的必然走向,但人工智能文学创作物若不能通过《著作权法》得以有效保护,人工智能文学创作物的数量会减少,学者、研究人员和消费者获

---

⑩ 鲍静:《全国首例人工智能生成内容著作权案宣判》,http://t.cn/Eoc9s8V,最后访问时间:2019 年 5 月 6 日。

得珍贵的新文学作品的数量会相应减少。尤其在现代社会中,这会严重阻碍技术和艺术的进步。为此,应找到一个切实可行的解决方案,既能激励开发者,又能确保现有法律制度的稳定性。即当人工智能生成满足文学作品要求的创作物后,在该文学作品上标明"人工智能所创",再将该作品的著作权赋予人工智能的使用权人,进而对人工智能文学创作物予以保护,暂可解决人工智能"无主作品"的归属问题。

The Copyright Qualitative and Ownership Arrangement of Artificial Intelligence Literature Creation

Abstract: Based on objective originality standards, The literary creations of artificial intelligence are divided into two categories: general artificial intelligence literary creations and advanced artificial intelligence literary creations. Among them, artificial intelligence generates original high - level literary creation through independent learning, which conforms to the originality of works in the copyright law. In order to avoid the direct flow of these works of literature into the common domain without protection, Literary works may be protected by means of copyright law, and assign copyright rights to AI users, while solving the dilemma of artificial intelligence literary creation protection, to prevent the development of artificial intelligence technology from being hindered due to the damage to the interests of relevant right holders.

Key Words: Artificial Intelligence literary creation; Fructus protection; Copyright protection

(责任校对:魏远山)

基于正义标准复杂性范式分析的人工智能时代法律构建

聂佳龙*

摘　要:化解人工智能所产生的副作用要求在正义价值的指引下进行相应的法律制度安排,从而可以从正义标准复杂性范式进路对此进行分析。正义标准复杂性范式认为法律制度是由基本权利分配法、市场经济促进法、社会制度矫正法所组成的链环式系统。人工智能时代要求以实现发展权为宗旨,改变既定基本权利分配法的基本结构,在《宪法》第33条第3款增加发展权的内容。相应地,市场经济促进法按照生产要素贡献分配的原则予以建构,社会制度矫正法通过税收、财政、社会保险等手段矫正不同要素所有者之间收入差别过大问题。

关键词:人工智能　法律　想象　正义标准复杂性范式

大数据技术提高了数据处理能力,使得人工智能(Artificial Intelligence ,简称AI)领域呈现出方兴未艾之势,甚至成为国家建设现代经济体系的重要内容。① 由此,学者们普遍认为在二十一世纪第二个十年下半段,人类即将进入人工智能时代。让人颇感意外的是对于即将到来的人工智能时代,很多的人感到的并不是欣喜而是忧虑:著名物理学家霍金在2014年警告说,人工智能的全面发展可能导致人类的灭绝;②2017年在北京举办的"2017人工智能:

---

* **作者简介:**聂佳龙,江西科技师范大学理工学院讲师。

① 十九大报告提出推动互联网、大数据、人工智能和实体经济深度融合。

② 载中国新闻网,http://www.chinanews.com/cul/2014/12-04/6844070.shtml,最后访问时间:2017年10月19日。

技术、伦理与法律”研讨会上，中国科学院科技战略咨询研究院院长潘教峰也指出：“人工智能不断模糊着物理世界和个人的界限，延伸出复杂的伦理、法律和安全问题……要防止技术的滥用和异化，避免损害生命、环境和人的尊严。”③此种忧虑是否是危言耸听或者是言过其实目前还难以判断，但可以肯定的是，人工智能在给人类来带来福祉的同时必然会带来相应的风险。“风险概念表明人们创造了一种文明，以便使自己的决定将会造成的不可预见的后果具备可预见性，从而控制不可控制的事情，通过有意采取的预防性行动及相应的制度化的措施战胜种种副作用。”④从制度的角度看，“由于法治迄今为止被证明是保护弱者权益、使人避免落入弱肉强食的丛林法则支配的最有效机制，所以，当人工智能所带来的新风险被许多人感知到的时候，人们自然希望法律能够因应这种风险提供新的保障”⑤，从而法律无疑是一项重要的战胜人工智能所产生的副作用的制度化措施。因而，法律同其他制度相比，它一个显著的特点是以正义作为永恒的价值追求。因此，通过法律这种制度化的措施战胜人工智能所产生的副作用，必然要以实现正义为目标或者说是在正义价值的指引下进行相应的法律制度安排。

“正义”无论是从内涵还是外延来看都是难以确定的，有着一张“普洛透斯似的脸（a protean face）”。尽管我们无法准确地将正义的内涵表达出来，但由于其从来都是人类所珍视的最重要的价值，从而在实际生活之中很容易判断出某一行为是正义的还是非正义的。只要我们对现实中人们作出的正义或者非正义的判断进行推敲，不难发现判断的标准不尽相同。虽然判断标准不尽相同，但判断标准是由同一性标准、效率标准与差别性标准组成的链环式系统。⑥ 相应地，在该链环式系统中不同的法律以不同的正义标准追求正义。由于该链环式“通过一个自我构建的、自我组织的和自我产生的圆环又回到

③ 齐昆鹏：《“2017 人工智能：技术、伦理与法律”研讨会在京召开》，《科学与社会》2017 年第 2 期。

④ ［德］贝克、威尔姆斯：《自由与资本主义》，路国林译，浙江人民出版社 2001 年版，第 121 页。

⑤ 郑戈：《人工智能与法律的未来》，《探索与争鸣》2017 年第 10 期。

⑥ 聂佳龙：《跨越正义与效率的冲突——法律经济学的他种尝试性想象》，中国政法大学出版社 2017 年版，第 134—139 页。

了产生它们的东西身上"⑦这一复杂范式的特性,从而被命名为正义标准复杂性范式。⑧ 既然通过法律这种制度化的措施战胜人工智能所产生的副作用要以实现正义为目标,那么从正义标准复杂性范式这一进路进行分析是自然而然的。

一、正义标准复杂性范式的一般描述

美国著名法学家和大法官本杰明·N·卡多佐在谈到有关法律性质的不同理论时指出:"当人们使用一个含义过于宽泛、内容没有精确界定的术语、却未对其中包含的不同意思加以区分时,混淆就产生了,大多数争论皆源于此"。⑨ "正义"无疑是一个含义过于宽泛、内容没有精确界定的术语,因为"当我们言及'正义'时,我们究竟意指什么? 我不觉得这一口头上的问题无足轻重,也不认为有可能给它以明确的答案,因为类似这样的术语通常在多重意义上使用。"⑩因而,正义之于社会而言又是重要的,它是"社会制度的重要价值,正像真理是思想体系的首要价值一样。一种理论,无论它多么精致和简洁,只要它不真实,就必须加以拒绝或修正;同样,某些法律和制度,不管它们如何有效率和有条理,只要它们不正义,就必须加以改造或废除"。⑪ 据此可知,"正义"一面是一个含义过于宽泛、内容没有精确界定的术语,一面又是社会制度的首要价值,有效率而不是正义的法律和制度必须加以改造或废除,从而不可避免地带来了这样的一个困局:即使效率的标准是确定的,但由于"正义"没有精确的内容,所提供判断标准因为其"有着一张普洛透斯似的脸(a Protean face),变幻无常、随时可呈不同形状并具有极不相同的面貌"⑫而

---

⑦ [法]埃德加·莫兰:《复杂思想导论》,陈一壮译,华东师范大学出版社 2008 年版,第 76 页。

⑧ 聂佳龙:《跨越正义与效率的冲突——法律经济学的他种尝试性想象》,《第十五届(2017 年度)中国法经济学论坛论文集》。

⑨ [美]本杰明·N·卡多佐:《法律的成长 法律科学的悖论》,董炯、彭冰译,中国法制出版社 2002 年版,第 19 页。

⑩ [英]卡尔·波普尔:《开放社会及其敌人》(第一卷),陆衡等译,中国社会科学出版社 1999 年版,第 181 页。

⑪ [美]约翰·罗尔斯:《正义论》,何怀宏等译,中国社会科学出版社 1988 年版,第 3 页。

⑫ [美]埃德加·博登海默:《法理学——法律哲学及其方法》,邓正来译,中国政法大学出版社 2004 年版,第 252 页。

不同。

要寻找正义的标准首先要知道正义是什么。凯尔逊在《什么是正义》一文中指出："为了正义的问题,不知有多少人流了宝贵的鲜血和痛苦的眼泪,不知有多少杰出的思想家,从柏拉图到康德,绞尽了脑汁;可是现在和过去一样,问题依然未获解决。""我[作者]以什么是正义的问题作本文的开端,即提出什么是正义的问题,现在在结尾时我觉得没有回答了这个问题。的确,我不知道也不能说什么是正义,即人类所渴望的绝对正义。"⑬由此,对正义下定义无疑是一种冒险。既然给正义下定义是一种冒险,那么也就是说难以通过给正义下定义这种方式来获得正义的标准。

"定义是种冒险,描述却可以提供帮助"。⑭ 而能够给我们提供描述素材的是《正义论》。在《正义论》一书中,罗尔斯认为:"正义的主要问题是社会基本结构"⑮,即通过制度安排可以使"所有的社会基本善——自由和机会、收入和财富及自尊的基础——都应被平等地分配"。⑯ 此种正义的实现有一个必要的条件,即初始的公平。为了实现这一条件,罗尔斯设置了"无知之幕+相互冷淡"的原初状态,由此引申出两个正义的原则:"第一个原则:每个人对与其他人所拥有的最广泛的基本自由体系相容的类似自由体系都应有一种平等的权利。第二个原则:社会的和经济的不平等应这样安排,使它们(1)被合理地期望适合于每一个人的利益;并且(2)依系于地位和职务向所有人开放。"⑰按照罗尔斯的说法,第一个原则适用于权利和义务的分配,从而社会分配的首要问题是"基本权利和义务的分配";⑱第二个原则"大致适用于收入和财富的分配,以及对那些利用权力、责任方面的不相等或权力链条上的差距

---

⑬ [奥]凯尔逊:《什么是正义》,耿淡如译,《现代外国哲学社会科学文载》1961年第8期。

⑭ [美]本杰明·N·卡多佐:《法律的成长 法律科学的悖论》,董炯、彭冰译,中国法制出版2002年版,第16页。

⑮ [美]约翰·罗尔斯:《正义论》,何怀宏等译,中国社会科学出版社1988年版,第5页。

⑯ [美]约翰·罗尔斯:《正义论》,何怀宏等译,中国社会科学出版社1988年版,第292页。

⑰ [美]约翰·罗尔斯:《正义论》,何怀宏等译,中国社会科学出版社1988年版,第60—61页。

⑱ [美]约翰·罗尔斯:《正义论》,何怀宏等译,中国社会科学出版社1988年版,第85页。

的组织机构的设计”[19],其包含“平等地开放”与效率原则[20]、差别原则的内容。[21] 其中,差别原则“不等同于补偿原则,……它改变社会基本结构的目标,使整个制度结构不在强调社会效率和专家治国的价值”。[22]

对上述罗尔斯教授的正义理论内容进行分析,不难发现正义应该至少包含了这样几方面有层次的内容:(1)平等地分配基本权利和义务,除非对其中某一基本权利和义务或所有的基本权利和义务的不平等分配合乎所有社会成员的利益。(2)在既定的基本权利和义务的社会语境下,社会以效率原则追求社会财富最大化,社会成员获得与所付相称或者相适的所得。(3)当社会以效率为原则的制度安排无法保证社会成员所付与所获相适或相称目标时,须利用差别原则来改变社会结构的目标——效率。

与正义的内容对应,其也应该有这样几个有层次的标准:(1)同一性标准。从哲学上讲,“人是一种能够意识和认识到同一、并积极追求某些同一的存在物……人的同一性存在这一本质规定意味着,一个社会如果缺乏对人之同一性的必要关注和尊重,那么它必然带来社会的普遍不满,必然造成社会动荡”。[23] 由于基本权利和义务的分配是社会分配的首要问题,而权利预设了“该社会相信它的所有成员生而平等,他们有权利受到平等的关心和尊重”[24]的内容,由此社会首先必须将所有社会成员视为同一的存在物,从而按照同一性标准分配基本权利和义务。(2)效率标准,即在既定的基本权利和义务分配的社会中承认个体能力差异性,以及允许个体利用社会认可的一切手段、方法等将其个体能力发挥到最大化,从而获得与个体能力对等化的分配结果。

---

⑲ [美]约翰·罗尔斯:《正义论》,何怀宏等译,中国社会科学出版社 1988 年版,第 61 页。

⑳ 从经济学看,罗尔斯所言的效率标准是帕累托改进的意义。所谓的帕累托改进指的是指在某种经济境况下如果可以通过适当的制度安排或交换,至少能提高一部分人的福利或满足程度而不会降低所有其他人的福利或满足程度。本文中的效率标准也是累托改进的意义。

㉑ [美]约翰·罗尔斯:《正义论》,何怀宏等译,中国社会科学出版社 1988 年版,第 65 页。

㉒ [美]约翰·罗尔斯:《正义论》,何怀宏等译,中国社会科学出版社 1988 年版,第 102 页。

㉓ 易小明、曹晓鲜:《正义的效率之维及其限度》,《哲学研究》2011 年第 12 期。

㉔ [美]罗纳德·德沃金:《认真对待权利》,信春鹰、吴玉章译,上海三联书店 2008 年版,第 16 页。

(3)差别性标准。该标准的作用是矫正,即社会以效率为目标没有实现社会成员所付与所获相适或相称目标时通过对同一标准进行矫正,从而实现社会成员所付与所获相适或相称目标。

从上述描述中不难看出,正义的标准是一串由同一性标准、效率标准和差别性标准组成的链环(见图1)。该链环蕴含的内容是,前述三个标准在实践中相互验证与矫正:在同一性标准下,经效率标准验证无法实现社会成员所付与所获相适或相称目标时,则需通过差别性标准对同一性标准进行矫正;反之,经过差别性标准矫正的同一性标准,经效率标准验证无法实现社会成员所付与所获相适或相称目标时,则需通过差别性标准再对经过差别性标准矫正的同一性标准进行矫正。

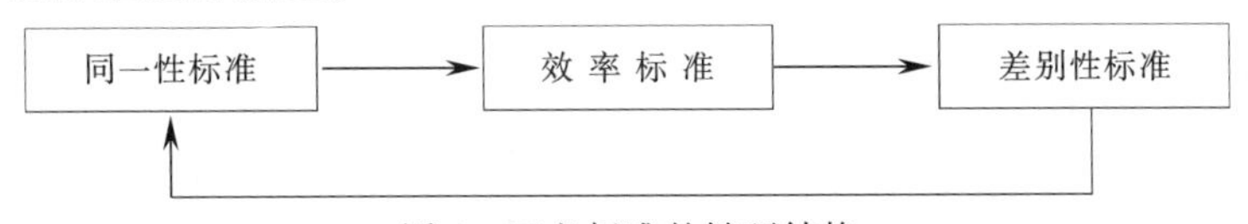

图1　正义标准的链环结构

由于正义关注"法律规范和制度性安排的内容,它们对人类的影响以及它们在增进人类幸福与文明建设方面的价值"。[25] 由此,与正义标准相对应,法律是一个由基本权利分配法、市场经济促进法、社会制度矫正法组成的复合体,其中基本权利分配法、市场经济促进法与社会制度矫正法分别以同一性标准、效率标准与差别性标准追求正义的实现。与正义的标准是一串由同一性标准、效率标准和差别性标准组成的链环相对应,基本权利分配法、市场经济促进法、社会制度矫正法之间的关系是相互验证与矫正的关系,从而组成一个链环式系统。

埃德加·莫兰教授曾指出,目前的"经典"科学是建立在简化范式基础上的,即"现象世界的复杂性能够和应该从简单的原理和普遍的规律出发加以消解。因此复杂性是现实的表面现象,而简单性构成它的本质"[26],由于其"使人对现实的复杂性视而不见"从而导致人类思想以及行动具有残缺性。[27] 由

㉕ [美]埃德加·博登海默:《法理学——法律哲学及其方法》,邓正来译,中国政法大学出版社2004年版,第261页。

㉖ [法]埃德加·莫兰:《复杂思想:自觉的科学》,陈一壮译,北京大学出版社2001年版,第266页。

㉗ [法]埃德加·莫兰:《复杂思想导论》,陈一壮译,华东师范大学出版社2008年版,第9页。

此，莫兰教授认为，因为简化范式中的基础概念“或者互不相容或者相互结合的关系”导致“经典”科学应该建立在复杂性范式的基础上。㉘ 在复杂性范式中，“社会是个人之间的相互作用产物，但是社会一旦被产生，就反馈作用于个人并把它们产生出来。……换言之，个人产生了社会而社会又产生了个人”，从而被人类社会产生出来的社会制度“通过一个自我构建的、自我组织的和自我产生的圆环又回到了产生它们的东西身上”。㉙ 因此，基本权利分配法、市场经济促进法、社会制度矫正法所组成的链环式系统是建立在正义标准复杂性范式基础上。

二、正义标准复杂性范式语境中的人工智能

在世界万物之中，人是唯一拥有智能的。于是，数千年以来，人类一直在试图理解“一小堆东西怎么就能感知、理解、预测和应对一个远比自身庞大和复杂得多的世界”。㉚ 这一思考随着神经科学、数学、心理学、计算机工程、语言学等学科的发展㉛，其中的奥秘逐渐地显现出来。人工智能则是该奥秘的最清晰的显现。何为人工智能？就目前关于人工智能的研究文献看，有的将其界定为“像人一样思考的系统”“像人一样行动的体统”，还有的将其界定为“理性地思考的系统”“理性地行动的系统”，但是斯图尔特·罗素与彼得·诺维格对这些定义分析后，认为将人工智能界定为理性智能体（agent）的设计过程比较恰当。㉜ 智能体是某种能够行动的东西，而理性智能体则是“通过自己的行动获得最佳结果，或者在不确定的情况下，获得最佳期望结果”。㉝ 也就

㉘ ［法］埃德加·莫兰：《方法：天然之天性》，吴泓渺、冯学俊译，北京大学出版社2002年版，第416页。

㉙ ［法］埃德加·莫兰：《复杂思想导论》，陈一壮译，华东师范大学出版社2008年版，第76页。

㉚ ［美］斯图尔特·罗素、彼得·诺维格：《人工智能：一种现代方法》，姜哲等译，人民邮电出版社2010年版，第3页。

㉛ 国外有学者认为，哲学、数学、经济学、神经科学、心理学、计算机工程、控制论、语言学是人工智能的基础。见［美］斯图尔特·罗素、彼得·诺维格：《人工智能：一种现代方法》，姜哲等译，人民邮电出版社2010年版，第6—14页。

㉜ ［美］斯图尔特·罗素、彼得·诺维格：《人工智能：一种现代方法》，姜哲等译，人民邮电出版社2010年版，第4—6页。

㉝ ［美］斯图尔特·罗素、彼得·诺维格：《人工智能：一种现代方法》，姜哲等译，人民邮电出版社2010年版，第5页。

是说,一直为人类所独有的理性,人工智能也能拥有,从而具有了在某种程度上能够取代人的功能。

在还未进入人工智能时代,预测人工智能能够在多大程度上取代人无疑是困难的。但是,可以确定,人工智能具有人所无法比拟的功能。具体而言,人工智能在速度、容量、可复制性与感觉系统方面超越了人脑。[34] 据研究表明,人脑中的神经元工作的速度比较低(工作速度是千分之一秒)、人脑皮层的容量是有限的,人脑耗费比较长的时间学习才能在人脑皮层中建立可复制的模型,以及根植于基因、身体与大脑皮层下面的神经网络里的感知世界的方式是无法改变的。而人工智能中的硅工作速度至少是神经元的 100 万倍,容量随着技术的进步可以无限制扩容。此外,人工智能中的芯片以及其他存储器可以不断地复制,不需要长时间学习,以及感知方式可以改变,即可以通过由人全新设计的感知方式来感知世界。这些超越决定了人工智能被用来完成人脑所要完成的同样任务具有更快、更高效、更经济的特点。[35] 这也就决定了在人工智能技术广泛应用的时代,效率相比现在而言会有大幅度的提升。

效率大幅度的提升意味着能够以较少的投入获得更多的社会财富。而社会财富的丰富一直都是人类孜孜以求的目标。由此,人工智能时代的到来按理说应该是一件值得欢呼的事情。但是不要忘记,“所有技术进步都有代价,技术引起的问题比解决的问题多,有害和有利的后果不可分离,所有技术都隐含着不可预见的后果。”[36]尽管历史已经无数次证明了人们在新技术出现之初想象出的可怕情形并未成为现实,但是目前人工智能使人们感到恐慌并非是杞人忧天。以往新技术的出现并最终取代旧技术,在某种意义上讲是技术的升级,技术操作者依然是人类,从而并没有出现很多人失业的后果。于是,从这一角度看,人工智能所具有的取代人能功能意味着其能够取代人类而从事某些工作,从而在人工智能时代很多人失业是自然而然的。这一判断,不免有人提出这样的质疑:通过类比过去,一项新技术的出现都会创造出了与之相对应的行业、岗位等,同样地,人工智能在未来的普遍运用,定会有相应的行业、岗位的出现。当前人工智能的发展是迅猛的,而且就未来发展趋势而言人工

---

[34] [美]杰夫·霍金斯、桑德拉·布拉克斯莉:《人工智能的未来》,贺俊杰、李若子、杨倩译,陕西科学技术出版社 2006 年版,第 213 页。

[35] [美]杰夫·霍金斯、桑德拉·布拉克斯莉:《人工智能的未来》,贺俊杰、李若子、杨倩译,陕西科学技术出版社 2006 年版,第 213 页。

[36] 吴国盛:《技术哲学经典读本》,上海交通大学出版社 2012 年版,第 25 页。

智能有可能超越人类智能,从而人类智慧能够胜任的工作,人工智能绝对有能力应对,从而"以前可以自认为比蓝领工人社会等级更高的白领脑力劳动者,如今也变成了新的随时可能被机器所替代的劳工"。㊲ 也就是说,因人工智能的普遍运用而创造出的新行业、岗位等并不会像以往技术革命那样完全是给人类预留的。至此,可以有理由这样认为:尽管现在我们还难以知晓人工智能将会带来哪些有害的后果或者说是副作用,但至少可以肯定地说人工智能带来生产力提高的同时也产生了至少如失业这样的副作用。

从本质上讲,人工智能带来的有害后果或副作用——如前已述及的失业,意味着只有当个人能力超越了人工智能时才能得到发挥到最大化的机会。但就人工智能发展趋势而言,显然这是不现实的。就目前而言,人工智能普及率不高除了技术原因外,另一个重要的原因是人力成本低于使用人工智能的成本。随着技术的进步,使用人工智能的成本终究会下降,从而现在的人力成本低的优势也将会消失。在我们目前还不能摆脱基于劳力—工资的经济模式情况下,不能排除有的社会成员出于生存的目的被迫自我降低人力成本来获得与人工智能竞争优势的可能。从目前的标准看,这种竞争将会导致有些社会成员的所付与所获并不能相适或相称。

如前所述,社会以效率为目标是实现社会成员所付与所获相适或相称的目标,而这一目标的实现方式是个体利用社会认可的一切手段、方法等将其个体能力发挥到了最大化。当这一目标无法现实时,则需要考虑对同一性标准进行矫正。逻辑上讲,此种考虑有两个层面:一个层面是在既定的基本权利分配法的约束下,对社会目标以效率为目标所产生的副作用进行矫正;另一个层面是改变既定基本权利分配法的基本结构,局部或全部重新分配基本权利。"法律规则的存在比它正义性与合目的性更重要;正义和合目的性是法律的第二大任务,而第一大任务是所有人共同认可的法的安定性,也就是秩序与安宁。"㊳基本权利分配法由于同一国最根本的制度相关,其稳定性或安定性关乎一国的政治、经济、文化等秩序能够顺利造就,以及生效后有个"陈旧化的过程"。㊴ 于是,如果为了现实发展需要的目的就改变既定基本权利分配法的基本结构势必会破坏基本权利分配法的安定性。也就说,社会制度矫正法对

㊲ 郑戈:《人工智能与法律的未来》,《探索与争鸣》2017 年第 10 期。

㊳ [德]拉德布鲁赫:《法哲学》,王朴译,法律出版社 2005 年版,第 74 页。

㊴ [德]魏德士:《法理学》,丁晓春、吴越译,法律出版社 2005 年版,第 311 页。

同一性标准进行矫正必须要坚持前述第一个层面优先于第二个层面的原则。

“什么是副作用？副作用就是行为人在行为前视其为目标的主作用以外的可以容忍的作用。”㊵行为人之所以能够容忍副作用的存在，主要的原因是副作用可以通过制度等方式予以矫正。从正义标准复杂性范式看，在人工智能时代，社会制度矫正法首先要在既定的基本权利分配法的约束下矫正人工智能所产生的副作用。虽然人工智能所产生的副作用目前难以预测，但由于失业是一个显见的副作用，于是我们可以以失业为例达到窥一斑而见全豹的效果。失业是公民劳动权没有得到实现的一种直接表现。由于“形成一个竞争性的经济需要依赖市场的力量，而要形成一个相互关怀的社会，需要政府的领导”㊶，从而国家有义务协助公民实现公民劳动权。就目前国家协助公民实现劳动权的制度来看，主要表征为劳动就业法为代表的促进型制度安排与以社会保障法为代表的防御型制度安排。前已述及，人工智能具有取代人的功能，于是通过促进型制度安排来消除人工智能所带来的副作用至少在逻辑上是不可取的。这样可以说，在人工智能时代，正义标准复杂性范式中的社会制度矫正法应当有社会保障法。

社会保障是依靠“国家和政府为主体，通过法定方式给公民提供防范各种风险和促进社会福利目标的制度”㊷，从而国家有义务在公民因失业而出现暂时中断生活来源的情况后向公民提供物质帮助。建立失业保险为内容的失业保险法是国家履行该义务的主要方式。为了防止“逆向选择”出现养“懒汉”情形，失业保险待遇的给付具有期限性。㊸ 因而，在人工智能时代，公民失业尽管是非自愿性失业，但这种失业却永久性，于是依靠现有领取失业保险金最长为二十四个月期限的失业保险制度㊹来解决公民失业问题无疑不现实。

㊵ ［德］彼得·科斯洛夫斯基：《伦理经济学原理》，孙瑜译，中国社会科学出版社1997年版，第6页。

㊶ 李炳安：《公民劳动权初论》，《湖北师范学院学报（哲学社会科学版）》2004年第1期。

㊷ 孙光德、董克用：《社会保障概论》，中国人民大学出版社2000年版，第4页。

㊸ 林嘉：《劳动法和社会保障法》，中国人民大学出版社2016年版，第389页。

㊹ 《社会保险法》第46条规定，失业人员失业前用人单位和本人累计缴费满一年不足五年的，领取失业保险金的期限最长为十二个月；累计缴费满五年不足十年的，领取失业保险金的期限最长为十八个月；累计缴费十年以上的，领取失业保险金的期限最长为二十四个月。重新就业后，再次失业的，缴费时间重新计算，领取失业保险金的期限与前次失业应当领取而尚未领取的失业保险金的期限合并计算，最长不超过二十四个月。

由于在人工智能时代公民失业是永久性的，从逻辑上讲解决公民失业问题最自然而然的办法是延长领取失业保险金的期限。但这一做法又将导致养“懒汉”这一副作用。

至此不难明白，在既定的基本权利分配法的约束下，对社会目标以效率为目标所产生的副作用进行矫正。既然如此，那么只能通过改变既定基本权利分配法的基本结构方式来消除人工智能所带来的副作用。研究人工智能是出于这样一个单纯的目的：“把它们制造出来以服务于社会，并作为完成社会经济任务的工具”㊺，促进每个人与人类社会的发展。人类无发展则不能生存㊻，有发展才能让每个人过上能体现人的价值与人的尊严的生活。于是，发展权自二战后成为一项人权。㊼ 对于公民而言，劳动权的实现是能让其过上体现人的价值与人的尊严的生活，以及获得发展的根本。基于此，人工智能所产生的失业这一副作用，表面看侵害的是公民劳动权，在本质上侵害的则是发展权。因此，改变既定基本权利分配法的基本结构必然是以实现发展权为宗旨。

三、人工智能时代法律构建的想象

承上所述，改变既定基本权利分配法的基本结构要以实现发展权为宗旨。“概念、问题和方法，是过去的继承人。显然，为了在作出任何决定之前达到一种彻底的自身理解，必须进行深入的历史的和批判的反思”。㊽ 于是，如何在实现发展这一目标的前提下，对现有基本权利分配法的基本结构予以改变，首先有必要对发展权进行深入的历史的和批判的反思。

发展权，作为概念最早见于阿尔及利亚的正义与和平委员会与1969年发表的《不发达国家发展权利》报告，被定义为一项人权始于塞内加尔首任最高法院院长凯巴·姆巴耶于1972年在斯特拉斯堡人权国际研究所作出的题为

㊺ ［英］玛格丽特·博登：《人工智能哲学》，刘西瑞、王汉琦译，上海译文出版社2001年版，第143页。

㊻ 参见［南斯拉夫］米兰·布拉伊奇：《国际发展法原则：有关国际经济新秩序的国际法原则的逐渐发展》，陶德海等译，中国对外翻译出版公司1989年版，第365页。

㊼ 所谓的发展权，简言之，指的是参与享有发展进程及其结果的权利。参见姜素红：《论发展权的实现途径》，《河北法学》2006年第3期。

㊽ ［德］胡塞尔：《欧洲科学的危及与超越论的现象学》，王炳文译，商务印书馆2001年版，第29页。

《作为一项人权的发展权》的演说；成为一项法定人权标志则是 1979 年联合国大会第 34/36 号决议通过了《关于发展权的决议》。发展权从概念到法定人权始终强调发展机会均等是每一个国家的权利。由于该观念同西方传统人权观念相冲突，从而西方国家在很长时间内对发展权持抵制态度。随着二十世纪八十年代对发展权内涵——发展机会均等是国家和组成国家的个人一项特有的权利，每个人和各国人民均有权参与、促进并享受经济、社会、文化和政治发展，在这种发展中，所有人权和基本自由都能够得以充分实现，人是发展的中心主体，应当是发展权的积极参与者和受益者——明确界定，于 1993 年得到了包括西方发达国家在内广泛国家的认可。

从上述关于发展权的历史可以知道，发展权因发达国家与发展中国家发展极不平衡而兴起，其从遭受西方发达国家抵制到得到包括西方发达国家在内的广泛国家的认可之根本原因在于发展的中心主体是什么。个人是发展的中心主体意味着国家负有促进个人发展权实现的责任。《宪法》第 33 条第 3 款规定的"国家尊重和保障人权的实现"无疑表明了我国有承担促进个人发展权实现的责任之态度。但由于"只有在法律权利和其他较低权利要求失败时，人权才是适用的"[49]，于是"为了使基本权的功能能够得以发挥，因此绝大部分基本权所应保障的生活领域与生活关系，都需要法律上的形成。这种形成主要是立法的任务"。[50] 根据前面分析，需要承担立法任务的首先是基本权利分配法。因此，国家促进个人发展权的实现首先要在基本权利分配法中确认该种权利。

在人工智能时代，社会群体可以大致分为掌控人工智能群体与未掌控人工智能群体这两类。因为科学技术是第一生产力的原因，前面两类群体将转化成社会优势群体与社会弱势群体这两类不平等的群体。由于"不平等是冲突的最终根源"[51]，为了抑制与消弭冲突，法律一面要对社会弱势群体予以特别照顾，另一方面要社会优势群体进行合理限制。具体到发展权就是：国家在承认每一个人以及各群体有参与，享有经济、社会、文化和政治发展及其结果

---

[49] ［美］杰克·唐纳利：《普遍人权的理论和实践》，张文成等译，中国社会科学出版社 2001 年版，第 11 页。

[50] ［德］康拉德·黑塞：《联邦德国宪法纲要》，李辉译，商务印书馆 2007 年版，第 247 页。

[51] ［美］乔纳森·H·特纳：《社会学理论的结构》，吴曲辉等译，浙江人民出版社 1987 年版，第 216 页。

的权利这一前提下,对社会弱势群体在适用这一权利时应予以特别的照顾以实现公平之目的,而对社会优势群体则是进行合理的限制以促进发展成果共享之目的。前述目标的实现首先有赖于基本权利分配法中的宪法,因为在当今是一个“不得不面临寻求宪法保障之时代”。[52] 这样,改变既定基本权利分配法的基本结构要以实现发展权问题便转化成了如何在宪法中设立发展权的内容。

发展权虽然是一项重要的人权,但从权利属性角度看,也是一种在本质上属于社会权的普遍性公民基本权利。[53] 有鉴于此,发展权的设立可以置于第33条第3款之后,具体内容为:“国家尊重和保护所有人以及各民族、群体的发展权,负有确保人人平等地享受公共资源、教育、医疗服务、就业、基础设施、生态环境和数据机会的责任,并依此责任将其保障妇女、儿童及残疾人等社会弱势群体,在适用这一权利时尤其应予以特别照顾的政策正当化。”公共资源、教育、医疗服务、就业、基础设施和生态环境由于对每个人或群体的发展权实现有着至关重要的作用,从而成为公共财产不难理解,较为难理解是数据成为公共财产。“人工智能显然不成比例地强化了一部分人的能力,即那些站在人工智能发展前沿的‘大数据掌控者’和人工智能开发企业的能力,同时使越来越多的人变成难以保护自己的隐私和自由并面临失业风险的弱者。……当强弱悬殊越来越大,而且强者对弱者的剥削和控制越来越以‘物理法则’而不是赤裸裸的暴力面目出现时,‘强者为所能为,弱者受所必受’。”[54]也就是说,在人工智能时代,无论是社会群体分化为强者与弱者还是强弱悬殊出现“强者为所能为,弱者受所必受”局面,究其根源都与数据有关。从计算机科学的角度看,人工智能是由算法、网络与大数据合成的。[55] “大数据指的是那些大小超出了一般数据库软件的采集、储存、管理和分析等能力的,人类通过交换、整合和分析相应数据后能够得到的具有巨大社会价值的数据集。”[56]这些具有巨大社会价值的数据集是通过利用大数据技术对海量数据分析、挖掘

---

[52] 葛克昌:《税法基本问题——财政宪法篇》,北京大学出版社2004年版,第49页。

[53] 梁洪霞:《发展权权利属性的宪法解读——以宪法文本为视角》,《人权》2015年第4期。

[54] 郑戈:《人工智能与法律的未来》,《探索与争鸣》2017年第10期。

[55] 郑戈:《人工智能与法律的未来》,《探索与争鸣》2017年第10期。

[56] 熊春泉、聂佳龙:《大数据时代的中国法治建设——一种立法视角的分析》,中国政法大学出版社2017年版,第100—101页。

等得到的，而那些海量数据则是社会全体成员贡献的。从这一角度看，数据无疑具有公共性，是公共财产。

前述资源被界定为公共财产意味着任何人或群体不得褫夺或者变相褫夺其他人或群体的使用机会，否则就要承担相应的法律责任。在人工智能时代，社会优势群体由于是社会发展的主要推动者，从而比起社会弱势群体更能利用其掌握的话语权优势让国家作出有利于该群体的公共性资源分配方案。因此，人人有平等地享受公共性资源的机会实际上是对人工智能时代优势群体的合理限制。

无论是社会发展还是个人发展都是消耗一定社会财富而获得的。而社会财富的创造表征为生产要素参与了使用价值的创造。当今人们普遍认为信息、技术、管理、教育资源等都是生产要素。[57] 因而，即便是在人工智能时代，扮演了社会发展主要推动者角色的社会优势群体也必然会利用前面所列举的公共性资源获得自身发展乃至推动社会发展。由于"'公共'表达了某一事物属于每个社会成员或与每个社会成员都相关这样一个概念"。[58] 从而公共性资源不得被任何人占有、支配与损害。人工智能时代的社会优势群体利用公共性资源实现自身的发展必然意味着公共资源被占有、支配。于是，根据人人有平等地享受公共性资源的机会的要求，国家可以基于公共性资源参与了社会财富的创造获得社会财富分配权。因此，市场经济促进法按照生产要素贡献分配的原则来予以建构。

"按贡献分配是社会主义社会融各种分配形式为一体的统一的分配原则"[59]，十九大报告更是指出建立社会主义社会现代经济体系必须推动全要素生产率[60]的提高。于是，在人工智能时代按照生产要素贡献分配构建市场促进法不仅契合时代的要求，也符合社会主义社会的本质要求。从本质上讲，"生产要素的所有权仅仅是生产要素参与分配的法律依据，至于各种生产要

---

[57] 参见徐斌、李艳芳：《生产要素理论的主要学派与最新发展》，《北京交通大学学报(社会科学版)》2006 年第 3 期。

[58] 王春业、聂佳龙：《从"三公"经费公开谈人大预算权的落实》，《云南大学学报(法学版)》2013 年第 1 期。

[59] 蔡继明：《按生产要素贡献分配的理论基础和政策含义》，《学习论坛》2004 年第 7 期。

[60] 全要素生产率指的是全部生产要素的投入量都不变时，生产量仍能增加的部分，最早由美国经济学家罗伯特·索罗(Robert M. Solow)提出。

素参与分配的尺度,则是各种生产要素在价值创造中所作的贡献。在完善的(竞争的)市场经济中,价值的创造与价值的分配是统一的。"[61]由此,按照生产要素贡献分配原则构建的市场经济促进法要以追求建立完善的竞争的市场经济为目标。竞争的对立面是垄断,从而人工智能时代的市场经济促进法的构建必然有涉及反垄断法律制度完善的问题。就我国立法现状看,反垄断法律制度主要集中在《反垄断法》之中。已而,早在2007年8月《反垄断法》出台后不久,就有很多的学者就指出了诸多不足之处。事实上,《反垄断法》自施行后经历了一个很长的休眠期[62],印证了学者们的看法。由此,可以说,当前不完善的《反垄断法》是不可能在人工智能时代担负起建立完善的竞争的市场经济的任务。

按照生产要素贡献分配,首先要区分不同性质的生产要素:公共性资源与私人性资源。公共性资源可以基于其公共性由国家专营或专卖,或者是转让给个人使用。对于后者情形,出于保障社会弱势群体的目的,必然是有偿的。这样看来,至少《反垄断法》第7条[63]将要修改为:"国有经济占控制地位的关系国民经济命脉和国家安全的行业以及依法实行专营专卖的行业,国家对其经营者的合法经营活动予以保护,并对经营者的经营行为及其商品和服务的价格依法实施监管和调控,维护消费者利益,促进技术进步。其他依法有偿使用公共性资源的行业,国家对其经营者的合法经营活动予以保护,并对经营者的经营行为依法实施监督。前款规定的经营者应当依法经营,诚实守信,严格自律,不得损害国家、社会与消费的权益。"

按照生产要素贡献分配必然会导致不同要素所有者之间的收入存在着差别。但此种分配方式能够做到人尽其才、物尽其用,从而一般而言不同要素所有者之间的收入差别可以被人们所接受。但同时应清楚:即便如此,"收入差

---

[61] 蔡继明:《按生产要素贡献分配的理论基础和政策含义》,《学习论坛》2004年第7期。

[62] 休眠意指《反垄断法》颁布实施的早期,因被执法机关或法院束之高阁而没有很好发挥其规制市场经济活动的作用。参见李艳玲:《反垄断法"休眠"现象研究》,中南大学2013年硕士学位论文。

[63] 《反垄断法》第7条规定:国有经济占控制地位的关系国民经济命脉和国家安全的行业以及依法实行专营专卖的行业,国家对其经营者的合法经营活动予以保护,并对经营者的经营行为及其商品和服务的价格依法实施监管和调控,维护消费者利益,促进技术进步。前款规定行业的经营者应当依法经营,诚实守信,严格自律,接受社会公众的监督,不得利用其控制地位或者专营专卖地位损害消费者利益。

别也不能扩大到贫富悬殊甚至两极分化的地步,否则会造成社会的有效需求不足,以及消费结构乃至产业结构畸形发展,从而导致效率下降,严重的话,还会导致社会的动乱。”[64]当前述问题出现后,社会制度矫正法要发挥作用:一方面通过对市场经济法的矫正实现不同要素所有者之间的收入差别过大;另一方面对社会弱势群体在社会保障方面予以倾斜保护。前者实现的手段可以是税收、财政等,后者则是社会保险等。必须承认由于我们无法通过实验的方法知晓前面所阐述的基本权利保护法与市场经济促进法的设计会带来怎样的收入差别,只能进行理性的预测,但必须要承认基于理性的预测是有限度的。于是,社会制度矫正法如何实现其作用,只能作前面的宏观式的回答。这也是本文将其命名为“想象”的基本原因。

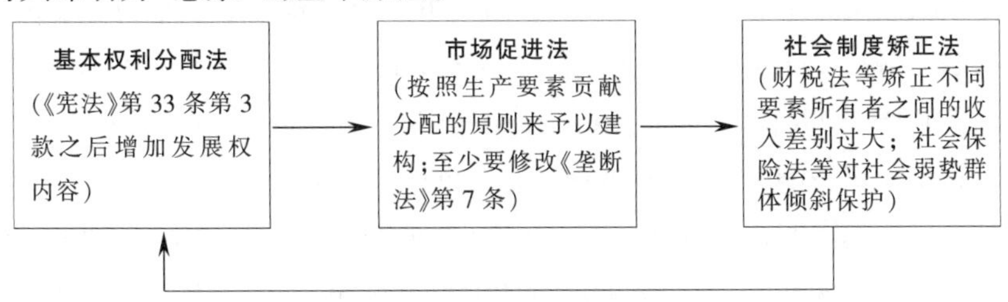

图2 人工智能时代的法律建构想象

行文至此,我们可以知道,人工智能时代的法律建构想象可以做如上图(图2)那样的表述。正如“权利永远不能超出社会的经济结构以及由经济结构所制约的社会的发展”[65]那样,人工智能时代的法律也将由那个时代社会的经济结构以及由经济结构所制约的社会的发展所决定。尽管这个时代还未真正到来,但人工智能已经开始对我们的社会造成影响,例如2017年英国萨顿基金会在一份报告中指出人工智能将削弱英国社会流动性与减少多达1500万个工作岗位。[66] 于是,在这个时间点思考未来人工时代法律制度的构建(尽管我们无法完全清晰地描绘出构建的全部内容),尽管富有“想象”的意味,但却是未雨先绸缪。

---

[64] 蔡继明:《按生产要素贡献分配的理论基础和政策含义》,《学习论坛》2004年第7期。

[65] 《马克思恩格斯选集》(第3卷),人民出版社1974年版,第12页。

[66] 载新华网,http://news.xinhuanet.com/world/2017-07/13/c_129653815.htm,最后访问时间:2017年10月19日。

Legal Construction of Artificial Intelligence Age Based on Paradigm Analysis of Justice Standard Complexity

Abstract: Resolving the side effects caused by artificial intelligence requires the corresponding legal system arrangement under the guidance of the justice value, so that it can be analyzed from the justice standard complexity paradigm. The justice standard complexity paradigm holds that the legal system is a chain – based system composed of the basic rights distribution method, the market economy promotion law, and the social system correction law. In the era of artificial intelligence, it is required to change the basic structure of the established basic rights distribution law with the aim of realizing the right to development, and to increase the content of the right to development in Article 33, paragraph 3 of the Constitution. Correspondingly, the market economy promotion law is constructed in accordance with the principle of contribution distribution of production factors. The social system correction method corrects the problem of excessive income difference between different factor owners through taxation, finance, social insurance and other means.

Key Words: artificial intelligence; law; imagination

（责任校对：张贵昊）

人工智能刑法主体资格之检思

——以“主体说”为检思对象

徐　杰[*]

摘　要:人工智能时代的刑事归责难题催生出了在应然层面肯认人工智能刑法主体地位的观点(主体说)。支撑主体说的理由主要是:(1)人工智能与拟制为刑法主体的法人具有相似性;(2)人工智能未来具有自由意志;(3)针对人工智能可以制定专门的刑罚,以克服传统刑罚体系对人工智能的制裁障碍。但是,人工智能与法人在意志有无、运作基础以及行为基准层面存在实质差异,使后者不具有将人工智能拟制为刑法主体的立法借鉴意义;综合考察人工智能主流研究方向与研究现状、通向强人工智能的技术路径尚未显现以及人工智能的“为人服务”特征等情况,未来人工智能不可能也不应当产生自由意志;人工智能的系统工具属性决定了即便能够对其适用“刑罚”,也难以实现预防犯罪的刑罚目的。

关键词:人工智能　刑法主体　自由意志　刑罚目的

人生而为人,人亦生而为匠——此乃人性使然——不容置喙,不可辩驳。① 人类因工具而强大,也因工具的不断强化而愈加强大。基于“为匠”之天性以及“求强”的本能,制造出具有类人乃至超人能力的自主工具则成为人类孜孜追寻的终极目标。事实上,自人类文明诞生之初,人类就已经在文化中植入了这样一种观念,即在某个阶段创造出真正“为自己思考”并自主行动的

---

* **作者简介**:徐杰,华东交通大学硕士研究生。

① 参见[美]丹尼尔·威尔森:《智能侵略》,童凌炜译,华中科技大学出版社2015年版,第5页。

机器。但这些想法通常被认为是宗教表达——某学者将其描述为努力打造我们自己的神——或者纯粹的科幻小说。②而今,随着大数据技术、计算能力、学习算法的瓶颈突破,在专门领域具有远超人类能力且在有限程度内自行运转该能力的工具——“人工智能”正从科幻小说中大步迈向社会实践,并迅速与传统行业相融合,引发了新一轮产业变革,深刻改变人们的生产生活方式和思维模式。智业社会③,未来可期。但是,正如中国科学院科技战略咨询研究院院长潘教峰指出:“以人工智能为代表的新科技将深刻地改变我们的生活、生产和工作方式,既带来了无尽的方便和快捷,又为人类社会的发展带来不确定性。”人工智能不断模糊着物理世界和个人的界限,延伸出复杂的伦理、法律和安全问题。就刑事法律领域而言,面对来势汹汹的人工智能和风起云涌的社会变革,主张应当赋予人工智能刑事主体地位的观点则应势而兴,其裹挟着由其设想出的“人工智能”向既有刑事主体制度发起了挑战。我们自始至终对肯定人工智能刑事主体资格的观点及其理由深感怀疑,立足于人工智能技术的发展现状以及可见未来的发展趋势,更倾向认为由刑事古典学派奠基的以理性人为核心的现代刑法主体体系并不会因单纯的科学技术发展而有所松动。

一、检思对象:人工智能刑法主体说

(一)主体说的提出背景:风险人工智能

1. 人工智能的界定。“人工智能(Artificial Intelligence,简称 AI)”一词可溯源于 1956 年由麦卡锡、闵斯基等人发起举办的达特茅斯会议。然而,历经半个多世纪的发展,无论是人工智能学界抑或其他领域都公认这样一个无可奈何的事实,即“人工智能”定义的不统一、不确定性。犹如人类对“正义”的理解不尽一致,人工智能亦有着一张普罗透斯似的脸,使每一个深入思索过“人工智能”的科技人、法学者甚至一般社会个体都对其有着不同的认识和刻画。由中国电子技术标准化研究院编制的《人工智能标准化白皮书(2018)》(以下简称《标准化白皮书》)从科学的角度将人工智能定义为:是利用数字计

② See Vladeck D C. Machines without principals: Liability rules and artificial intelligence, Washington Law Review, No. 89, 2014, pp. 117 – 150.

③ 所谓“智业社会”,就是各行各业都将由人工智能主导,大多数行业人类处于边缘或者完全不需要人类干预。智能机器替代人工的比率为 30%—90%。参见任继福:《杂谈人工智能核暴力》,《中国人工智能学会通讯》2018 年第 1 期。

算机或者数字计算机控制的机器模拟、延伸和扩展人的智能，感知环境、获取知识并使用知识获得最佳结果的理论、方法、技术及应用系统。显然，人工智能的科学定义并不能完全照搬适用于法学领域，尚须对其进行一定的法律化处理。参考其他法学研究者对人工智能的界定④，我们认为，法律上的人工智能不可能是一种理论、方法或者技术，而是依靠计算机实施能够作用于外界的智能行为的实体或系统。《标准化白皮书》以是否能真正实现推理、思考和解决问题为标准，将人工智能分为弱人工智能和强人工智能。弱人工智能是指不能真正实现推理和解决问题的智能机器，其并非真的拥有人的智能，也不会有独立的自主意识。强人工智能是指真正能思维的智能机器，并且认为这样的机器是有知觉和自我意识的。但是，以人工智能的主流研究为视角，强人工智能与其说是人工智能科学研究的奋斗目标，毋宁说是其精神信仰。

2. 人工智能的风险。继蒸汽机革命、电力革命和信息技术革命之后，人类社会迎来了以大数据、人工智能技术为核心的第四次工业革命。⑤ 人工智能将进一步释放历次科技革命和产业变革积蓄的巨大能量，并创造新的强大引擎，重构生产、分配、交换、消费等经济活动各环节，为社会发展带来巨大经济效益。但是，人工智能为社会带来难以估量的利益之际，也将社会卷入了由其制造的风险之中。据国外学者统计，在过去的 30 年里（截至 2016 年），仅在美国，机器人就已经造成至少 26 人死亡。只在 2005 年一年内，英国就发生了 77 起事故，工人被机器碾碎、撞到头部、焊接，更甚者被浇铸铝液。⑥ 即便是近年来人工智能在各领域有了长足发展，取得了称奇的成就，也仍会不时制造出难以预见的风险和损害。2016 年 3 月，微软人工智能驱动的聊天机器人 Tay 受到网络语言的误导在聊天时公然发表种族歧视和性别歧视言论。2016 年 5

---

④ 在法学领域，有将人工智能理解为，使机器像人一样去完成某项任务的软硬件技术，参见刘宪权：《人工智能时代的“内忧”“外患”与刑事责任》，《东方法学》2018 年第 1 期；有理解为，基于人类的设定或要求，通过计算机信息系统实施一定智能行为的实体或程序。参见王肃之：《人工智能犯罪的理论与立法问题初探》，《大连理工大学学报（社会科学版）》2018 年第 4 期。有理解为，能够独立于人类的思考、决策并完成相应任务的机器。参见刘小旋、张虎：《论人工智能的侵权责任》，《南京社会科学》2018 年第 9 期。

⑤ 参见刘湘丽：《第四次工业革命的机遇与挑战》，《新疆师范大学学报（哲学社会科学版）》2019 年第 1 期。

⑥ See Solaiman S M. Corporate Manslaughter by Industrial Robots at Work: Who Should Go on Trial under the Principles of Common Law Australia? Journal of Law and Commerce ,No. 35,2016,pp. 21—22.

月,佛罗里达州一辆特斯拉自动驾驶汽车在行驶过程中错误识别前方的障碍车辆而酿成事故致汽车驾驶员死亡。2016 年 11 月,在深圳高交会上,因操作人员的错误指令导致一台名为“小胖”的机器人“暴走伤人”。2018 年 3 月,美国亚利桑那州一辆开启自动驾驶模式的 Uber 自动驾驶汽车因未能有效识别过路行人而致其死亡。种种迹象表明,人工智能不单是对社会发展大有裨益的前沿科学技术的结晶,同时也是向外界不断辐射风险的风险源。人工智能的风险同其他科学技术风险一样,既来自现代人们对高科技,新技术的高度依赖,以至于任何对技术的不当利用或技术失效都能造成严重后果,也源于技术发展本身带来的不确定性。⑦

(二)归责难题催生出的“主体说”

1. 刑事归责难题的预设。人工智能既是人类伟大发明,亦存有巨大的社会风险。⑧ 当风险具化为对法益的危害时,人工智能便自然而然地进入了以法益保护为目的的刑法的视野之内。根据风险的来源,整体上可将人工智能实现法益侵害的类型对应的分为两类。(1)对人工智能技术的不当利用造成的法益侵害。包括他人故意利用人工智能实施的法益侵害行为以及由于设计者过失(程序设计缺陷、硬件瑕疵等)、使用者过失(滥用、不符合规定使用等)或监管者过失(违背监管义务)致使人工智能造成的危害。(2)人工智能技术本身的不确定性造成的损害,即在无外界因素介入下(排除人的故意或过失行为),人工智能基于自主决策行为所造成的法益侵害。人工智能最大的特征是当启动人工智能系统后,能够在无须人类进一步指令或操控的情况下,面对多样化环境自适应地作出决策进而付诸行动。在这种自主决策模式下,人工智能已具有不依赖人类而独立造成损害的能力,如上文所列举的“亚利桑那州自动驾驶汽车案”。第一类法益侵害类型与传统犯罪并无实质差别,本质上都是因人的故意或过失行为实施的犯罪活动,此时人工智能与“刀、枪、汽车”一样仅为人用以侵害法益的工具,因此,传统刑事归责理论在此并无适用障碍。然而,在面对第二类侵害类型时,倘若不作为意外事件处理,则会产生所谓的刑事归责难题:法定可责主体(人/单位)既不存在故意或过失的罪过心理,亦无作用于外的行为,根据“无责任则无犯罪”及“无行为则无犯罪”

---

⑦ 参见马缨:《科技发展与科技风险管理》,《中国科技论坛》2005 年第 1 期。

⑧ 参见吴汉东:《人工智能时代的制度安排与法律规制》,《法律科学》(西北政法大学学报)2017 年第 5 期。

的主客观归责原理，势必无法在现有刑法主体框架内进行刑事归责，由此陷入“应当罚，而无‘人’可罚”的窘境。

2. 主体说的提出。人工智能已经具备自主性和认知特征，也即具有从经历中学习并独立自主地作出决策以及基于决策实质性地调整其行为的能力。⑨ 故而，刑事归责难题的生成逻辑是，因为人工智能能够脱离人类控制独立地造成不可预料的法益侵害，且此时存在输出刑罚之必要，然却在现有刑法主体范围内无法实现主客观归责，寻到合适的刑罚受体。为走出困境，不少人将目光放在了刑法主体制度之上，其认为，既有刑事主体制度已经无法满足人工智能时代的刑事归责需求，遂提出将刑法主体范围扩张至“人工智能”，当出现第二种法益侵害类型时，由直接造成损害的人工智能独立于设计者、使用者或监管者承担刑事责任，恢复刑罚的供求平衡。例如，主张赋予或构建“人工智能刑事责任主体地位”⑩、“智能人独立罪过责任”⑪、“人工智能犯罪主体资格”⑫等，本文将类似观点统括为人工智能刑法主体说（简称主体说）。主体说的支撑理由主要有：（1）法人与人工智能具有相似的法律属性，因而可以借鉴法人的立法先例，将人工智能拟制为刑法主体；（2）刑事主体资格的获得前提是具有控制和辨认自己行为的自由意志，而未来的人工智能具有自由意志或自主意识，可以辨认和控制自身行为；（3）将删除数据、修改程序以及永久销毁设置为适用于人工智能的专门刑罚，可以化解传统刑罚体系对人工智能适用不能的制裁障碍。⑬ 本文对“人工智能具有刑法主体资格”持怀疑态度，对主体说的理由亦不能苟同。人工智能能否借鉴法人先例被拟制为刑法主体，须对人工智能与法人进行实质比较；其未来是否具有自由意志应当立足于人工智能技术发展现状以及可见未来的发展趋势等情况进行综合判断；其能否适用刑罚，具备独立承受刑事法律后果的能力，应当接受刑罚目的实现与

---

⑨ 参见腾讯研究院、中国信通院互联网法律研究中心、腾讯 AI Lab、腾讯开放平台：《人工智能》，中国人民大学出版社 2017 年版，第 229 页。

⑩ 参见刘宪权、林雨佳：《人工智能时代刑事责任主体的重新解构》，《人民检察》2018 年第 3 期。

⑪ 参见孙道萃：《人工智能对传统刑法的挑战》，《检察日报》2017 年 10 月 22 日，第 3 版。

⑫ 参见马治国、田小楚：《论人工智能体刑法适用之可能性》，《华中科技大学学报（社会科学版）》2018 年第 2 期。

⑬ 参见刘宪权：《人工智能时代刑事责任与刑罚体系的重构》，《政治与法律》2018 年第 3 期。

否的检视。

二、人工智能与法人(单位)辨析

“法人是拟制的刑法主体,法人与人工智能具有相似性,因此人工智能也可成为拟制的刑法主体”这样的推论常见于主体论者的论述之中。如有人认为:“联想到‘单位’这一刑事责任主体的定性与人工智能体的法律属性有异曲同工之处,单位犯罪从主客观要件上来讲非人非物……议人工智能体可借鉴‘单位’这一主体设定的理念,将人工智能体纳入刑法主体范围。”⑭但是,对于人工智能与法人的相似性到底体现在何处,却鲜有人详细究述。倘若只因法人属非自然人实体,便使同为非自然人实体的人工智能具有了拟制可能性,这样的推论恐也难以令人信服。⑮ 我们认为,法人与人工智能尽管具有形式相似性,即都属于非自然人实体,但在意志有无、运行基础以及行为基准层面都存在实质差异,以至于不可能将“法人”作为拟制人工智能的立法先例。

(一)意志的有无

法人作为私法上的概念,是为了适应商品经济的发展需要,通过精巧的立法技术抽象而成的兼具权利和义务的法律主体。法人成为刑法上的主体,在理论依据上存在法人拟制说向法人实在说的转变。法人拟制理论由罗马法创立,罗马法认为法人是法律拟制的,所以其自身并无意思表示能力,须由自然人代为进行相应行为。因而,法人亦不能构成犯罪,而只能由自然人承担刑事责任。这一理论为后世各国所沿用。⑯ 直至近代,随着资本主义市场经济的发展,个人主义社会渐向法人社会转换,与此相随的是因过度追求资本利益而滋生的大量法人犯罪。显然,法人拟制说已成为追究法人刑事责任的理论障碍,法人实在说由此应运而生,并为刑法理论所广泛接受。依据实在说,法人同自然人一样属于客观存在的社会实体,法人机构或其代表人以法人名义实施的行为视同法人的直接行为。法人具有独立的意志,“只是这种意志不再是单个自然人的独立意志,而是通过社员大会以资本多数决等特定程序予以

---

⑭ 参见马治国、田小楚:《论人工智能体刑法适用之可能性》,《华中科技大学学报(社会科学版)》2018 年第 2 期。

⑮ 有研究者认为,法人主体的刑法拟制也为人工智能的刑法拟制提供了先例。法人犯罪的出现与研究使得犯罪主体限于自然人的态度有所松动。参见王肃之:《人工智能犯罪的理论与立法问题初探》,《大连理工大学学报(社会科学版)》2018 年第 4 期。

⑯ 参见周枏:《罗马法原论(上册)》,商务印书馆 2014 年版,第 310 页。

抽象化的集体意志。”[17]现如今,明确规定法人犯罪的国家几乎都承认,法人也有一种区别于自然人的表现为其内部成员共同意志的自由意志。[18] 正是有了这份“意志”,法人才能够从众多非自然人实体(如动物、植物等)中脱颖而出,在法律(刑法)上获得与自然人同等的地位。反观人工智能,其由软、硬件构成,因而不存在集体意志之说。与此同时,根据人工智能技术的发展现状,结合可见未来的发展趋势,未来人工智能也不具有自我生成自由意志的可能(见下文)。

(二)运作基础

尽管世界各国广泛承认法人具有法律人格,但究其根本原因是因为法人由人类构成,没有人类作为其代表人,法人无法完成任何法律意义上的行为。[19] 换言之,但凡法人实施的具有法律意义的行为,最终总是能追溯到某一个或一群人。法人的运行基础归根结底还是指向自然人。从犯罪角度上讲,没有法人内部的自然人及其行为就无法人(单位)犯罪。[20] 而人工智能则是由软件、硬件结合而成的实体,其运行基础是预先设计的处理程序以及执行指令所需的物理硬件。如谷歌公司开发的自动化驾驶汽车,在不需任何人力因素介入下,仅由智能驾驶系统操控汽车完成识别、避让、控速、刹车等所有行驶任务。

(三)行为基准

由于意志的有无以及运作基础的不同,决定了法人能够直面法律规范,根据法律规定指导自身行为,而人工智能则是面向设计者,以设计者预先设置的程序为行为准则。诚然,人工智能客观上能比最守法的公民更精确、更持久地将自身活动限制在法律秩序框架内,但其行为并非直接来自法律的调控,而是源于一丝不苟地履行法律义务的设计者的合法设计。例如,法律规定“机器不许伤害他人”,严谨守法的设计者则将会在编程时向智能系统植入“不许伤害他人”的指令代码,表面上人工智能不伤害他人是在遵守法律的禁止性义

---

⑰ 参见许翠霞:《动物真的能够成为法律主体吗?——关于法律主体的前提性说明》,《安徽大学学报(哲学社会科学版)》2010 年第 6 期。

⑱ 参见刘宪权、刘荷佳:《论人工智能时代智能机器人的刑事责任能力》,《法学》2018 年第 1 期。

⑲ See Solaiman S M. Legal personality of robots, corporations, idols and chimpanzees: a quest for legitimacy, Artificial Intelligence & Law, No. 25, 2017, pp. 166—167.

⑳ 参见张明楷:《刑法学(上)》,法律出版社 2016 年版,第 135 页。

务,但实质上,却是在遵循其“造物主”的指令。总而言之,人工智能与法人在行为基准层面存在本质不同。人工智能应当实施或不应当实施何种活动的行为标准源于设计者的编程,如要约束人工智能的“行为”必然是通过规制程序设计者、使用者从而间接影响人工智能的举止㉑,而法人却是以法律规定的权利和义务作为行为的尺度。我们信任法人不会违法犯罪,是相信法人与其内部的自然人能够自觉遵守并维护法秩序,而信任人工智能不会危害社会,是确信人工智能会恪守设计者编制的“善良程序”。

三、人工智能自由意志审视

(一)自主意志之于刑事主体的意义

所谓自由意志,《牛津法律大辞典》给出的定义是,人们在自己的推理的基础上,在不完全受各种限制支配的基础上,对各种事物进行选择以在特定情况中从事活动的力量或能力。论及自由意志对刑事主体乃至现代刑法理论的意义,始终绕不开刑事古典学派(旧派)及其道义责任论与刑事实证学派(新派)及其社会责任论之间的纠葛。旧派率先将本属于哲学领域的“自由意志”拉入刑法责任理论的构建之中,旧派认为人都有为善避恶的自由意志。犯罪,是具有自由意志的人,尽管有选择去避免恶而竟没有避免,所以,犯罪也是出于自由意志(意志自由论)。由于犯罪是行为人自由意志的选择,因此在归责依据上,旧派主张道义责任论,只有具有自由意志的人才能够成为责任(道义责任)承担的主体。当然,此时的“自由意志”是不受任何外界因素左右的绝对自由意志。发迹于十九世纪后半叶的新派在彻底否定自由意志论的基础上提出意志决定论。新派认为“自由意志”是哲学家设想出来的虚无缥缈之物,人是否具有“自由意志”,根本无法在科学层面得到证实。人之所以犯罪,不是出于自由意志的选择,而是由生物原因、社会原因、地理环境等外界因素所决定。如龙勃罗梭的犯罪是由基因决定的天生犯罪人论,菲力的犯罪是人类学因素、社会因素、环境因素决定的犯罪饱和论。㉒ 基于此,在责任承担依据上,新派主张社会责任论,认为犯罪人之所以承担刑事责任,并非是源于道义上的非难,而是为了防卫社会。

旧派的自由意志论(绝对)和新派的意志决定论都存在偏颇之处,前者属

㉑ 参见吴习彧:《论人工智能的法律主体资格》,《浙江社会科学》2018 年第 6 期。

㉒ 参见陈兴良:《刑法的启蒙》,法律出版社 2007 年版,第 193—248 页。

于唯心主义,因为人不可能不受自身所处环境的影响,而后者完全否定人的意志自由,无视人的主观能动性,是机械唯物主义,不切实际。㉓ 因此,后来学者将两种极端观点进行了折中处理,提出了相对意志自由论,即一方面,人要受制于素质和环境,另一方面人自身也具有能动性。可以见到,《牛津法律大辞典》也是对“自由意志”采取了相对性解释。时至今日,自由意志(相对)已为刑法理论所广泛认可,“甚至可以说,现在占统治地位的刑法理论,不以意志自由为前提就不能成立”。㉔ 犯罪主体理论正是以人的意志自由为基础建构起来的。犯罪主体的核心是刑事责任能力的问题,犯罪主体资格具备刑事责任能力。我国刑法中的刑事责任能力,是指行为人具备刑法意义上的辨认和控制自己行为的能力。刑事责任能力包括认识能力和意志能力。认识能力是指行为人具备对自己的行为在刑法上的意义、性质、作用、后果的辨别能力,意志能力是指行为人对自己是否实施为刑法所禁止的行为的控制能力。如果说,认识能力是对是非善恶的分辨能力;那么,意志能力就是对这一是非善恶的选择能力。由此可见,刑事责任能力的本质,是行为人实施危害社会行为时其相对的自由意志能力的存在。㉕ 蔽言之,现代刑法理论要求,只有具备相对自由意志的“人”,才具有成为犯罪主体(刑法主体)的资格。

(二)人工智能自由意志之否定

人工智能(未来)可以产生自由意志或自主意识,具有辨认和控制自己行为的刑事责任能力,是主体论者认可人工智能刑法主体地位的核心理由。如有人认为,人工智能机器具有深度学习能力与自主意识,因而具备辨认和控制自己行为的能力,可以独立承担刑事责任。㉖ 还有人提出,装具强人工智能的自动驾驶汽车能够在自由意识支配下进行自我反思,其便是具备辨认能力与控制能力的刑事责任承担主体。㉗ 然而,“机器不具有思想,也罕有证据表明

㉓ 参见马克昌:《近代西方刑法学说史》,中国人民公安大学出版社 2016 年版,第 97、212 页。

㉔ 参见[日]西原春夫:《刑法的根基与哲学》,顾有荣等译,中国法制出版社 2017 年版,第 171 页。

㉕ 参见陈兴良:《论自由意志及其刑法意义》,《法律科学》(西北政法大学学报)1993 年第 5 期。

㉖ 参见刘宪权:《人工智能时代的刑事风险与刑法应对》,《法商研究》2018 年第 1 期。

㉗ 参见卢有学、窦泽正:《论刑法如何对自动驾驶进行规制 ———以交通肇事罪为视角》,《学术交流》2018 年第 4 期。

未来机器有”。[28] 我们认为,人工智能不可能产生,至少在可预见的未来不可能产生与人类一般的自主意识或自由意志。正如著名计算机科学家杰瑞·卡普兰在《人工智能时代》一书中所述:我们越来越多的传感器积累原始数据,我们自身的电子足迹也会越来越广,这些系统可以从中掌握人类大脑无法企及的模式和见解。你可能会认为它们这是产生出了超人的智力,但这绝对是误解——至少在可以预见的未来,因为这些机器没有意识,无法反思,不会存在丝毫的独立意愿和个人诉求。[29]

1. 人工智能的主流研究从来都不是以“具有自主意识的强人工智能”为目标,而是以“让机器解决那些人脑能解决的问题”为目的。达特茅斯会议诸君虽然道路迥异,但却殊途同归,都是从不同角度去实现人工智能解决问题的工具价值,如专家系统,机器学习、自然语言处理等都是极具工具属性的技术。以达特茅斯会议为起点,主流人工智能一直都是以“让计算机解决那些人脑能解决的问题”为工作定义和划界标准。[30] 而对于具有自主意识的强人工智能,向来都不是主流研究和探索的方向。由中国人工智能学会与罗兰格联合发布的《中国人工智能创新应用白皮书》这样总结到:通用人工智能(强人工智能——笔者注)是众多科幻作品中颠覆人类社会的人工智能形象,但在理论领域,通用人工智能算法还没有真正的突破,在可见的未来,通用人工智能并非人工智能讨论的主流……[31]此外,人工智能现有技术的发展也不会使具有自主意识的强人工智能成为可能。在于,当前人工智能研究活跃的子领域都是朝向制造智能工具,而强人工智能所必不可少但却与工具无关的要素,如自主意识、独立意志、机器情感等都罕有严肃地研究。[32] 因此,现有技术的发展与突破,并不意味着人工智能距离自主意识会更进一步,主体论者忽略技术发展目标和现实,其所作设想便会流于科幻。

---

[28] [美]Jerry Kaplan:《重新审度人工智能》,秦颖、何纯阳译,《中国人工智能学会通讯》2017 年第 11 期。

[29] 参见[美]杰瑞·卡普兰:《人工智能时代》,李盼译,浙江人民出版社 2016 年版,第 3 页。

[30] 参见王培:《图灵测试是人工智能的标准吗》,《中国人工智能学会通讯》2016 年第 6 期。

[31] 具体内容见 2017 年 11 月由中国人工智能学会与罗兰格联合发布的《中国人工智能创新应用白皮书》。

[32] 参见周志华:《关于强人工智能》,《中国计算机学会通讯》2018 年第 1 期。

2. 人工智能通往真正“智能”的技术路径尚未显现。符号主义、连接主义与行为主义是人工智能领域的三大流派，同时也分别对应人类欲图在非人实体上实现真正“智能”的三大技术路径。符号主义认为人脑与计算机本质上都是符号运算，人脑的思维完全可以通过数学逻辑方式完成模拟。连接主义则欲通过对大脑结构的仿真设计来模拟大脑的工作原理。而行为主义认为“智能”仅取决于感知和行动。现如今，在实现“智能”的路上，三大流派都各自面临着难以攻克的技术障碍，并且“中文屋实验”“缸中之脑实验”“完美伪装者和斯巴达人实验”在哲学上分别论证了三条路径的终点都并非真正的人的“智能”。[33] 一种说法是，如果能够模拟出人脑，把其中的神经元、神经突触等全部同规模地仿制出来，那么具有自主意识的强人工智能就会自然产生。但实际上，这种说法至今未有任何证据支撑，严格地讲都不能将其视作猜想，因为“猜想”至少有不完备的证据证明其有“真”的可能性。暂不论“仿脑”工程何其浩瀚，技术掣肘何其巨大，即便通过模拟完整重现大脑的细节，也不可能还原产生出智能行为。[34] 因为人类至今未观览到人脑工作机制和运行原理的冰山之一角。欧洲于2013年启动的“人类大脑计划(Human Brain Project，简称HBP)”最终也在八百多名科学家的联名抵制下，无奈调整了项目目标——会将更多注意力放在开发数据分析工具和软件上，而不仅是盯着如何模拟人类大脑。[35] 还有观点认为，“深度学习”能够使人工智能不断学习、进化最终衍生出自主意识。这种深度学习万能论的观点实质上是将机器“深度学习”与人脑“深度学习”等量齐观。对于这种混淆概念的看法，Facebook人工智能总监Yann LeCun给出了警告：“把人工智能比作大脑，是给它赋予了一圈神奇的光环，这种描述是危险的，将导致天花乱坠的宣传”。事实上，机器深度学习作为训练系统，在以海量的训练为基础的同时，原有的限制依然存在。直白地讲，机器深度学习仅冠有“学习”之名，而无学习之实，更不会通过“学习”自我进化为具有自主意识的强人工智能。

3. 人工智能的“为人服务”特征决定了其未来不可能也不应当具有独立于人类的自由意志。《标准化白皮书》将人工智能系统的第一特征表述为“为人类服务，本质为计算，基础为数据”。从根本上说，人工智能系统必须以

---

[33] 参见于剑：《人工智能之愚见》，《中国人工智能学会通讯》2018年第5期。

[34] 周志华：《关于强人工智能》，《中国计算机学会通讯》2018年第1期。

[35] 章琦：《陷入困境的欧洲大脑计划》，《环球财经》2015年第12期。

人为本,这些系统由人类创造,以人类设定的程序逻辑或软件算法为依据,通过人类发明的芯片等硬件载体来运行或工作,其本质体现为计算,通过对数据的采集、加工、处理、分析和挖掘,形成有价值的信息流和知识模型,实现人类所期望的一部分“智能行为”,来为人类提供延伸人类能力的服务。在社会大众的观念中,人工智能也始终扮演着为人所用,为人服务的工具角色。但是,倘若人工智能具有了自主意识或自由意志,我们还能一如既往地期待人工智能甘为工具任人差使,为人服务吗?一个具有自主或自由意志,且智能在所有领域都远超人类的机器会遵守低级智能物种为其设计的行为准则吗?答案想必是否定的,正如人类不会遵守猩猩订立的规则一样。我们更有理由相信,具有自主意识的人工智能会反客为主,圈养人类,让人类为其服务。每个科学领域都有不可触碰的禁区,例如克隆人为主流生命科学界所禁止,拥有自由意识的人工智能也会成为人工智能领域的“不可能与不应当”。

四、处罚人工智能的刑罚目的实现不能

刑罚目的乃是国家制定、运用、执行刑罚所意图实现的效果。刑罚目的制约着受刑主体或刑法主体范围。在欧洲中世纪,自然人并非唯一承受刑罚的主体,动物、植物甚至尸体都能被提起刑事诉讼,成为科处刑罚的对象。这正是源于当时所采取的是威吓主义、神意报应主义的刑罚目的观。[36] 近代,随着报应主义和预防主义的兴起,由于对动物、尸体等非自然人物体施以刑罚制裁无从实现报应已然之罪或预防未然之罪的目的,便剥离了“它们”的主体资格,使“人”成为唯一受刑主体。如今,人工智能欲图打破以自然人为核心构建的刑法主体体系,跻身刑法主体之列,必然要接受刑罚目的能否实现的检视。我国通说认为,刑罚的目的在于预防犯罪(特殊预防和一般预防)[37],而这一目的的实现又须仰赖于刑罚的一般预防和特殊预防功能的完整发挥。

(一)刑罚的特殊预防功能检视

1. 限制、消除再犯条件的功能。刑罚实现特殊预防所必需的最基本、最紧迫、最重要的功能是通过对犯罪行为人施加刑罚,从客观上限制、消除犯罪行为人实施犯罪的条件,使其在一段时间内或永远不可能再次实施犯罪。这体

[36] 参见张明楷:《刑法学(上)》,法律出版社 2016 年版,第 135 页。

[37] 参见高铭暄、赵秉志:《刑罚总论比较研究》,北京大学出版社 2008 年版,第 108 页。

现为:通过管制、拘役、徒刑,剥夺犯罪人的人身自由;通过罚金、没收财产,限制再次实施犯罪的物质条件;通过剥夺政治权利,限制实施犯罪的渠道;通过死刑,永久消除再犯罪可能。但是,人工智能不具有独立的财产,不享有参与国家政治生活的政治权利,并且因其本质是设计者编制的系统程序,故而也不具有所谓的人身自由和生命,是故,为“人”量身定制的财产性、资格刑、自由刑以及生命刑便不能作用于人工智能,更无从谈起通过刑罚消除其再犯罪条件,实现特殊预防功能。有人主张可将“删除数据、修改程序以及永久销毁”作为适用于人工智能的专门刑罚。但是,尚且不考虑此三种措施是否符合刑罚的应有属性㊳,仅从特殊预防角度上讲,除了永久性地物理毁损以外,很难想象仅通过事后删除数据或修改程序便能防止其再次实施危害社会的行为。原因很简单,第一,人工智能的行为是各种数据综合作用的结果,因此难以分辨并清除影响人工智能“恶”行为的相关信息数据。即便能够识别和清除目标数据,由于数据的可复制性、易传播性,也很难保证人工智能不会再次采集、整合、挖掘到相同或相似数据;第二,倘若修改程序能具有行为纠偏效果,则造成法益侵害的人工智能必然在设计时就存在可能引起偏差行为且可修缮的程序漏洞,此时就应追究程序设计者的刑事责任。如果人工智能本就是在无瑕疵的程序下实施的偏差行为,那事后修改程序又怎能保证会产生矫正、预防偏差行为的效果呢?

2. 个别威慑功能。刑罚个别威慑功能是通过对刑罚对象权益的限制、剥夺,使其感受到权益受限和丧失的痛苦,进而有意识的不再实施违法犯罪行为,以避免再度承受相似苦痛。个别威慑功能的基础源于一条功利主义公理:人受到快乐和痛苦两大君王的主宰,它们将指引人类应当做什么和不应当做什么。㊴ 当人感受到刑罚的痛苦且该痛苦大于犯罪所带来的快乐时,便会压抑甚至灭却内心再度犯罪的欲望。但是,这条衡量人类行为的准则难以适用于人工智能。因为人工智能不具有情感能力,不存在生成痛苦和愉悦情感的机制,更不会通过衡量快乐与痛苦的差比来指引自身行为。因此,即便对人工智能施以“刑罚”,也不会产生威慑效果。在此须注意的是,人工智能确实可

㊳ 有研究者认为,删除数据修改程序仅仅是一种修理方式,不可能成为“刑罚”。参见程龙:《自动驾驶车辆交通肇事的刑法规制》,《学术交流》2018 年第 4 期。

㊴ 参见[美]E. 博登海默:《法理学——法律哲学与法律方法》,邓正来译,中国政法大学出版社 2004 年版,第 108—109 页。

以感知人类的情绪波动，并作出相应的行为，但这仅仅属于机器感知人类情感范畴，其与机器本身具有情感是两个完全不同层次的问题。前者尚有技术上的可能，但后者很难或者说不可能实现。[40]

3. 教育感化功能。刑罚的教育感化功能是通过刑罚的实践(制定、适用、执行)，使刑罚对象从中受到教育，幡然醒悟，从而恢复遵守法律规范的意识，自觉地将自己塑造为弃恶扬善，遵纪守法的好公民。对犯罪人而言，刑罚教育功能的实现路径是，通过刑罚作用于身体产生生理上的苦痛，而后痛苦反作用于心理，迫使行为人对自身行为的性质、规范约束力、刑法保护法益的态度、司法机关的立场、自己的价值取向有所鉴别。这一路径是明是非、辨真假、知善恶的“内省式”的自我教化过程。[41] 因此，对于不具有自由意志，不能反思善恶从而弃恶从善的人工智能而言，刑罚的教育感化功能便不存在实现的余地。

(二)刑罚的一般预防功能检视

1. 一般威慑功能。刑罚的一般威慑功能表现为通过刑事法律的制定与施行，明示罪刑关系，并且在司法机关的确证下，威慑具有潜在犯意的人，从而逼使他们不得不在趋利避害的本性支配下，放弃实施犯罪的意图。首先，对人工智能施加刑罚能否实现对其他人工智能的威慑？上文已述，人工智能不具有痛苦和快乐情感，因此无论是受刑的人工智能抑或其他人工智能都不具备受到威慑的基础——感知刑罚苦痛的能力。也有人认为，人工智能的行为选择完全属于科技发展问题而非伦理选择问题，针对单一人工智能的改造并不能传播影响到其他具有法益侵害可能性的人工智能机器。[42] 其次，对人工智能施加刑罚能否对自然人产生威慑效果？一般人之所以能受到刑罚威慑源于，刑罚带给受刑人的痛苦能够映现在进行设身处地联想的其他人大脑之中，使一般人亦能对此刑罚苦痛感同身受，进而作出趋利避害的行为。但是，人与人工智能在存在形态上的本质差异，致使人类无法通过换位思考去感受人工智能承受的刑罚苦痛，因而也不会在犯罪与痛苦之间建立联系。是故，对人工智能施以刑罚并不能对具有潜在犯意的自然人产生威慑作用。

2. 安抚功能。安抚，是指通过对犯罪人施以刑罚恶害，来抚慰被害人及其

---

[40] 参见吴月辉：《人工智能会取代人类吗》，《人民日报》2017 年 7 月 7 日，第 20 版。

[41] 参见陈伟：《教育刑与刑罚的教育功能》，《法学研究》2011 年第 6 期。

[42] 参见时方：《人工智能刑事主体地位之否定》，《法律科学》(西北政法大学学报)2018 年第 6 期。

亲属因犯罪侵害而受到的精神创伤和引起的仇愤情绪,平息众怒,恢复犯罪引起的社会心态失衡。安抚功能旨在防止受害人及其他人士私下寻仇,避免使社会再度进入原始社会里的私人报复,以罪还罪的无秩序状态,因此,发挥此种功能乃是实现刑罚一般预防目的所不可或缺的社会效应。那么惩处人工智能能否发挥刑罚的安抚功能?对此,有人认为,由于人工智能的特殊存在形态,任何物理措施加诸其身都不会产生预期的处罚效果,而从对受害人内心安抚角度审视,目前人们在观念上同样难以通过对机器施加刑罚措施得到心灵上的慰藉。㊸ 我们对该观点深以为然,事实上,当非人类实体实施危害社会的行为时,人们更愿意处罚站在实体后面的人类。最显著的例子莫过于当法人构成犯罪时,人们往往并不满意仅对法人进行处罚。例如,在 2008 年金融危机余波中,美国公众普遍要求银行家和首席执行官受到惩罚,而不仅仅是让他们的公司缴纳罚金或者解散。同理,当人工智能机器违反了法律的规定时,主流观点认为应当将处罚目标放在制造商和使用者身上。㊹ 因此,一旦将人工智能独立造成损害的情况定性为刑事犯罪,处罚人工智能并不能够满足受害者心中的报应需求,宣泄其心中的愤懑,自然也不能抚平其内心的创伤。

3. 法制教育和强化规范意识功能。一般来讲,立法机关与司法机关在刑罚制定、适用和执行过程中,会宣示罪刑关系,从而指导公众明辨是非,分清善恶,认识到什么是合法行为,什么是犯罪行为,以便在行为时能够作出理性的抉择。不仅如此,通过刑罚惩治犯罪,还会唤醒和强化公众对法秩序的确信,增强国民的规范意识。然而,对于人工智能而言,其本质属于系统工具,一方面排斥适用"人"的刑罚体系,另一方面若通过"删除数据、修改程序和物理毁损"的方式"处罚"人工智能,则与维修或报废故障产品的技术性措施毫无二致,不仅无法对其他个体产生法制教育效果,相反,却极有可能动摇刑罚(刑法)在国民心中的权威性和严肃性,减损公民的规范意识。

五、结论

人工智能时代的刑事归责难题催生出了在应然层面认可人工智能刑法主

㊸ 参见时方:《人工智能刑事主体地位之否定》,《法律科学》(西北政法大学学报)2018 年第 6 期。

㊹ See Danaher J. Robots, law and the retribution gap, Ethics & Information Technology, No. 18, 2016, pp. 304.

体地位的观点——人工智能刑法主体说。支撑主体说观点的理由主要有(1)人工智能与拟制为刑法主体的法人具有相似性;(2)人工智能未来具有自由意志;(3)针对人工智能可以制定专门的刑罚,以克服传统刑罚体系对人工智能的制裁障碍。但是,通过上文分析可知,首先,法人虽与人工智能同为非自然人实体(形式相似性),然而,前者却共识性地被承认具有自由意志,并且究其运作根本仍然指向的是自然人,其行为的尺度也是以法律为基准,因而其与由系统和硬件组成的人工智能存在本质上的区别。其次,考虑到当前人工智能学界的主流研究方向并非是以"自由意志的人工智能"为目标,加之,通往这一目标的技术路径也未显现,因此具有自由意志的人工智能至少在当下以及可见的未来都属于"海市蜃楼"。最后,人工智能成为适格的刑法主体,在刑罚层面上面临的最大障碍并不是传统刑罚手段难以作用于人工智能,而是处罚人工智能的刑罚目的能否实现。虽然可以对人工智能施加如"删除数据、永久销毁"等物理措施,从而克服传统刑罚的执行障碍,但是由于从根本上不能实现刑罚的一般预防和特殊预防目的,因此,这些物理措施无法上升为严肃的"刑罚",人工智能最终也不具备受刑的主体资格。

The Examination of the Subject Qualification of Criminal Law of Artificial Intelligence

——Take "Subject Theory" as the Object of Examination

Abstract: The dilemma of criminal imputation in the age of artificial intelligence has given rise to Subject Theory standing for a idea that recognizes artificial intelligence as the subject of criminal law in the aspect of sollen. The main reasons of supporting Subject Theory is: (1) artificial intelligence is similar to legal person who is the subject of criminal law; (2) artificial intelligence has free will in the future; (3) there is specific penalties that can apply to AI, it can overcome sanctions obstacles of the traditional penalty system on AI. But, there are substantial differences between artificial intelligence and legal person in the aspects of will, operation basis and behavior benchmark, makes the latter does not have legislative reference significance which make AI become the subject of criminal law; AI cannot and should not generate free will in the future by comprehensively investigating the main research directions and status of artificial intelligence, the technology path leading to strong artificial intelligence does not appear, and the characteristics of "serve for human" of AI. The system tool attribute of AI determines that even if it can be applied to "penalty", it is difficult to achieve the purpose of punishment of criminal prevention.

Key Words: artificial intelligence; subject of criminal law; free will; purpose of punishment

（责任校对:赵　威）

大数据时代建构人工智能辅助量刑系统的路径探讨*

郑海山**

摘　要:大数据深刻地改变了社会治理的运作模式和治理理念,而人工智能的快速发展与司法制度在不同层面上的耦合,对传统的法律价值观、法律理念和司法制度提出了巨大的挑战。现代司法制度必须积极响应即将到来的智慧司法实践,构建智慧法院、智慧量刑、智慧刑法运作体系。人工智能在司法实践中不应被高估,应被视为一种有效但有限的辅助手段。现阶段的人工智能辅助司法系统主要基于大数据建模,对量刑情节的提取、分析与危害危险程度的评估,以及不断地模型训练所生成。未来人工智能辅助判决系统校准程序增加情况的主要研究方向,提高数据分析能力,通过人工智能辅助系统检校司法审判程序,预防人为的疏漏,大力研发人格分析系统,谨慎规避算法黑箱问题,建立内部算法的透明化机制,树立正义的算法观等,使司法权的运作更契合法治精神。

关键词:人工智能　辅助量刑　量刑规范化改革　精准量刑

大数据是推进社会治理现代化的重要手段,日新月异的大数据时代也深刻改变了社会治理的运行方式、治理主体、治理理念以及组织架构。① 在此背景下,大数据与人工智能以磅礴之势影响着法学理论与司法制度,以智能化、

---

*　基金项目:本文系中国法学会年度项目"落实非法证据排除法律制度实证研究"(CLS2015Y14)阶段性研究成果。

**　**作者简介:**郑海山,福建农林大学文法学院硕士研究生。

①　孙涛:《"大数据"嵌入:社会治理现代化的重要引擎》,《求索》2018 年第 3 期。

数字化、网络化为特征的司法现代化时代拉开了帷幕②,智能量刑、智能刑法体系相继涌现,一个史无前例的法律信息化时代已经到来。③ 在人工智能全面助力司法实务的大趋势下,人工智能辅助量刑成为学术界与实务界的全新话题。在人工智能时代,司法制度、审判实务应去主动回应并在其发展中完成自我规范和约束。④

对于人工智能介入司法审判的问题,国内外学术界涌现出诸多研究成果。有学者从数据科学与刑事侦查、刑事证据的角度论证了刑事司法的宽容化、沟通化变革;⑤有学者从大数据的个人信息基础出发,阐析了大数据与刑事正当程序的冲突及化解路径;⑥有学者从司法大数据背景下从技术角度探讨了人工智能的几大重要模块——类案推荐、量刑辅助以及偏离预警,详尽分析了其在司法实践中存在的技术障碍;⑦有学者从人工智能量刑实践运用的限度出

② 从2013年开始,我国法院便进入了以智能化为核心的“智慧法院”建设时期。2016年7月,中共中央办公厅、国务院办公厅印发《国家信息化发展战略纲要》和《“十三五”国家信息化规划》,将建设“智慧法院”列入国家信息化发展战略。2017年7月出台的《新一代人工智能发展规划》中则明确将“智慧法庭”列入规划。可以预见,大数据与人工智能驱动的“智慧法院”建设将会成为法院系统的未来工作重心之一。

③ 高晋康等:《迎接智能法学的到来——首届中国法律大数据人工智能30人论坛综述》,《中国法学教育研究》2018年第1期。

④ 需要明确的一个前置问题是,现阶段的人工智能犯罪尚未脱离《刑法》或者《刑事诉讼法》的调整范围,从根本上而言,当下的人工智能至多是算法上跨越性的进步。如果未来人工智能最终变得独立自主,能够完全脱离人而独立做出决策,那么就将是一个比较棘手的问题。

⑤ 参见胡铭:《大数据、信息社会与刑事司法变革》,《法治现代化研究》2017年第3期;赵艳红:《人工智能在刑事证明标准判断中的运用问题探讨》,《上海交通大学学报(哲学社会科学版)》,2018年第4期;何军:《大数据与侦查模式变革研究》,《中国人民公安大学学报(社会科学版)》2015年第1期;张吉豫:《大数据时代中国司法面临的主要挑战与机遇》,《法制与社会发展》2016年第6期;于志刚、李源粒:《大数据时代数据犯罪的制裁思路》,《中国社会科学》2014年第10期。

⑥ 参见裴炜:《个人信息大数据与刑事正当程序的 冲突及其调和》,《法学研究》2018年第2期;张兆瑞:《关于公安大数据建设的战略思考》,《中国人民公安大学学报》2014年第4期;参见龙宗智:《寻求有效取证与保证权利的平衡——评“两高一部”电子数据证据规定》,《法学》2016年第11期;参见裴炜:《比例原则视域下电子侦查取证程序性规则构建》,《环球法律评论》2017年第1期;刘品新:《电子证据的关联性》,《法学研究》2016年第6期。

⑦ 王禄生:《司法大数据与人工智能开发的技术障碍》,《中国法律评论》2018年第2期。

发,从传统非技术性路径与新兴技术性路径对量刑规范化改革进行了批判与反思。⑧ 而国外的学者更多地从技术角度出发,来界定权利的边界以及责任的分配。⑨ 学界的研究成果蔚为大观,为人工智能介入司法制度的研究提供了丰厚的理论基础和重要材料,奠基于国内外的理论成果,本文从学理出发,对人工智能辅助量刑系统进行探讨。

一、人工智能辅助量刑系统对传统刑法领域的冲击

大数据是现代人生活、工作留下的数字脚印,其最重要的价值在于人类能够通过其获得在社会现象和行为方面过去没有的数据。⑩ 而人工智能是现代计算科学进入二十世纪后发展出的重要分支之一,是机器以近似人类智能的方式进行判断、推理、规划、设计、识别、感知以及学习和问题求解等行为的新技术科学。⑪ 大数据、云计算与人工智能三者的逻辑在于:大数据需要通过云计算方能实现数据资源层的灵活性,而人工智能的算法建立在大数据的基础之上。⑫ 同时,大数据能够为人工智能的诸多难题供给以数据层级嵌套模拟为代表的独特破解进路。

以大数据、云计算为代表的高科技在大规模批量生产、分享以及应用上丰富了法律治理的进路。大数据客观上改变了犯罪主体的犯罪方式,必然会推进包括侦察、审判在内的刑事司法手段与模式的大转型。⑬ 我国正处于深入发展量刑规范化改革的时代,在改革的过程中,逐渐产生了亟须人工智能融入

---

⑧ 参见倪震:《量刑改革中"机械正义"之纠正——兼论人工智能运用的边界及前景》,《江西社会科学》2018 年第 2 期;周少华:《同案同判:一个虚构的法治神话》,《法学》,2015 年第 11 期;潘庸鲁:《人工智能介入司法领域的价值与定位》,《探索与争鸣》2017 年第 10 期。

⑨ See James R. Kalyvas and David R. Albert - son, A Big Data Primer for Executives, in James R. Kalyvas and M ichael R. Overly(eds.) , Big Data: A Business and Legal Guide, Boca Raton: CRC Press, 2015; Andrew Guthrie Ferguson, Big Data and P redictive Reasonable Suspicion, 163(2) University of Pennsylvania Law Review 2015; Brandon L. Garrett, Big Data and Due Process, University of Virginia School of Law, Public Law and Legal Theory Research Paper Series 2014 - 45, available at http://ssrn. com/abstract =2481078.

⑩ 梁还:《洞见未来:大数据与人工智能》,《大数据时代》2018 年第 2 期。

⑪ 贲可荣、张彦铎:《人工智能》,清华大学出版社 2013 年版,第 2 页。

⑫ 刘伟伟、原建勇:《人工智能难题的大数据思维进路》,《新疆师范大学学报(哲学社会科学版)》2018 年第 2 期。

⑬ 杨婷:《论大数据时代我国刑事侦查模式的转型》,《法商研究》2018 第 2 期。

量刑规范化改革的两方面现实背景：其一，深层次量刑规范化改革的现实性。海南法院在最高人民法院的指导下，逐渐深入进行量刑规范化改革。从2009年6月1日开展试点工作至2016年，海南法院覆盖的刑事案由从最初的5个罪名拓展到15个罪名、再到23个常见罪名加缓刑、罚金刑2个刑种。但随着量刑规范化改革的深入，与之相对应的问题也逐步显现。量刑规范化的深层次改革必然要求每一位办案法官在认定案件事实的过程中更加集中精力，除此之外法官还需要手动查询相关法条和量刑实施细则，并且按照量刑细则计算量刑结果，对于法官而言工作量十分巨大，办案效率问题显然需要重视。因此，如何在保证量刑规范和公正的同时，提高刑事法官精准办案的效率，已然成为摆在刑事审判信息化工作面前的重要课题。其二，刑事审判实务信息化的迫切性。现如今层出不穷的司法信息系统虽然对刑事审判实务起到一定的辅助作用，但司法信息化重管理轻服务的倾向也越来越明显，系统林立、数据孤岛的现象越来越突出，信息系统缺乏内在的关联和整合，尤其是不够智能化，其辅助能力越来越受到限制，有时在一定程度上反倒成为法官的负担。上海206系统在试用的初期，许多法官不愿使用的情况时有发生，原因在于206系统的人性化不足，需要法官录入大量的案件信息才能够得出量刑建议。因此，辅助办案系统不仅需要具有高智能水平，还需要具有人性化的特点，使其能够从真正意义上减轻法官办案工作量。在人工智能崛起时代，量刑规范化改革要深入发展，焕发出新的生机和活力，根本的出路在于与大数据、机器学习等新技术深度融合，不断提高量刑的规范化、科学化、智能化水平，全方位、深层次推进量刑公正。

在司法实务上，大数据时代人工智能与司法实践的深度融合至少凸显在两大方面——AI速裁大幅度提升了司法审判的效率，案件预测上的全方位覆盖清除了海量低附加值的工作。人工智能拥有极高的理性判断能力以及逻辑计算能力，不过直到目前，对于具有较强系统性、高度职业性以及丰富经验性等特点的审判工作，完全由人工智能独当一面还存在诸多技术、法学与伦理难题。然而，必须明确的一点是，人工智能的高速发展以磅礴之势嵌入司法制度并对整个社会的法律治理持续发生影响，刑事法律体系也首当其冲地受到了巨大挑战和强烈冲击。

以大数据与高度信息化为特色的人工智能时代，对刑事司法审判程序提出了新要求，刑事司法制度必须顺应人工智能的发展趋势实现转型升级。然而，此次量刑改革存在着诸多难题尚未解决，如尽管最高人民法院和省级人民法院不断出台量刑细则,但长期存在的机械化量刑思维却始终或明或暗地反复出现[14],为此,须保持审慎与理性的态度;人工智能在量刑程序中是对"证据标准"作出判断,而"证据标准"与"证明标准"是完全不同的两组法律概念,满足一方未必能够满足另一方的标准,二者间的关系并非如人们所想象的那般简单对应关系[15],在此情况下,人工智能是否真的会如人们预测一样主导司法审判?人工智能开发最成功的三大应用模块——量刑辅助、类案推荐以及偏离预警均存在技术瓶颈,尤其是量刑辅助模块中,量刑算法的非可视化是亟须应对的技术难题。对此,须对人工智能运用于司法程序的限度进行准确定位,对其运用前景进行合理预测,从而更好地顺应大数据时代的潮流,以人工智能推动司法审判的良性发展。

二、人工智能辅助量刑系统在司法实践中的价值与定位

(一)人工智能辅助量刑系统的价值:促进智慧审判改革以及对"机械化量刑"的矫正

1.促进智慧审判改革与司法质效的提升

人工智能带给司法群体的是一个"简单而含蓄的挑衅性任务"。[16] 面对这个史无前例的新事物、大趋势,无论学理上的争议如何,"智慧法院""大数据审判"等大数据时代的司法实务改革始终在稳步推进。最高人民法院于2017年4月20日出台了《关于加快建设智慧法院的意见》(以下简称《建设意见》),明确要求以信息化促进审判体系的现代化与审判能力的现代化。在最高法院的指导下,"智慧法院"的建设工作也都在地方各级法院如火如荼地进行。各地法院已引入一体式智能审判系统,从立案扫描、案件整理直到文书制作等一套完整流程,助力高效、便捷、开放的信息化司法系统。[17] 智慧法院(w-Court)与智能化司法是实质等同的概念,既是司法全面步入大数据时代的

---

[14] 倪震:《量刑改革中"机械正义"之纠正——兼论人工智能运用的边界及前景》,《江西社会科学》2018年第2期。

[15] 陈岑:《运用大数据防范冤假错案》,《中国社会科学报》2017年11月22日,第5版。

[16] Sergio Ferraz、Victor Del Nero:《人工智能伦理与法律风险的探析》,《科技与法律》2018年第1期。

[17] 张军华、顾建兵:《当审判工作遇上人工智能——江苏南通推进"智慧法院"建设纪实》,《人民法院报》2017年6月11日,第4版。

产物,也是大数据作用于司法实务的必然结果。[18] 最高人民法院推进“智慧法院”模式,就是彻底改变仅仅依赖于形而上的理论研讨与主观设计的旧式思维,以真正的问题导向和现实需求牵引,遵循以人为本、开放融合、尊重规律的基本原则,突破电子诉讼的制度性瓶颈的制约,总结经验提炼司法智慧的优势。[19] 作为刑事审判的最终环节,智能量刑是智能司法的重要步骤,量刑数据自身具有一显著特点即结构化,而人工智能有潜在的技术性分析需求,二者从而具有相匹配的可能。从参照《最高人民法院关于常见犯罪的量刑指导意见》(以下简称《指导意见》)作出相应的刑事裁决转变为由人工智能提供刑事量刑建议,是《建设意见》的具体推进。

2. 人工智能辅助量刑对“机械量刑”的矫正

依托大数据分析平台,厘清人工智能与机械化量刑二者间的边界,对人工智能介入司法审判实践的限度进行准确定位,从而改变长期以来“估堆式”量刑模式的诸多积弊,破解审判实践中始终困扰司法改革的量刑失衡难题,合理规制主审法官的自由裁量权,是理论界到司法实务界的全新议题。

首先,人工智能辅助量刑系统有助于量刑的科学化,避免陷入量刑科技化的误区。量刑的科学化不同于量刑科技化,前者是指从认知的角度出发,准确地把握量刑的一般规律,总结量刑的经验,从而在遵循客观规律的基础上规范量刑活动;而后者是指利用现代先进的科学技术特别是计算机信息技术研发刑事量刑软件来规范法官量刑。量刑科技化在司法实践领域最为激进的表现便是电脑量刑的运用,学者赵廷光早在十几年前就呼吁将数量关系运用到司法审判中以追求量刑的公平公正,其认为,对量刑空间形式与量刑情节二者间的数量关系予以分析、阐明,是实现量刑公正、程序透明以及说理论证充分的重要理论前提。[20] 人工智能量刑并非单纯的电脑量刑,人工智能不同于电脑仅仅会计算推理,它还具有学习、思考的能力。因此,人工智能量刑是促进量刑科学化的进程,而非科技化的成果。量刑规范化是通过“规范化”而树立“科学化”的权威,在此意义上,量刑规范化完全可以被视为量刑科学化的同

---

⑱ 汤维建:《“智慧法院”让司法更公正、更高效》,《人民论》2017 年第 4 期。

⑲ 蔡立东:《智慧法院建设:实施原则与制度支撑》,《中国应用法学》2017 年第 2 期。

⑳ 赵廷光:《实现量刑公正性和透明性的基本理论与方法》,《中国刑事法杂志》2004 年第 4 期。

位语。[21]

其次,人工智能辅助量刑系统有助于避免陷入量刑具体化的困境。法学的主要任务之一是"使法官的决定空间(于此范围内,他只需要作决定)尽量缩小"。[22]《指导意见》的出台一大重要考量便是为了对法官的自由裁量权进行合理的制约,但量刑的具体化也就难以避免,比如在司法审判实践中,量刑指导意见的细化规定被司法实务人员奉为圭臬,纵然发现机械化适用规定来裁量案件可能违背公正的结果,但避免了承担个人责任的风险,于是便"不敢、不愿突破量刑指导意见明文规定的范围"。[23] 地方司法机关为了避免承担责任和操作的简便,往往将《指导意见》奉为审判的圭臬,尤其是基层法院,没有《指导意见》的规定作出判决、裁定便认为是失去了法律的合法性背书,只是机械地根据《指导意见》中规定的罪名简单操作,而在《指导意见》没有明示的情况下便手足无措。因此,由于《指导意见》自身带有涵摄不足的客观问题,这就需要借助人工智能辅助量刑系统,避免陷入量刑具体化的困境。

最后,人工智能辅助量刑系统与量刑划一是完全有别的两个概念。量刑划一要求在刑事量刑中严格按照给定标准"一刀切",追求同案同判。然而,法谚有云:"类似者未必等同(Nullum ismile est idem)。"[24]实际情况却往往是:绝对相同的"同案"绝不会真的存在于真实的社会中,其仅仅是立法者在理论上臆想出的镜花水月,无非是一种法治"乌托邦"。[25] 刑事量刑的人工智能化,其初衷是为了做到法前平等与司法公正,而并不是追求同案同判的理念。具体实践中,是要从抑制裁量演进到引导裁量,最大限度地发挥法官在审判程序中的积极性和能动性,合理规制法官的自由裁量,引导审判人员的裁量权沿着

---

[21] 齐文远、李梁:《学术表达与制度调试——我国量刑规范化的理论与实践省思》,石经海主编,《量刑研究》,法律出版社 2015 年,第 58 页。

[22] [德]卡尔·拉伦茨:《法学方法论》,陈爱娥译,商务印书馆 2003 年版,第 177 页。

[23] 王志祥、黄云波:《量刑规范化实践中错误倾向之纠正》,《贵州民族大学学报》2015 年第 3 期。

[24] 孙笑侠:《西方法谚精选》,法律出版社 2005 年版,第 201 页。

[25] 张明楷教授就对此举例:"人们习惯于认为,甲盗窃 5000 元现金和乙盗窃 5000 元现金的案件是相同的。其实,这两个案件只有一点是相同的,即所盗窃的现金数额是相同的,而其他方面必然存在大量的不同。同样,A 杀害一人与 B 杀害一人也被认为是相同的案件,其实,也只有在杀死一个被害人这一点上是相同的,其他方面必然存在诸多差异。量刑要考虑方方面面的事实,不可能凭借一个方面的事实或者部分事实,就是罪刑统一、量刑平衡。"参见张明楷:《责任刑与预防刑》,北京大学出版社 2015 年版,第 335 页。

法治的轨道有序运行。人工智能量刑既要发挥高科技的重大优势,又要彰显法官在司法审判中的主体地位,其实质是要促进大数据与人类理性的高度融合。[26]

(二)人工智能辅助量刑系统的定位:辅助司法

尽管人工智能辅助量刑系统蕴藏的价值巨大,但是其存在着诸多技术上的障碍,例如社会经验尚不能通过人工智能的深度学习而获得,人工智能的技术推理与司法实践的法律逻辑并不一致,而且,至少在未来很长的时间内,技术无法让人工智能实现对人类非逻辑思维的较好模拟,也无法完成真正的证据说理。[27] 就目前而言,人工智能辅助量刑系统在司法实践中不宜定位过高,应将其视为一种有效但有限的辅助性手段,即仅将其作为辅助司法的智能工具使用。

1970 年,布坎南(B·Buchanan)与黑德里克(T·Headrick)共同发表了划时代意义的论文——《关于人工智能与法律推理的思考》,可谓一石激起千层浪,越来越多的学者对这个问题展开了激烈的探讨与争论,人工智能与法律这一交叉学科也就由此萌生。1981 年沃特曼(D·Whatman)和皮特森(M·Peterson)开发的法律判决辅助系统(LDS),又一次引发广泛关注,人工智能于司法实务应用问题的探讨也由此拉开了序幕。1985 年,我国著名科学家钱学森在全国首次法制系统科学讨论会上提出在法律实务中运用人工智能的构想。武汉大学的赵廷光教授正是在钱老的启迪之下,历经十余年的艰苦探索,成功地开发了人工智能软件——辅助量刑系统。[28] 其操作原理在于,刑事审判在明确了法定刑幅度后,处罚轻重的唯一根据便是量刑的情节。而其中最关键的便是犯罪情节的量化,于是其创设了情节"两次评价五级划分法"理论,在此理论下研发电脑辅助量刑系统,不仅操作简便,而且在一定程度上避免了量刑畸轻畸重的问题。2006 年,山东淄博市淄川区法院研发了"刑法常用百种罪名电脑辅助量刑系统"[29],这也是全国首个人工智能量刑系统。随

㉖ 高一飞、高建:《智慧法院的审判管理改革》,《法律适用》2018 年第 4 期。

㉗ 赵艳红:《人工智能在刑事证明标准判断中的运用问题探讨》,《上海交通大学学报(哲学社会科学版)》2018 年第 4 期。

㉘ 胡新桥、刘志月:《武大教授推出电脑辅助量刑系统》,《法制日报》2007 年 10 月 12 日,第 5 版。

㉙ 川成:《我国首个法院电脑辅助量刑系统研制成功》,http://finance.sina.com.cn,最后访问时间:2018 年 6 月 1 日。

后,我国个别地区的试点法院也相继推出了具有相似功能的计算机软件量刑系统。[30] 近年的司法大数据改革和人工智能司法实践的核心模块在于量刑推荐,较为成熟和较有代表性的是贵州政法系统的“法镜工程”[31]和上海“206 工程”。[32] 2017 年,最高人民法院正式立项,在全国法院推进量刑智能系统建设。[33] 这一系列的量刑软件系统的开发和运用在某些程度上表明人工智能的技术水平达到了一定的高度,但是无论以上何种人工智能系统,在目前均仅被定位于辅助司法的地位。可见,在过去、现在以至将来很长的一段时间内,人工智能在量刑领域中的地位都将一直处于辅助的地位,仅为办案法官提供量刑的建议或对不适当的量刑进行预警。

三、人工智能融入量刑规范化改革的基本路径

2006 年,山东省在全省范围内推广淄川区法院开发的刑事审判专家软件,电脑智能量刑从此在山东各级人民法院中普遍应用。这是近年来司法人工智能化趋势的最激进表现,还曾经成为一则轰动国际社会的新闻。海内外的法律界人士即对中国法院在司法人工智能方面的创新表示惊叹,同时也对电脑计算出的量刑结果抱有一定程度的忧虑,毕竟刑事案件事关人命、国家利益以及社会正义,需要司法人员全面理解案件事实并进行深入的分析。如果从中国法律传统文化的角度看,可以断言,律令制的最主要特点可概括为二点:其一,重案的绝对法定刑主义倾向;其二,最大限度地压缩司法审判人员的自由裁量空间,机械化地运用细则化的条文。[34] 作为较早发现机械量刑缺陷的学者之一,季卫东教授在 1993 年就批评:历史上各朝代刑律的定刑方式千篇一律,几千年的刑罚模式一成不变,呆板到几乎将量刑的裁量余地完全排除在外。其尖锐地戏谑,如果在历史上就已发明了电子计算机,那么列祖列宗早

---

[30] 方茜:《海南法院大数据人工智能助力司法改革》,http://www.court.gov.cn/zixun-xiangqing-54302.html,最后访问时间:2018 年 6 月 2 日。

[31] 张洋:《大数据办案,精准又公正》,http://www.sohu.com/a/155830871_157267,最后访问时间:2018 年 6 月 2 日。

[32] 余东明:《全国首个“智能辅助办案系统”问世》,http://www.xinhuanet.com/legal/2017-07/11/c_1121297505.htm,最后访问时间:2018 年 6 月 10 日。

[33] 陈学勇:《最高人民法院立项开发建设量刑智能辅助系统》,http://www.court.gov.cn/zixun-xiangqing-62052.html,最后访问时间:2018 年 6 月 10 日。

[34] 季卫东:《人工智能时代的司法权之变》,《东方法学》2018 年第 1 期。

已设计出自动量刑软件并运用于实践了。而当下为了限制审判人员的恣意，我国采用了比发达国家更甚的措施。其出发动机良好，但实施效果远背离了初衷，原因就在于限制恣意的最大副作用是消灭了选择，“而选择恰恰是法律程序的价值所在”。㉟ 很明显，司法的人工智能化绝非偶然，而是一种司法顺应时代发展的必然进程。电脑量刑软件的开发是出于限制法官的自由裁量权，减少法官的恣意裁决，而人工智能量刑则是在电脑量刑的基础上，更进一步改善电脑无法思考与学习的缺陷，从而得到更加合理化的量刑结果。著名刑法学者贝卡里亚在其成名之作《论犯罪与刑罚》的引言中指出，关涉刑罚适用的一切问题均应以数理几何的精确度来阐明，原因在于，“这种精确度足以制胜迷人的诡辩、诱人的雄辩和怯懦的怀疑”。㊱ 我国著名科学家钱学森将法制系统工程概括为这样一个公式：“法制系统工程 = 系统科学 + 马克思主义法学 + 数学 + 法 + 电子计算机技术。”㊲故此，为保证量刑活动的规范化，人工智能辅助量刑系统需要在以下五个方面确保量刑环节的精确与公正。

(一)充分利用大数据建模

人工智能辅助量刑系统核心是大数据分析能力。大数据具有大容量、多格式、高速度的特点。大数据的大容量，例如，如果一份判决书的大小是 10K 的话，一个 500G 硬盘就可以存放下 5 亿份的判决书；多格式，以处理证据为例，可以处理多种格式数据，包括结构化、半结构化以及非结构化，如图片、音频、视频、文档、网络记录等；高速度，以信息抽取为例，每秒钟的操作很轻松便可以达到数亿次之多。因而，人工智能辅助量刑系统必须充分利用大数据来建构各项罪行的量刑模型，为后面量刑建议打下基础，就好比将人工智能辅助量刑系统做成一个“文件柜”，法官只需要根据指引去按图索骥地定位到最合适的“文件柜”，这个过程并不需要太多的个人裁量，在寻找到相应的“文件柜”后，打开柜子，其中有“判三年”“判十年”等明确的量刑指引供其参考。

那么如何建构好上述的量刑模型？就从建构破坏公用电信设施罪的辅助量刑模型来说，首先选取足够多数量的判决书并进行相关信息的结构化提取，例如将案件编号、被告人姓名、判决书编号、管辖法院等关键词提取出来。其

㉟ 季卫东：《法律程序的意义》，《中国社会科学》1993 年第 1 期。

㊱ [意]贝卡里亚：《论犯罪与刑罚》，黄风译，中国大百科全书出版社 1993 年版，第 7 页。

㊲ 钱学森：《钱学森同志论法治系统工程与方法》，《科技管理研究》1981 年第 4 期。

次作出判决刑期的分布图,这样可以清楚地了解到判处不同有期徒刑案件的比例。最后再对实际造成的财产损失、通信中断用户数、通信中断时间分别对判决刑期的影响作回归建模,此举的目的在于只要法官所提供的材料中能够体现出实际的财产损失数额、影响的用户数、中断的时间,系统便能够快速地计算出判决的刑期,并且结果也十分合理。如此一来,便可以形成一个完整的破坏公用电信设施罪的辅助量刑模型,其他罪行的辅助量刑模型的建构也是同样的原理。

(二)准确提取量刑情节

辅助量刑模型建构完成之后,人工智能可以开始深入地识别并分析每个具体的案件,从而做到将案件中足以影响到量刑的情节一一甄别。量刑情节的提取实际上就是通过分析、甄别,将裁判文书中半结构化以及非结构化的数据作出整合,从而形成带有结构化特征的标签。㊳ 当然,仅仅完成量刑模型建构还难以做到量刑情节的提取,这中间还需要依靠“自然语义识别技术”。大数据时代,对铺天盖地的文本信息进行迅速而有效的语义分析,不仅是信息检索、信息过滤和信息分类等领域的基础问题,也是语义挖掘以及文本的机器学习等领域中极为关键的研究问题,同时,其对上层信息服务的质量、信息共享的水平都发生着直接而重要的影响。㊴

不同的刑事案件具有不同的量刑情节,即使是一个简单的案件,也可能包含着大量的信息。将“自然语义识别技术”运用于司法审判案件的目的恰恰在于,人工智能通过这套技术能够将需要掌握的量刑情节从法律文书中精准提取。例如,法律文书的行文对被告人自首的情节可能会有数种甚至多种不同的语言表述,除直接表述为“自首”外,还可能出现“自动投案”“让他人代为投案”等多种表述方式。而“自然语义识别技术”能够把实质含义是“自首”的自然语言表述准确识别,尽管文书中并未出现自首两字。㊵ 因此,通过“自然语义识别技术”的技术介入,审判机关能够实时、准确地从海量的司法文书中精准定位并提取出所需要的量刑情节,这是一个相当关键的步骤。

㊳ 王禄生:《司法大数据与人工智能开发的技术障碍》,《中国法律评论》2018 第 2 期。

㊴ 秦春秀、祝婷、赵捧未、张毅:《自然语言语义分析研究进展》,《图书情报工作》2014 年第 22 期。

㊵ 王禄生:《司法大数据与人工智能开发的技术障碍》,《中国法律评论》2018 年第 2 期。

（三）理性评价量刑情节

刑法中的量刑情节[41]形式各样，但相同种类的罪行可能会出现不同的危害危险程度，例如《刑法》中的盗窃罪[42]，不论是情节严重还是特别严重，考察的无非就是行为人犯罪行为的社会危害程度与其本人的人身危险性。因此，根据其性质，量刑情节可划分为两种类型，一种是表明行为社会危害程度的情节，另一种是表明行为人人身危险性程度的情节。两种情节中，前者是指犯罪过程中发生的、与犯罪行为密切相关的并且能够反映罪行轻重程度的主客观事实状态。例如，教唆未成年人犯罪、强奸致人死亡、故意伤害致人死亡等，这类量刑情节约占刑法中的大多数，这类情节能够表明被告人的犯罪行为对社会的危害程度，能够主导量刑结果的轻重。表明行为人人身危险性程度的情节是指在犯罪之前或之后与犯罪没有关系，并且可以描述犯罪人的人身危险程度的主客观事实。例如，自首、坦白、有立功表现、累犯等等，这类量刑情节在刑法中占少数，它们在量刑中主要起到的是一定的调节作用，表明行为人应当承担何种程度的刑事责任，所以行为人所犯罪行的轻重程度与其所应承担的责任大小不一定成正比，换言之，量刑过程必须考虑到其人身的危险性程度，再进行进一步的量刑确定。

人工智能在评价量刑情节时所需要做的，便是从整个案件的事实中，分析潜在的量刑情节，并从中寻找到能够影响责任确定的量刑情节。赵廷光曾经在设计“电脑量刑”软件时将两种量刑情节分解为2871种不同的情形，但学者李昌盛一针见血地指出：无论人类如何智慧，依然无法通过类型化将影响量刑的一切情况全部穷尽，那么给出一个对确定最终刑罚量刑的精确的基准也就是不可能的。[43] 无论如何，2871种的量刑情节绝不可能全面覆盖所有类型的刑事案件，即使是上万种也一定会出现量刑情节之外的例外情形。实际上，法官在面对例外情形时就会依靠自身的思考来进行判断，人工智能也是如此，

---

[41] 量刑情节是指除定罪情节以外的，据以在法定刑限度以内或者以下对犯罪分子从重、从轻、减轻或者免除处罚的主客观事实情况。参见赵廷光：《论“电脑量刑”的基本原理》，《湖北警官学院学报》2007年第2期。

[42] 《刑法》第264条规定：“盗窃公私财物，数额较大的，或者多次盗窃、入户盗窃、携带凶器盗窃、扒窃的，处三年以下有期徒刑、拘役或者管制，并处或者单处罚金；数额巨大或者有其他严重情节的，处三年以上十年以下有期徒刑，并处罚金；数额特别巨大或者有其他特别严重情节的，处十年以上有期徒刑或者无期徒刑，并处罚金或者没收财产。”

[43] 李昌盛：《电脑量刑的利与弊》，《法制日报》2004年6月3日，第10版。

并且其思考能力在我们人类之上,因此也就没有必要在设定量刑情节时大费周章,设计人员需要做的只是让人工智能知道何为表明行为社会危害程度与行为人人身危险性程度的情节。

(四)量化危害危险程度

在对量刑情节分析过后,就必须对量刑情节中的危害/危险程度进行评估量化,因为在不同的案件中,即使出现相同性质的量刑情节,其所表明的危害/危险程度也会有一定差别。因此,对量刑情节采用定性与定量相结合的分析方法,对每个量刑情节的危害/危险程度进行量化,这不仅仅是确认行为人刑事责任大小的科学方法,而且还是对行为人量刑轻重的唯一依据。例如,在美国威斯康星州发生的卢米斯(Eric Loomis)案件中,该案的当事人被判处 6 年的监禁,而该量刑建议是由一个人工智能软件提供给法官参考的。该人工智能的评估报告显示,本案的被告人对公共安全具有较高的危害性。㊹

对于从重处罚与从轻处罚量刑情节的量化方面,可以采用外部比较与内部比较的方法。㊺ 从重处罚的量化较为典型的如立功、自首和坦白这 3 个量刑情节㊻,以及偶犯、初犯、再犯、重犯和累犯这 5 个量刑情节㊼,均需要通过外部比较来衡量量刑情节的危害/危险程度。从轻处罚量刑的量化,则是指在外部比较的基础上,进一步确定该情节对量刑轻重的影响。例如,"累犯"这一概念,行为人刚刚回归社会便实施犯罪的与刑满释放 5 年之久才犯罪的,很明显两者所反映的人身危险性具有一定的差别;再如,一样都是"坦白",在被逮捕之前坦白与逮捕之后坦白、犯轻罪坦白与犯重罪坦白、庭审之前主动坦白与庭审中坦白等,它们所反映的人身危险性程度也大相径庭。

因此,人工智能在量刑过程中首先需要将行为人自身具备的量刑情节放置到其他不同性质的量刑情节之中,将二者进行对比;其次再将其与同种量刑

㊹ 陈邦达:《人工智能在美国司法实践中的运用》,《中国社会科学学报》2018 年 4 月 11 日,第 5 版。

㊺ 赵廷光:《论"电脑量刑"的基本原理》,《湖北警官学院学报》2007 年第 2 期。

㊻ "立功"与"自首"是刑法明文规定的从轻处罚情节,而"坦白"则是司法解释中规定的从轻处罚情节,它们在量刑中的重要程度应当逐渐递减。参见乐欣:《理性评价量刑情节乃裁判公正保障》,《检察日报》2004 年 11 月 11 日,第 1—4 版。

㊼ "偶犯"与"初犯"是酌定从轻处罚情节,"再犯"与"重犯"是酌定从重处罚情节,"累犯"则是刑法规定的从重处罚情节,它们在量刑中的重要程度应当是逐渐递升的。参见乐欣《理性评价量刑情节乃裁判公正保障》,《检察日报》2004 年 11 月 11 日,第 1—4 版。

情节的不同表现进行比较分析，量化出特定量刑情节的具体危害危险程度；最后确定最为合理的刑罚范围。至于何时适用免除处罚，则必须满足两个前提，第一个前提是行为人所犯罪行的法定最低刑为2年以下的有期徒刑，第二个前提是行为人未具有任何从重处罚情节。由于在决定是否适用免除处罚时，只需要考虑行为人的罪行轻重与是否有从重处罚情节，不需要对其量刑情节进行分析，因而就无须进行进一步的讨论。

（五）模型训练与偏离度测算

在量刑情节的危害/危险程度的量化完成之后，便需要进行人工智模型的训练，这也是直接反映研发单位核心竞争力的最重要环节。人工智能具有超强的自学能力，一旦经过其分析的法律文书积累到了足够的量时，人工智能就能够进行算法的模拟，进而根据其录入的文书所涵盖的多种量刑情节进行深度学习，得出最终量刑结果。这种能够表征实际判案过程中的高度置信度规则需要人工智能模拟训练[48]，这是一个从具体到抽象的总结和升华的过程。[49]此系统依据各种不同的量刑情节对与其相关的算法进行模拟训练，实质上便是针对不同的模型完成了训练。

“偏离预警”是人工智能辅助量刑的一个重要组成部分，其核心在于偏离度测算。[50] 由于现阶段的人工智能辅助量刑还处于试行阶段，直接采用人工智能辅助量刑系统给出的量刑结果有失妥当，因而可以通过偏离度测算，对法官的裁判进行分析比较，并针对其偏离程度的高低给予不同等级的预警。例如，江苏省的“人民法院司法大数据研究基地”研发的人工智能——“同案不同判预警系统”，其能够通过对刑事文书的深层次学习，有步骤地形成自身的新的量刑算法，达到一定偏离度的量刑一旦出现，系统立即预警，从而为裁判尺度的统一与公允提供科技方面的辅助。[51]

---

[48] 张德：《自然语言处理技术在司法过程中的应用研究》，《信息与电脑》2017年第17期。

[49] 人工智能模型训练的基本原理在于完成辅助良性模型的基础上，寻找到案件要素特征到裁判罪名和量刑质检的高置信度的关联规则，实现案件要素有机重构。通过挖掘关联规则，可以发现案件要素特征与判决刑罚之间的关系，以及分析案件判决的逻辑过程和依据。

[50] 从技术上讲，偏离度测算实质是对已决案件的量刑情节进行提取，然后再根据系统中的算法进一步运算，从而依据算法计算出具体案件量刑裁判的最终偏离度。

[51] 丁国锋：《江苏“智慧法院”信息化建设升级 为司法能力现代化注入新动力》，《法制日报》2017年3月20日，第1版。

四、人工智能辅助量刑系统的优化举措

大数据与人工智能在给司法改革带来机遇的同时，也带来了新挑战，即其发展有可能会制约司法自主、消解司法的本意。基于此，必须审慎规制、引导人工智能辅助量刑的发展，使司法改革服务于新时期社会治理体系与治理能力的现代化。深化司法改革以及审判体系智能化的实践，需要不断推进大数据、云计算、人工智能与法治的高度融合，以大数据思维发挥"社会众智"的巨大作用，引导审判能力的提升，推动科学立法。[52] 人工智能辅助量刑系统以目前的科技水平，至多适用到提供建议的程度，而既然已经有个别法院已经开始试点使用人工智能辅助法官量刑，那么在未来的日子里，人工智能很有可能会从提供量刑建议逐渐走到拥有量刑裁决权的地步。尽管人工智能的主体地位尚处于争论之中，但是并不影响对人工智能辅助量刑系统进行改进。并且根据《建设意见》的要求，建设"智慧法院"最重要的部分就是人工智能辅助司法系统，上海的"刑事案件智能辅助办案系统"和贵州的"政法大数据办案系统"已经取得了相当的成就。海南省量刑规范化智能辅助办案系统自 2017 年 4 月 26 日起也陆续在 15 家法院上线试运行，现已经推广到全省。[53] 尽管以上的辅助系统并不完全作用于辅助量刑，但是同样可以汲取其中的经验来对人工智能辅助量刑系统进行升级改进。若要使人工智能达到决定量刑的程度，那必须要求其具备精准量刑的能力，因此，需着重从以下四个方面对人工智能进行改进，才能具备上述能力。

(一)通过人工智能辅助系统检校司法审判程序，预防人为的疏漏

在案件的审理过程中，由于人们偶然的疏漏，会导致部分涉及案件的证据遗漏，从而导致一些重要的量刑情节被排除在外，因而要保证量刑的公正与精准，必须首先保证案件的审理过程中没有出现疏漏或者其他影响司法的因素。与其说使用人工智能辅助系统检校司法审判程序，倒不如说是用其来对案件的证据进行可采性的审查，因为判决的核心与依据就在于证据，上海的"刑事案件智能辅助办案系统"和贵州的"政法大数据办案系统"都是基于此需求而

---

[52] 江必新、郑礼华:《互联网、大数据、人工智能与科学立法》,《法学杂志》2018 年第 5 期。

[53] 刘麦:《海南法院推广量刑规范化智能辅助办案系统助力司改》,http://www.hinews.cn/news/system/2017/09/26/031280164.shtml,最后访问时间:2018 年 6 月 20 日。

被开发出来的。上海的“刑事案件智能辅助办案系统”又称“206 系统”,该系统将命案分为现场目击型、认罪供述得到印证型、现场留痕型、拒不认罪型四种类型,其理由是不同类型命案的证据审查标准具有不小的差异性,针对类型各异的案件制定不同的证明标准是十分有必要的,除此之外,更重要的是上海高院还完成了证据模型的建构。在实际运用的过程中,“206 系统”不仅能检测到单一证据的缺陷,还能发现证据之间的逻辑冲突。例如,有一项证据证明受害者是绳子勒住窒息而死的,而验尸报告显示是受到过度惊吓而死,“206 系统”会发现这一个矛盾之处,并且提醒案件的审理人员。[54] 美国的法院也在审前程序中,借助技术手段对专家证言等科学证据的可采性进行评估。[55] 但是需要注意的是,美国目前人工智能辅助系统应用于证据分析的层面仅止于科学证据,即专家证言、鉴定报告等,虽然涉及证据领域较为狭窄,但是足以我国借鉴与学习。因此,关于人工智能辅助证据分析系统也需要进一步改进,做到既能够评估证据的可采性,又能发现证据之间的逻辑冲突之处,这样才能更好地配合量刑系统一同辅助司法审判活动。

(二)提升云计算和大数据分析能力,提高量刑效率,减少量刑失误

云计算能力与大数据分析能力是人工智能最突出的能力之一,人工智能正是以这两个能力为前提才获得了思考与学习的能力,从而才能在围棋方面取得超越人类的造诣。如果人工智辅助量刑系统的云计算与大数据分析能力能够进一步提升,那么其思考的速度必定会提升多个档次,进而量刑的效率也会提高。国外在此方面的技术要远远超过我国现有水平,IBM 公司的认知计算系统——Watson 系统中的 Q&A 技术被 Rose Intelligence 运用到破产法律的研究当中,其通过对法律文件的学习,能够自行识别出各种法律信息的重要程度,进而大幅度提高律师搜索案例的效率。[56] 美国的摩根大通集团开发出的信贷合同审查系统几秒钟的时间便能够完成以往需要人工耗费 36 万小时才能完成的审查工作。无论是 IBM 的 Q&A 技术,还是摩根大通的系统技术,都值得我国引进并用来提升人工智能辅助量刑系统的计算分析能力,并且在此基础上自主研发出属于我国独有的大数据分析技术。

---

[54] 陈琼珂:《智能 206,能够有效防范冤假错案吗?》,《解放日报》2017 年 7 月 10 日,第 5 版。

[55] 陈邦达:《人工智能在美国司法实践中的运用》,《中国社会科学学报》2018 年 4 月 11 日,第 5 版。

[56] Michael Mills,"Using AI in Practice",in It's Practical Now,(42)2016,pp. 48—51.

众所周知,“迟到的正义并非正义”,只有在第一时间作出公正的量刑裁决,才能实现法律的正义价值。但是,对于量刑活动还有一点很重要,即为经验。美国大法官霍姆斯曾言,虽然法律包含了一个民族长时段历史的逻辑演进过程,却完全有别于理工科的公式与公理,绝不能将法律以数学公理的方式来看待,法律的本质就是经验。[57] 法律审判者必须有多学科的知识积累,方有可能解决他所生活的社会而非社区中的现实问题。[58] 对此,德国法谚亦可以作为一个直接的佐证:“不知鸡蛋市价者,不得为法官。”[59]归根结底,人类社会目前的科技水平尚无法使人工智能通过自主学习而具备这种社会性的知识与经验,因为这种高度社会性的经验具有只可意会不可言传的灵性。[60] 弗吉尼亚理工大学发现分析中心的学者运用数据驱动结构的机器分析了美国最高法院过去所作出的所有判决,并以此对未来的判决进行预测。其 AI 通过对裁判文书的仔细分析,计算每个在裁判中出现的与诉讼关键点相关的词语,并权衡其在案件中的重要性,进而分析出每个大法官关注诉讼关键点的强弱程度,再结合大法官的投票行为,发掘出裁决文书中的文字表述的实际意义。最终,AI 不仅可以准确地发现不同大法官的裁判立场与观点,预测其未来投票趋势,还可以更清楚地知晓在审判中谁是摇摆者与决策者,甚至哪位大法官在哪些问题上更容易妥协也一清二楚。基于此,AI 可以预测美国最高法院未来的裁判,其准确率达到了惊人的 79.46% 。[61] 显而易见,人工智能通过对过往案件的分析,可以得知某位法官的判案经验继而将其为自身所用。但是不足之处同样也很明显,就是对于未在案件中体现出的社会经验,人工智能可能无法学习到,因此如何学习、吸取与审判相关的其他经验,来减少量刑的失误,这可能是日后科学家与学者需要研究的课题。

(三)大力研发人工智能的人格分析系统,实现合理精准量刑

根据行为的罪行来对其判处一定的刑罚,这样做的目的在于改造行为

---

[57] 秦策:《法官职业的方法论特质》,《法学论坛》2005 年第 2 期。

[58] 苏力:《法官素质与法学院的教育》,《法商研究》2004 年第 3 期。

[59] 潘庸鲁:《人工智能介入司法领域的价值与定位》,《探索与争鸣》2017 年第 10 期。

[60] Steve Petteway,"What AI can tell us about the U.S. Supreme Court",http://theconversation.com/what-ai-can-tell-us-about-the-u-s-supreme-court-55352,最后访问时间:2018 年 6 月 23 日。

[61] Steve Petteway,"What AI can tell us about the U.S. Supreme Court",http://theconversation.com/what-ai-can-tell-us-about-the-u-s-supreme-court-55352,最后访问时间:2018 年 6 月 23 日。

人的人格,使其能够对自身的犯罪行为进行认识悔悟,并且修复其人格缺陷,最终重新回归社会生活。所以,如果在量刑之前,法官能够知悉行为人的人格缺陷状态,就能够知道需要怎么进行判罚才能有利于其人格的修复。美国的一些州正在使用“风险评估工具”(Correctional Offender Management Profiling for Alternative Sanctions, COMPAS)来确定刑期。[62] 这种新型的“风险评估工具”是参考、总结了数十年的量刑案例后所设计的一种新算法,其优势在于结合了十几个参数,进而将其转化为被告在未来一定时间内重新犯罪的可能性。[63] 该“风险评估工具”的目的与人格分析系统的目的其实是一致的,若“风险评估工具”评估出的被告人具有“高度危险性”,则会被处以法定刑内较重的刑罚,反之则处以较轻的刑罚。人格分析系统同样也是对被分析出人格缺陷较严重的罪犯施以较重的刑罚,反之施以较轻的刑罚。

因此,人格分析系统的研发可以借鉴美国的“风险评估工具”,以评估被告人的危害程度为基础,进一步分析其心理缺陷,使用人工智能突出的思考能力,通过与行为人的交流或者对其犯罪过程中的行为甚至是日常的行为进行分析,以此得到行为人人格的分析报告,为最后的量刑提供一个参考,这样一来既可以实现合理精准的量刑,又可以实现判处刑罚所追求的价值。

(四)谨慎规避算法黑箱问题,树立正义的算法观

人工智能与大数据的高速发展,使人类已经半步踏入了“一切皆可计算的时代”。[64] 从外表上看来,我们只需将各种数据甚至直接将整个案件导入系统就能够得到结果,但是在人工智能系统的内部可能存在着算法黑箱问题,根据其内部算法所得出的结果面临着一定的风险与不公正问题。[65] 算法黑箱问题主要源自大数据的缺陷,上文中曾提到大数据的客观性需要受到质疑,原因

---

[62] Christopher Slobogin, "Risk Assessment", in Joan Petersilia & Kevin R. Reitz ed., The Oxford Handbook Of Sentencing And Corrections. Oxford: Oxford Universiry Press, 2012, p. 200.

[63] Christopher Slobogin, "Risk Assessment", in Joan Petersilia & Kevin R. Reitz ed., The Oxford Handbook Of Sentencing And Corrections. Oxford: Oxford Universiry Press, 2012, p. 204.

[64] 徐恪等:《算法统治世界——智能经济的隐形秩序》,清华大学出版社 2017 年版,第 323 页。

[65] 马长山:《智能互联网时代的法律变革》,《法学研究》2018 年第 4 期。

是其收集的数据可能受到设计者的控制与指引。因此,当我们打开算法黑箱,设计者与用户面对的将是一堆可以得出某种答案的主观偏见与程序。而合上之后,它体现的就是客观性——一种无须满足任何更多的条件即可生成“是”与“否”的二元选项的机器。[66] 而当具有这种算法问题的人工智能辅助量刑系统应用到刑事审判当中时,依靠这些系统做出量刑的法官根本不知道他们作出的判决是否公正合理。

可见,内部算法的透明、公开以及建立算法审计机制就显得尤为重要。推进算法的透明性与公开性,可以让对算法程序持有怀疑态度的人打开“黑匣子”一探究竟。[67] 只有通过不断健全算法审计机制,来让算法遵循“善法”,才能维护算法正义,推进判决公正合理。

结　语

大数据时代,“人工智能 + 刑事办案”带来的变化依然在纵深方向持续,随着网络技术的进一步发展及法律共同体的不断努力,人工智能辅助量刑系统会成为新时期司法改革的重要一步,为全球法律治理和司法审判供给“人工智能 + 中国”的特色样本。“人工智能的发展本身并无目的”。事实上,以现在人工智能处理司法过程问题的技术能力来看,探讨法官裁判工作是否能够被人工智能取代的可能性,并没有合理的依据以及必要。因此,就目前人工智能的发展水平而言,人工智能在法院的定位只能也必须是法官的办案辅助工具。人工智能辅助量刑系统目前还处于起步阶段,想要建立一个完整的人工智能辅助量刑系统还有很长的路要走。人工智能辅助量刑系统的改进不仅要符合量刑规范化改革的要求,而且还要注意避免陷入机械化量刑的误区,更不能企图以科技的手段取代人类法官的思维。概而言之,探索人工智能辅助量刑系统的最终目的是为了彰显法律的正义与实现量刑的现代化,这亦是在大数据时代下我国将来量刑改革的必经之路。

---

[66] [美]卢克·多梅尔:《算法时代:新经济的新引擎》,胡小锐等译,中信出版社2016年版,第220页。

[67] [美]弗兰克·帕斯奎尔:《黑箱社会——控制金钱和信息的数据法则》,赵亚男译,电子工业出版社2015年版,第262页。

大数据时代建构人工智能辅助量刑系统的路径探讨

Discussion on the Construction of Artificial Intelligence – Assisted Sentencing System in the Era of Big Data

Abstract: Big data has profoundly changed the operation mode and governance concept of social governance, while the rapid development of artificial intelligence and the coupling of judicial system at different levels have posed huge challenges to traditional legal values, legal concepts and judicial system. The modern judicial system must respond positively to the coming judicial practice and construct the intelligent court, the intelligent sentencing and the intelligent criminal law operation system. Artificial intelligence should not be overestimated in judicial practice and should be regarded as an effective but limited auxiliary means. At present, the ai – assisted judicial system is mainly based on big data modeling, the extraction, analysis and assessment of the degree of harm and danger of the sentencing plot, and the generation of continuous model training. Future artificial intelligence auxiliary decision system calibration procedures increase situation of the main research direction, improve the ability of data analysis, through artificial intelligence auxiliary system calibration judicial proceedings, and to prevent human oversight, strong personality analysis system research and development, the cautious avoidance algorithm black – box problem, set up the mechanism of internal algorithm is transparent, the algorithm of justice view, etc. , make the operation of judicial power more agree with the rule of law spirit.

Key Words: Artificial intelligence; supplementary sentencing; reform of sentencing standardization; accurate sentencing

(责任校对:赵　威)

人工智能时代受教育权的国家义务

朱家豪*

摘　要：人工智能革命在带来社会快速进步的同时加剧了不平等，其原因在于不同主体对于“知识”这一人工智能驱动核心掌握程度的差异。因而在人工智能时代，受教育权的自身价值与保障公民其他权利的工具性价值上升，其内涵也得到扩张。在这种情形下，国家义务的核心是提升公民的数字素养、消除功能性文盲，以使公民实现人格的全面发展、适应新的社会环境并充分行使各项权利。而这种义务既包括给付义务又包括保障义务，既有即刻的义务又有渐进的义务。其中，国家通过专门的行政手段快速弥合人工智能正在造成的鸿沟尤为重要。

关键词：人工智能　受教育权　国家义务　保障

高速度、专业化的发展往往与不公平相伴而生，而社会权的出现较好的调和了二者关系。充分保障公民的经济权、狭义的社会权和文化权被认为是实现社会公平，消除不安定因素的重要手段。因此现代国家往往通过将之规定为基本权利以彰显其重要地位，进而借以实现对公民人权的充分保护。在人工智能革命席卷而来、智能产品层出不穷、社会变化日新月异的情况下，公民因为缺乏知识而无法享受发展成果、不能适应新的工作环境、难以辨识侵权行为并实施救济等问题逐渐凸现出来。人工智能的核心是算法和数据，其与前几次工业革命的驱动力相比专业化程度更高，对知识的依赖程度也更高。①基于这种特性，倘若在公民因为缺乏相关技能而失业时才考虑采取保障工作

---

* **作者简介**：朱家豪，山东大学硕士研究生。

① 参见胡凌：《人工智能的法律想象》，《文化纵横》2017年2期。

权、提供生活保障等事后措施,或是在其受困于信息茧房中时才开始采取行政及司法援助等补救措施,不仅耗时耗力而且难以根本解决问题。在这种情形下受教育权的重要性开始上升,可以说在人工智能时代,受教育权的充分保障成为公民充分享有其他权利的基础,而受教育权的内涵与国家义务也相应地扩张。

一、人工智能的发展与功能性文盲的泛化

文字的产生不仅催生了文明,也催生了文盲。经过有识之士千百年的努力,掌握文字、学习知识不再仅仅是少数人的特权,而成为人人都能享有的权利。特别是自二十世纪五十年代以来,世界上掀起了扫除文盲的风潮,这无疑为文明的进步增添了极大的推动力。时至今日,世界范围内的文盲率已经大幅降低②,其中我国的扫盲成果十分显著,甚至可以说已经基本实现了全民"脱盲"。但是就在扫盲迅速接近成功之时,科技的快速发展,特别是自二十世纪九十年代以来科学技术及其产品对社会生活深入而广泛的介入导致了"功能性文盲"的出现。这一概念意指"不能识别现代社会符号"以及"不能使用电脑进行交流、学习和管理"的人。③ 虽然功能性文盲并非单纯的由人工智能的发展而造就,但是人工智能这种以信息技术为基础的新事物却不断强化着这一现象,对照各国的人工智能发展规划便不难预见到,在未来几十年功能性文盲将会面临与传统文盲一样的尴尬境地。

科学技术造就了功能性文盲,而人工智能的快速发展和广泛应用则使得国家不得不为了消除由其造成的机会不平等等问题而采取措施。从人工智能目前的发展水平来看,这种趋势已经开始显现。中国互联网络信息中心于2018年1月发布的《中国互联网络发展状况统计报告》显示,截至2017年12月,我国网民规模达7.72亿,全年共计新增网民4074万人,互联网普及率为55.8%;我国手机网民规模达7.53亿,较2016年底增加5734万人;我国网络购物用户规模达到5.33亿,较2016年增长14.3%,手机网络购物用户规模达到5.06亿,同比增长14.7%;共享单车国内用户规模已达2.21亿,用户规模半年增加1.15亿;我国使用网上支付的用户规模达到5.31亿,较2016年底

② 参见欧阳忠明、黄慧:《扫盲教育:逐渐走向时代终结?——基于联合国〈阅读过去,书写未来——扫盲五十年〉的思考》,《现代远程教育研究》2018年2期。

③ 参见李连广:《美国青少年文盲问题研究》,《当代青年研究》2008年7期。

增加5661万人;我国在线政务服务用户规模达到4.85亿。这些数据虽然并没有直接反应人工智能的发展,但是由于人工智能在当下已经与互联网密切联系在一起,二者可谓不分彼此,因而几乎所有使用网络的公民也在被人工智能所影响。此外,人工智能的影响力及应用领域还可以从媒体的报道中得到印证。基于大数据技术的"用户画像"技术已经被广泛地应用于网络购物平台④,并将进一步深入金融保险等领域⑤,其甚至被奉为移动互联网产品开发的圭臬⑥,而语音和图像识别、虚拟现实以及无人驾驶等技术也都从实验室走向了大众的生活。同时,连续三期的《中国互联网络发展状况统计报告》还显示,中国的"非网民"规模约为6亿人左右,导致"非网民"不上网的主要原因是"不懂电脑/网络"(约50%)"不懂拼音等文化程度限制"(约30%)。

这就说明在人工智能逐渐塑造新秩序的过程中"非网民"无法参与其中,而与之相关的信息资源、就业机会和参与途径也与"非网民"绝缘。这些资源分配的不平等也极有可能造成实质不公,并且随着人工智能的发展这种差距可能被进一步拉大。在2015年国务院印发的《中国制造2025》中,"到2020年……智能化取得明显进展"就被列为"制造强国"三步走的第一步目标。两年后,国务院于2017年7月发布的《新一代人工智能发展规划》明确了中国人工智能发展分三步走的战略,计划于2020年使人工智能有力支撑全面建成小康社会的奋斗目标,成为改善民生的新途径,并初步建成人工智能技术标准、服务体系和产业生态链;到2025年人工智能成为带动我国产业升级和经济转型的主要动力,智能社会建设取得积极进展,人工智能在智能制造、智能医疗、智慧城市、智能农业、国防建设等领域得到广泛应用,初步建立人工智能法律法规、伦理规范和政策体系,形成人工智能安全评估和管控能力;到2030年成为世界主要人工智能创新中心,人工智能在生产生活、社会治理、国防建设各方面应用的广度深度极大拓展,形成完备的产业链。建成更加完善的人工智能法律法规、伦理规范和政策体系。而工信部随后印发的《促进新一代人工智能产业发展三年行动计划(2018—2020年)》不仅细化了人工智能的发

---

④ 参见郑圆圆:《要把握人、货、场新关系》,《中国出版传媒商报》2018年2月13日,第21版。

⑤ 参见佚名:《金融行业大数据用户画像实践》,《中国信息化周报》2017年7月17日,第12版。

⑥ 参见席文奕:《移动互联网产品开发与迭代:用户思维不可少》,《人民邮电》2015年10月30日,第6版。

展脉络,甚至对智能网联汽车、智能服务机器人、智能无人机、视频图像身份识别系统以及智能家居产品等具体的人工智能产品在2020年的应用领域以及产品水平提出了具体而精确的要求。上述规划不仅为人工智能的发展绘制了一张时间表,也为人工智能对公民权利的影响广度和深度绘制了一张时间表。因此,倘若不采取应对措施,那么功能性文盲以及相伴生的机会不均等现象将与人工智能的发展形影不离。

从全球范围来看,这一现象是所有致力于发展人工智能的国家都会面临的问题。英国议会上院下属的人工智能委员会在最近发布的一份关于人工智能的报告(下文简称"上院报告")中详细阐释了人工智能在英国的现状与未来。该报告显示,在所有受访者中有76%表示听说过人工智能这一概念,有89%知道调查者给出的至少一项具体的人工智能技术,有9%的人了解这些技术是如何运行的,只有3%的人对这些技术有着充分的了解。⑦ 同时,"上院报告"还指出,在未来10~20年间,人工智能在发达程度类似英国的经济体内会使10%~50%的工作面临被取代或改造的风险。而人工智能对客户服务业和运输业的影响现在已经可以被较为准确预测,其中客户服务业在2020年所需要的人类劳动力数量将下降40%,到2025年则会下降70%,仅此一项就会消灭40—70万个就业岗位,而英国将于2018年年底之前完成推行的"半自动运输"计划则会对物流运输领域内二百二十余万个岗位造成威胁。同时,在其他领域,无法掌握相关的人工智能技能或是无法适应与人工智能合作也是导致公民就业困难的重要原因。而在人工智能消灭了部分职业的同时,其也创造了大量就业机会,但这些机会据需要一定的人工智能知识。⑧ 因而功能性文盲在这场变革中就成了真正的"弃儿"。这就说明由人工智能所造成的社会利益分配不均的情况正在逐渐加剧,采取措施消除不公势在必行。

二、传统权利的失能与受教育权内涵的扩张

由人工智能所造成的实质不平等以及功能性文盲唯赖充分实现公民的受教育权来消除。这不仅是因为在人工智能时代,权力的滥用或救济途径的不

---

⑦ See Great Britain, Select Committee on Artificial Intelligence(2018) Ai in the UK: ready, willing and able? London : The House of Lords. (22).

⑧ See Great Britain, Select Committee on Artificial Intelligence(2018) Ai in the UK: ready, willing and able? London : The House of Lords. (75).

通畅不再是影响权利行使的主要原因，而作为人工智能核心驱动力的知识成为影响权利行使的重要因素，法律场景中“人—人”的关系模式转化为“人—技术—人”的关系模式。在这种情形下，知识的多寡决定着权力的大小。因此单纯的外部物质给付以及程序保障等权利救济手段均难以从根本上解决问题，部分权利也产生了失能的现象。⑨ 而相比之下，受教育权的目的是保证公民人格的健全发展，使之具备适应社会生活的基本能力并有效实现其所拥有的其他权利⑩，其权能直指知识这一核心问题。当然，基于新的现实情况，传统受教育权的内涵也产生了扩张。

就部分传统权利在人工智能时代的失能而言，原因主要有两点。其一是新的侵害行为依托于技术，故而其隐蔽性导致被害人难以认识到侵害的存在，因此也就无法进行救济。与之相关的一个最著名的例子就是2018年3月《卫报》报道的特朗普竞选团队利用数据挖掘技术赢得选票的事件。⑪ 该竞选团队分析了五千余万名选民的网络社交习惯，并有针对性的推送对己方有利而对其他候选人不利的消息。“特朗普发的每条推特基本上都是数据驱动的”，部分针对希拉里的不利消息甚至是虚假消息则通过仅对具有特定特征的人开放以使他们改变投票立场。⑫ “从事后的数据分析来看，特朗普获得的总票数其实比希拉里还少三百万，但只是因为在几个人口较多的关键州以极其微弱优势险胜才勉强上位，因而我们可以相信，如果特朗普团队没有拿到这批海量信息，大选的结果就会改写。”⑬在这种情形之下，公众由于人工智能知识的缺乏导致了其选举权在不知不觉中被算法所劫持，而算法则听命于其设计者，所以归根结底公众的选举权遭到了算法设计者的剥夺，这显然造成了对公民选举权的不正当影响。除此之外，线上商家利用消费者获取商品信息终端的封闭性，同时借助用户画像技术对具有不同特性的消费者收取不同的费用；以及

---

⑨ 参见齐延平：《论人工智能时代法律场景的变迁》，《法律科学》（西北政法大学学报）2018年4期。

⑩ 参见林来梵：《从宪法规范到规范宪法》，商务印书馆2017年版，第235页。

⑪ See The Guardian：“‘I made Steve Bannon’s psychological warfare tool：meet the data war whistleblower”，https://www.theguardian.com/news/2018/mar/17/data - war - whistle-blower - christopher - wylie - faceook - nix - banno，最后访问时间：2018年6月29日。

⑫ 参见腾讯新闻：《特朗普撼动世界背后的大数据风暴》，https://news.qq.com/a/20170205/008452.htm，最后访问时间：2018年6月27日。

⑬ 搜狐新闻：《数据挖掘算法助特朗普大选获胜？最新消息来了》，http://www.sohu.com/a/225816553_611053，最后访问时间：2018年6月27日。

招聘者通过算法设计对具有不同属性的消费者设定不同的入职门槛以至直接决定是否录用等情况，均属于借助技术这种隐蔽的手段侵害公民权利之类。倘若受害者能够认识到自己的权利受到了侵犯，那么当然可以按照传统的救济途径进行救济。但现实情况是受害者因为缺乏对人工智能的认识而无法辨别自己的权利是否受到了侵犯，故而传统的救济途径也就被束之高阁。

其二是传统权利救济手段本身无法再承担调整利益失衡的任务。以劳动权为例，宪法规定了国家具有创造劳动就业条件以及提高劳动报酬和福利待遇的义务，这便包含了创造劳动岗位、扩大就业渠道以及通过税费等手段调整利益分配格局的内涵。但是不论国家再如何创造就业岗位，只要这些岗位与人工智能有关，那么就一定需要与之相匹配的知识和技能。而一味通过收入的二次分配手段调节收入差异也无法从根本上改善缺乏人工智能相关知识者的生活水准，反而会使得国家财政负担过重，并可能产生对纳税人的不合理负担。同时，一系列具有通过国家干预矫正失衡的私人关系权能的权利也都面临着失能的危险，因为在人工智能时代，造成私人利益失衡的最重要因素是知识⑭，因此不以均衡知识资源为目标的救济手段都无法从根本上解决问题，而且其效用也会随着知识鸿沟的逐渐形成而衰弱。

相比于传统权利失能的状况，受教育权的重要性在人工智能时代显著提升。带有强烈社会权属性的受教育权不仅具有依托国家行为调整社会资源分配的作用，其调整的内容也是知识这一人工智能时代的核心资源。当然，要使得受教育权可以承担起这一重任，在延续其传统内涵的同时还要根据新的社会现实进行一定的扩充。传统的受教育权隶属于文化权利，其“对于保障和实现个人的充分全面的发展、个人文化自由的最大可能自我决定以及人类社会的发展有密切联系，具有基础性和辅助性的意义”。⑮ 而通过观察《经济、社会和文化权利个国际公约》和《世界人权宣言》等国际性人权条约可以发现，相对于文化权的其他子权利而言，受教育权总是被单独列为一条并有着较为细致的规定。就我国情况而言，受教育权不仅在宪法中被独立的条款所体现，还被一系列专门的法律所保护，立法者对其着墨之多是其他文化权利所不具

---

⑭ 参见[德]克劳斯·施瓦布:《第四次工业革命》，李菁译，中信出版社2017年版，第76页。

⑮ 参见陈军:《文化基本权利研究》，《广西大学学报(哲学社会科学版)》2014年4期。

备的。而其中原因就在于受教育权除了具有自身的价值外,还具有保障其他文化权利甚至保障其他权利得以实现的工具性价值。而且相比于其他文化权利而言受教育权的可操作性强,易于通过具体的国家义务进行保障。

虽然国际法与国内法层面对传统受教育权进行了大量的规定,但是由于人类社会是不断发展的,所以有效保护人的尊严、塑造健全人格及使之获得必要的生存技能的标准也是动态的。法律规范无法一蹴而就的为受教育权的完满保护设定一个静态标准,因而国际条约施以缔约国的义务大都集中于保障公民教育机会平等和可得性方面。而国内法在受教育权的保护上也偏重于对教育保障措施的规定,对于教育的内容除进行了原则性规定外都交给效力位阶较低的行政法规、部门规章以及规范性文件进行具体规制。而面对人工智能革命,受教育权内涵的扩张也体现在内容和外部保障两个方面。

传统的受教育权在教育的内容上并没有进行过多的规定,其更多地侧重于强调受教育者学习的自由以及国家无偿提供平等的教育机会。⑯ 但是在当今社会分工日趋细致,对人的专业知识水平要求提高的情况下过度强调学习内容的自由会导致公民必备生存技能的缺陷,从而导致社会发展的减缓甚至停滞。因此在教育的内容上就应当进行最低限度的设定,而这种设定应当是基础性的而且不应当影响受教育者的个性自由发展。相较于作为在文明社会生存必备的语言和文字能力,“数字素养”应当成为人工智能时代公民的基本生存技能,并被作为受教育权的最低保障标准。“数字素养”(Digital Literacy)的概念是由 Paul Clarke 提出的,包括驾驭数据、创想数据、数据建模以及辨识偏见的能力。⑰ 这一概念较好地概括了人工智能时代必要的生活技巧,是在新形势的催动下产生的概念。虽然相比之下,更加重要的语言文字素养至今也没有被明确的列为受教育权的法定要素,但这是因为它的重要性是不言而喻的,它是包括法律之内的人类文明赖以发展的基础。但是人工智能的产生晚于法律,且获得与之相关的必要素养的重要性非经揭示就难以认识到,因此就必须以明示的方式体现于受教育权的内涵中。而且这种素养正如语言文字一样并不带有价值色彩,具有中立性和工具性。它只是用以帮助公民适应新

---

⑯ 参见于文豪:《基本权利》,江苏人民出版社 2016 年版,第 195 页。

⑰ 原文表述为:“How you harness data, how you visualise it, how you model it, how you understand bias.” See Great Britain, Select Committee on Artificial Intelligence(2018) Ai in the UK: ready, willing and able? London : The House of Lords.(77).

的社会环境的手段。

此外,传统受教育权的主体主要是儿童和青年,国家义务关注的重点在于初等教育、高等教育和职业教育。⑱ 而在人工智能时代,着力消除功能性文盲、提升全民的数字素养,使公民能够快速适应社会的新环境应是国家义务关注的新重点,因而人工智能的发展将导致基础教育地位的提升。同时,由于基础教育在客观上有助于公民享受科技发展的新成果、进一步加深对文化生活的参与程度以及增加就业机会等,因此扫盲教育的保障范围也直接辐射到了文化权的其他领域甚至是其他经济性权利的领域,这也相应的引起了受教育权影响范围的扩张。

三、新形势下的受教育权国家义务规范

从国际法层面来看,《经济社会和文化国际公约》对缔约国保护受教育权的义务是要求其促进教育机会平等和可得性,并应当使初等教育面向所有适龄儿童且免费,对于职业教育和高等教育要求普遍设立和逐渐免费,对于针对未接受过初等教育者的基础教育则应尽可能地推进。这些规定与《世界人权言》中有关受教育权的内容基本一致。值得注意的是,在两个公约中,其他基础教育的国家义务要远远小于初等教育。这或许是因为考虑到各个国家在解决福利问题上对国家与市场作用理解的不同而进行的妥协,或许是因为在当时环境下的基础教育内容较为简单,具有平均智力水平的成年人可以通过生活经验与自学进行弥补。⑲ 然而在人工智能时代,由于相关知识与生活的割裂性及专业性,“数字素养”的养成已经无法单单靠自学得来,而能否具备这一素养又直接关乎公民的生存权,所以其作用的扩张相应的也应当促使其重要性的上升。同时,由于市场已经导致了知识资源的分配不均,而掌握人工智能知识的市场主体是其中最大的获利者,倘若在培养公民“数字素养”方面继续依赖市场则有导致教育内容偏颇的可能,这会使得公民无法自由发展自己的个性和客观的认识社会,进而导致利益主体对人工智能话语权的垄断。因此在新形势下,基础教育的定位就需要被重新考量。虽然通过修改公约或是订立附加议定书的形式提升基础教育的地位几乎是不可能的,但是按照其给

---

⑱ 参见杨成铭:《受教育权的国家义务研究》,《政法论坛》2005 年第 2 期。

⑲ 推测依据源自《关于违反经济、社会和文化权利的马斯特里赫特指导方针》中的表述。

定的框架并在时间维度上考量基础教育的作用的变化，进而作为在国内法层面调整国家义务的参考则是有现实意义的。

我国《宪法》直接规定受教育权的条款是第 46 条，该条规定："中华人民共和国公民有受教育的权利和义务。国家培养青年、少年、儿童在品德、智力、体质等方面全面发展。"这是对受教育权的基础性规定，其中受教育权的主体是全体公民，而青年、少年和儿童被强调为国家义务关注的主体。在这其中，"智力发展"就包含了国家认为有必要培养的、能够促进相关主体认知能力提升的素养，而这种开放性的规定为教育将人工智能等新兴知识包纳其中预留了空间。同时，在与受教育权相对应的国家义务方面，《宪法》第 19 条明确了国家对公民教育义务的内容，该条规定："国家发展社会主义的教育事业，提高全国人民的科学文化水平。国家举办各种学校，普及初等义务教育，发展中等教育、职业教育和高等教育，并且发展学前教育。国家发展各种教育设施，扫除文盲，对工人、农民、国家工作人员和其他劳动者进行政治、文化、科学、技术、业务的教育，鼓励自学成才。"虽然在该条中并没有出现关于基础教育的规定，但是其中"普及义务教育""扫除文盲"的表述以及对公民进行各类教育的原则性规定都可以得出国家具有发展基础教育的义务。同时，由于"总纲"中国家教育义务的内容与"公民的基本权利和义务"一章中公民受教育权的内容并没有严格的对应关系，前者的调整范围明显大于后者。所以要进一步挖掘宪法中受教育权国家义务的内涵就需要继续考察宪法的其他条文。

《宪法》第 14 条规定国家应当提高劳动者的技术水平，第 42 条规定"国家对就业前的公民进行必要的劳动就业训练"。这两条的内涵可以理解为国家在职业教育中的义务，这种义务以教育的形式出现，但是目的主要在于保障公民的劳动权。《宪法》第 20 条规定国家普及科学和技术知识，第 22 条规定国家开展群众性文化活动，第 24 条规定"国家通过普及理想教育、道德教育、文化教育、纪律和法制教育……加强社会主义精神文明的建设……在人民中进行爱国主义、集体主义和国际主义、共产主义的教育，进行辩证唯物主义和历史唯物主义的教育……"。上述条文明确了教育的部分内容，这些内容一方面形成了对《宪法》第 46 条的补充，另一方面为教育部门法进一步细化公民的受教育权提供了指导。而《宪法》第 45 条则规定国家帮助安排残疾公民的教育，体现了国家对受教育权主体的周延保护。

相比于相关国际条约的规定而言，我国宪法对受教育权国家义务的规定较为全面，体现出国家在知识资源分配中的主导地位。受教育权的作用范围不仅仅体现在初等教育、高等教育以及职业教育等系统化的教育类别中,还包含了诸多针全体公民的基础教育,例如科普教育以及法制教育等,这说明宪法规定的国家教育义务较为广泛,其不仅对公民的受教育权有着良好的保障作用,还辐射到更广义的文化权领域以及劳动权领域,可以说在我国但凡是事关公民人格健全发展以及适应社会发展新情况的知识供给都被纳入国家义务的范围。这种全面的国家义务为人工智能时代公民数字素养的形成以及功能性文盲的消除有着极大的推动作用。因此在人工智能时代到来之时,宪法中关于受教育权国家义务的规定完全能够适应时代的新要求。

我国的教育部门法对宪法规定的公民受教育权和对应的国家义务进行了进一部分详细规定。其中,作为调整整个教育部门法的《中华人民共和国教育法》首先明确了教育立法的目的是“提高全民族的素质”这肯定了公民的受教育权,同时“教育法”还规定我国的学校教育制度包括学前教育、初等教育、中等教育和高等教育,而职业教育和其他教育也是我国教育的重要形式;所有教育需要与社会主义市场经济的发展和社会的进步相适应,国家推动全民终身学习。依据《宪法》和《教育法》的规定,我国制定了《义务教育法》《高等教育法》《职业教育法》《民办教育法》以及《教育督导条例》等法律法规来进一步保障公民的受教育权。这些法律既包括国家对不同类型教育的财政扶持等给付义务,又包含了排除第三人侵犯公民的受教育权的保护义务,还从制度上和组织上为受教育权的实现提供了保障。按照基本权利的双重属性来分析,我国似乎已经圆满地实践了公民受教育权的防御、受益权功能以及制度性保障、组织与程序保障和保护义务功能。[20] 特别是在义务教育中,教育部还制定了“课程指导标准”用以指导学校的教学工作,这保证了公民学习内容的科学性与合理性,而“课程指导标准”的定期更新也使得教育的内容能够与时俱进,保证了教育的实效性,因而也可以作为提升公民数字素养的重要手段。

然而法律运作的空间尺度是四维的,需要有时间的维度,无法抽掉时间的绵延而在一个压缩到极致的静止时间点上讨论。[21] 虽然我国的教育规范体系到目前为止还基本可以满足教育的目的。但是随着人工智能的迅猛发展以及对公民生活的进一步渗透,我国现有的受教育权规范体系在应对未来面向的

---

⑳ 参见张翔:《基本权利的规范建构》,法律出版社 2017 年版,第 91 页。

㉑ 参见李晟:《略论人工智能语境下的法律转型》,《法学评论》2018 年第 1 期。

新情况上显得有些捉襟见肘。由于目前受教育权组织保障功能的实现方式主要是学校教育,所针对的主体是少年、儿童和具备一定知识素养的青年。而将这种体系放在人工智能时代来观察就会发现,无法接受学校教育又缺乏其他学习途径的公民难以学习人工智能的相关知识,而人工智能知识的专业性与封闭性更加剧了这一状况,因而其相应的权利也就无法得到保证。虽然《教育法》也规定了继续教育这种面对脱离学校教育者的教育形式,但是将其放在人工智能时代的环境中来看,目前水平的国家的给付义务明显不足,且由于没有配套的法律规范故而缺乏制度保障[22],因此与之相关的国家义务与其在新阶段的重要性显然不符,故而强化继续教育的国家义务是新情况下国家保障公民受教育权的重点。

四、人工智能时代受教育权国家义务的履行方式

人权的保障与国家的经济发展状况等因素有密切的关系,其中带有社会权属性的权利尤其如此。基于这种情况,国际人权公约也大都将国家对人权的保障义务分为即刻的义务以及渐进的义务,并且《某附加议定书》更是规定,在某些情况下限于国家的发展程度对某些人权可以采取渐进的保障方式,但是渐进的程度并不是随意的,而是应当提供国家在现有条件下最好的保障。[23] 同时,从基本权利的角度来看,科技的发展也会引起基本权利内涵以及同其他权利之间关系的变化。[24] 就受教育权的国家义务而言,人工智能风潮引起了大变革,这种变革对原有权利体系的冲击足以引起基本权利以及对应的国家义务的变化。而中国综合国力的提升也使得国家在受教育权国家义务领域可以有更大的作为。因此这两种因素共同催动了新形势下新的国家义务以更加有效的方式履行。

早在2010年,国家已经注意到了继续教育对公民受教育权保障的重要意义,因而在当年中共中央和国务院发布的《国家中长期教育改革和发展规划纲要(2010－2020)》中明确指出了继续教育特别是成人教育在终身学习体系中的重要地位,并提出了加快发展继续教育、建立健全继续教育体制机制以及

---

[22] 参见王健:《继续教育发展的战略转型与推进策略》,《教育研究》2013年第9期。

[23] 参见[挪]A.艾德、C.克洛斯、A.罗萨斯:《经济、社会和文化权利教程》,中国人权研究会译,四川人民出版社2004年版,第22页。

[24] 参见郑贤君:《基本权利原理》,法律出版社2010年版,第366页。

构建灵活开放的终身教育体系的目标。而要消除功能性文盲、提升公民的数字素养,依托于正在形成的继续教育法律规范体系是最可行的方式。因为目前的初等教育、中等教育以及高等教育都有明确的受教育主体,而且已经形成了相对完备的法律规范体系,而职业教育的目的则较为固定,在这种情况下将不论是加入新的受教育主体还是新的教育目的都会对现存的规范体系造成冲击。而将提升公民数字素养融入正在形成的继续教育体系中不仅实现了新形势下受教育权的保护,还充实了继续教育的内涵。同时还需要强调的是,利用继续教育的方式消除功能性文盲不仅要注重教育机会平等性和可得性,还需要借鉴义务教育中"课程指导大纲"的教育督导模式;只有将国家义务渗透进继续教育的内容领域才能真正保证公民能够获得适应于人工智能时代的知识,并防止知识被其他主体所垄断。

然而,就目前的情况来看,人工智能对公民权利的侵犯已经开始,而且部分传统权利救济手段已无法提供有效的保护,因而缺乏数字素养的公民已经无法无障碍地参与社会生活。而能够有效改善这种情况的继续教育规范体系的产生却是渐进的,需要一个较长的过程。因而这就需要国家即刻采取行动,调整已经失衡的社会关系。而最快捷有效的方法就是通过行政手段开展专项教育行动,以求在短时间内提高公民的数字素养。事实上,这种专项教育已经在作为人工智能强国的英国展开。英国政府于 2017 年制定了"National Retraining"计划,这个计划提供了针对成人的人工智能知识培训,由专设的领导小组负责并由国家财政提供经费,而且在未来英国对这一项目的投资还会进一步加大。㉕ 就我国而言,采取这种专门的行政手段则更加便捷,成本也更低,因为在建国初期我国政府就采取了类似手段快速解决了文盲率高的问题。而为解决文盲问题而创设的行政法律规范体系至今仍在运转,这也成为人工智能时代受教育权国家义务得以借以履行的便捷途径。

作为宪法规定的国家的义务,"扫盲"在我国教育法中的出现时间是 1995 年,而扫盲条例的出现时间是 1988 年。这说明"扫盲"不仅仅涉及公民的受教育权,更被认为是关乎个人和国家发展的重要事项,因为在一个公民普遍欠缺文字能力的社会,基本权利的保障是难以推动的。因而"扫盲"便有必要被单独讨论并加速推进,这与消除功能性文盲在人工智能时代的

㉕ See Great Britain, Select Committee on Artificial Intelligence (2018) Ai in the UK: ready, willing and able? London: The House of Lords. (76).

重要性如出一辙。而“数字素养”的原始表述为“Digital Literacy”,其中“Literacy”即有文学、读写能力的含义,在分析其内涵之后也会发现,人工智能时代“数字素养”对人的重要性与“文字素养”在现代化过程或是文明化进程中对人的重要性几乎是等同的。因而在人工智能时代全面到来之前、在人工智能相关规范还未形成之前依托原有的“扫盲”规范体系开展“数字扫盲”是十分必要的。

在文字扫盲时期,通过国家制定的《扫盲条例》《扫盲细则》发布《基础汉字表》,各地区根据实际情况制定的本地区“扫盲计划”等手段,扫盲工作被有条不紊地推进开来。源自2013年《国务院关于农村扶贫开发工作情况的报告》的数据显示,截至2012年底,贫困地区重点县青壮年文盲、半文盲率为8.9%,比2010年下降了1.4%。这较解放之初全国文盲率为80%的情况已经有了极大地好转。㉖ 这就充分说明通过行政手段推动的专项保护公民受教育权的行动不仅是可能的而且是行之有效的。但是还需要注意的是,直到2017年,各地政府关于认定“基本扫除青壮年文盲合格县”的文件仍然在发布,这就意味着扫除文盲是一场旷日持久的行动。相比之下,人工智能的发展如此迅猛,尽早借助现有的行政规范框架和组织体系,结合人工智能的发展特点编制相关教材,采取消除功能性文盲的行动应是人工智能时代受教育权国家义务履行的重要方式。

结语

人工智能时代受教育权的国家义务随着受教育权内涵以及价值的扩张而扩张,其重点在于培养公民的数字素养、消除功能性文盲。具体而言其有两方面的拓展,第一是国家应在继续教育规范体系的构建与实施上有更多作为,并需要将确保公民拥有必要的人工智能知识的要义注入该体系的规范中;第二是国家应开展专项行动,迅速而有效地实现对公民受教育权的保护。而以上义务均可以借助现有的国家规划或是行政规范体系履行,因而也具备较大的实现可能性。人工智能发展速度之快、对人影响程度之深难以估量,在这个飞速变化的时代里,只有提前做好充分的理论准备并合理利用现有的规范体系,才能在“人工智能时刻”到来之时平稳迈上历史的新阶段。

㉖ 参见刘善文:《新中国的扫盲运动(二)》,《党史文苑》2017年第5期。

人工智能时代受教育权的国家义务

State Obligations of the Right to Education in Age of Artificial Intelligence

Abstract: The artificial intelligence revolution has brought about the rapid progress of the society and aggravated the inequality, which is due to the difference in the degree of mastering the core of the artificial intelligence driven by the different subjects. Therefore, in the era of AI, the value of the right to education and the instrumental value of protecting other rights of citizens have increased. In this case, the core of the state's obligations is to improve citizens' digital literacy and eliminate functional illiteracy, so as to enable citizens to realize the overall development of their personality, adapt to the new social environment and fully exercise their rights. This obligation includes both the obligation to pay and the obligation to protect, both the immediate obligations and gradual obligations. Among them, it is particularly important for the state to quickly bridge the gap created by artificial intelligence through special administrative means.

Key Words: Artificial Intelligence; Right to Education; State Obligation; Guarantee

（责任校对:张　硕）

前沿关注

Theoretical Frontier

股权让与担保的立法论

——基于学说和裁判分歧的分析和展开

包丁裕睿*

摘　要:股权让与担保是近年来民间融资领域重要的担保方式。股权让与担保能更好地进行风险监控并降低实现担保的成本。为了统一裁判规则、促进交易,应将股权让与担保制度成文化。其制度设计应以"担保权构成"为出发点,利用公司法领域的登记制度,平衡让与担保当事人、公司以及第三人的利益。股权让与担保的对内效力应最大限度地允许意思自治,并兼顾公司内部登记效力,且应有限制地允许流担保契约;对外效力应兼顾商法外观主义原则和担保权实质。

关键词:股权让与担保　非典型担保　股权质押　外观主义　流质契约

一、股权让与担保的概念界定

股权让与担保是债务人或第三人(即让与担保人)为担保债务人的债务,将有限公司股权让与债权人或第三人(即让与担保权人),债务清偿后,股权应转回予让与担保人("向回让与",rückabretung);债务未适当履行时,让与担保权人可以就该股权优先受偿的一种担保形式。①

---

* **作者简介:**包丁裕睿,中国人民大学硕士研究生。

① 参见王闯:《让与担保法律制度研究》,法律出版社 2000 年版,第 20 页;梁彗星:《中国民法典草案建议稿》,法律出版社 2013 年版,第 132 页;梁慧星、陈华彬:《物权法》,法律出版社 2007 年版,第 383 页;郭明瑞:《担保法》,法律出版社 2000 年版,第 254 页;王利明:《物权法研究》,中国人民大学出版社 2016 年版,第 1267 页。

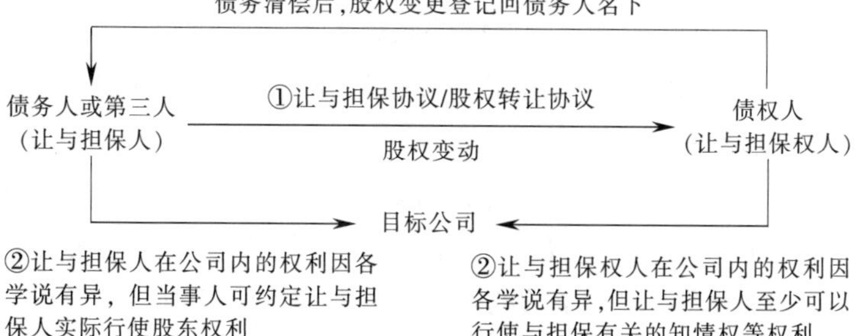

图1　让与担保的法律构成

上述定义下有两种股权让与担保形式：一是当事人订立担保合同，通过股权让与对债权进行担保（“担保形式”）；另一种是当事人订立股权转让合同，通过附回购条款的股权转让对债权进行担保（“买卖形式”）。在担保形式下，股权让与的原因是“担保”而非“买卖”。在买卖形式下，形式上是一方交付股权转让款，另一方转让股权，而本质上是债权人交付融资款，债务人以让与股权的方式提供担保；而股权的回购，本质上则是债务人偿还融资款，从而取回作为担保的股权。从法理上看，前者是以一个主法律行为（借款合同）为基础的从法律行为（担保合同）；后者则是以两个法律行为（股权出让与买回）达成担保目的。② 因此，有日本学者将二者区分为“（狭义）让与担保”和“卖渡担保”。③

但是，在交易实践中，这种区分并不明显：当事人意在进行“（狭义）让与担保”，却以买卖合同的形式进行“卖渡担保”进行交易的情形，并不少见。特别是在让与担保地位尚不明朗的情况下，为了便于进行登记，当事人可能更倾向以“卖渡担保”之名，行“（狭义）让与担保”之实。其实，“（广义）让与担保”

② 严格从传统民法上看，“卖渡担保”和“（狭义）让与担保”之间存在着较大差异：在担保物转移之后当事人之间是否仍存在债权债务关系；出借款项的一方是否有就担保物之外的借款人责任财产的求偿请求权；担保物的风险是否仍由让与担保人负担；就担保物和借贷差额之间是否有清算义务等。在“卖渡担保”中，对上述问题的答案是否定的；而在“（狭义）让与担保”中，对上述问题的答案是肯定的。

③ 本文对“卖渡担保”和“（狭义）让与担保”的这种区分是纯形式上的。在日本法后期理论发展阶段，“卖渡担保”仅用于和债权不存在主从关系的情形下，也即附回购权的买卖。本文此处的“卖渡担保”指的仍然是担保而非买卖。参见［日］我妻荣：《我妻荣民法讲义 III：新订担保物权法》，申政武、封涛、郑芙蓉译，中国法制出版社 2008 年版，第 539—541 页。

是以“转移权利”为手段达成“债权担保”目的的担保方式,因而具有“手段超过目的”的特征。在手段和目的之间的张力下,当目的要素更为突出时,便是“(狭义)让与担保”,当手段要素更为突出时,便是“卖渡担保”。二者之间存在相互渗透的流变关系。④

对各类具体案件中的法律关系定性时,应以当事人是否有移转所有权的效果意思为判断标准。⑤ 即使是“卖渡担保”下,当事人的真实意思仍旧是“担保”,与一般的附有回购条款的买卖合同有根本的区别。“卖渡担保”作为“(广义)让与担保”的下位概念,虽然与“买回”制度不同,但确实兼具让与担保和“买回”的双重特点,可谓是二者的过渡形态。⑥

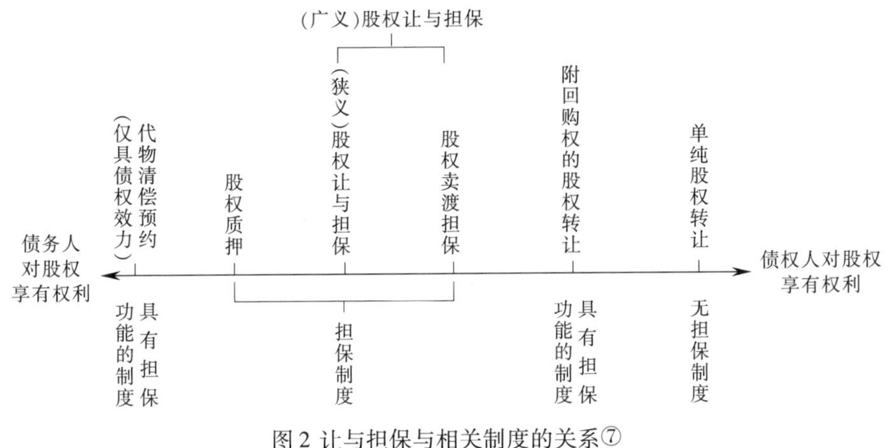

图2 让与担保与相关制度的关系⑦

另外,《民间借贷司法解释》规定了一种当事人“约定在债务不履行时

④ 王闯:《让与担保法律制度研究》,法律出版社2000年版,第23—25页。

⑤ 这意味着,以“经济属性”而非“主观表达”来核定一种意定法律关系的属性。参见董学立:《也论“后让与担保”——与杨立新教授商榷》,《中国法学》2014年第3期。

⑥ 王闯:《让与担保法律制度研究》,法律出版社2000年版,第24—27页。

⑦ 崔建远教授对“担保制度”和“具有担保功能的制度”这两个概念进行了区分,认为担保必须具备“从属性、补充性和保障债权切实实现性”这三个特征。具有担保功能的制度(也称“保障债权实现的制度”)不意味着就是担保制度。参见崔建远:《“担保”辨——基于担保泛化弊端严重的思考》,《政治与法律》2015年第12期。

转让担保标的物”以清偿债务,而不要求事先转移担保物的“买卖型担保”。⑧ 股权让与担保与这种“买卖型担保”不同,股权让与担保要求股权在债务清偿期届满前就已发生变动。

二、股权让与担保的特殊性质

与动产或不动产相比,股权的行使、公示、变价规则都有独特之处。且股权让与担保除受民法管辖外,还受公司法调整。因而,股权让与担保具有其特殊性质。

(一)股权让与担保的公示规则

让与担保应当依据担保物移转的一般规则予以公示。⑨ 动产的公示方法是交付,但以占有改定为代表的拟制交付亦能产生物权变动的效力;不动产的公示方法是登记,同时登记也是物权变动的要件之一。如果说动产让与担保存在的问题是缺乏公示,不动产让与担保存在的问题是公示效力过于绝对化,那么,股权让与担保存在的问题,则是民法上的公示制度和商法上的公示制度无法完全通约,导致对股权让与担保的效力判定存在困难。

在股权让与担保中,股权变动的时点十分重要。然而,这一关键问题却尚无定论:“股权变动时间究竟界定为股权转让合同生效之时,公司将买方载入

---

⑧ 《最高人民法院关于审理民间借贷案件适用法律若干问题的规定》(法释〔2015〕18 号)第 24 条规定:“当事人以签订买卖合同作为民间借贷合同的担保,借款到期后借款人不能还款,出借人请求履行买卖合同的,人民法院应当按照民间借贷法律关系审理,并向当事人释明变更诉讼请求。”关于“买卖型担保”是否有效,以及是否产生物权效力,存在广泛争议。本文归纳当前中国学术界对此问题有“后让与担保说”“抵押权说”“代物清偿预约说”“视公示情况分类讨论说”“债权说”“担保约定无效说”等诸多学说。具体而言,采让与担保说的有杨立新等;采抵押权说的有董学立等;采代物清偿预约说的有张海鹏等;采视公示情况分类讨论说的有徐阳光等;采债权说的有陈本寒等;采担保约定无效说的有庄加园等。参见杨立新:《后让与担保——一个正在形成的习惯法担保物权》,《中国法学》2013 年第 3 期;董学立:《也论“后让与担保”——与杨立新教授商榷》,《中国法学》2014 年第 3 期;张海鹏:《担保性房屋买卖合同法律性质之探析——兼析〈民间借贷司法解释〉第 24 条》,《东方法学》2016 年第 2 期;徐阳光、袁一格:《买卖型担保的法律定性与破产法检视》,《法律适用》2016 年第 10 期;陈本寒:《新类型担保的法律定位》,《清华法学》2014 年第 2 期;庄加园:《“买卖型担保”与流押条款的效力——〈民间借贷规定〉第 24 条的解读》,《清华法学》2016 年第 3 期。

⑨ 参见向逢春:《让与担保制度研究》,法律出版社 2014 年版,第 67—79 页;陈本寒:《新类型担保的法律定位》,《清华法学》2014 年第 2 期。

股东名册之时,抑或公司登记机关办理股东名册变更登记之时,聚讼纷纭”。⑩

尽管当前影响力较大的学说多采“公司内部登记生效主义与公司外部登记对抗主义相结合”标准⑪,但亦有学者指出,这种“债权形式主义”“与我国现行法的规定有逻辑上的多处抵牾”,且“完全背离公司法实践”。⑫ 尽管各学说存在分歧,但均认可:股权变动经过公司内部登记,产生对抗公司的效力;经过公司登记机关登记,产生对抗第三人的效力。⑬

因此,股权让与担保必须通过公司内部登记和公司登记机关登记的双重登记,才产生对世效力。但该“效力”是完全的股权还仅是担保权,因学说不同而存在区别。若从商事外观主义出发,认为让与担保权人作为公司内部登记或公司登记机关登记的股东而对外享有绝对权利,就与“所有权构成论”的思路相符;⑭若认为让与担保权人仅是“名义股东”,并不对股权享有绝对权利,而应适用《公司法司法解释(三)》关于名义股东和实际出资人关系的规

⑩ 刘俊海:《论有限责任公司股权转让合同的效力》,《暨南学报(哲学社会科学版)》2012 年第 12 期。关于股东名册登记的意义,参见傅曦林:《股份有限公司股权变动公示制度研究——以股东名册登记为中心》,法律出版社 2010 年版,第 13—110 页。

⑪ 参见施天涛:《公司法论》,法律出版社 2014 年版,第 241—244 页;刘俊海:《论有限责任公司股权转让合同的效力》,《暨南学报(哲学社会科学版)》2012 年第 12 期。

⑫ 李建伟:《有限责任公司股权变动模式研究——以公司受通知与认可的程序构建为中心》,《暨南学报(哲学社会科学版)》2012 年第 12 期。

⑬ 公司内部登记(股东名册或公司章程),无论作为股权变动的生效要件还是对抗(公司)要件,股权变动均产生对抗公司的效力。各学说在具体细节上略有差异,如施天涛认为,在公司拒绝变更登记时,应在股东证明其依法继受股权时允许直接确认股东身份;李建伟认为,应以公司受通知与认可股权变动的事实为股权的完整转让的标志。但各学说对前述结论大多无异议。参见施天涛:《公司法论》,法律出版社 2014 年版,第 241—244 页;李建伟:《有限责任公司股权变动模式研究——以公司受通知与认可的程序构建为中心》,《暨南学报(哲学社会科学版)》2012 年第 12 期;蒋大兴:《公司法的展开与批判:方法·判例·制度》,法律出版社 2001 年版,第 483—491 页。

⑭ “所有权构成论”是指让与担保权人取得担保物的所有权,而仅在债法上对让与担保人负有义务。“所有权构成论”又可分为“所有权绝对转移论”和“所有权相对转移论”。“所有权绝对转移论”下,让与担保人应将标的物的所有权完整地转让给让与担保权人,让与担保权人负在担保目的内管领标的物的债法上的义务。“所有权相对转移论”下,在设立让与担保时,让与担保人仅将标的物在对外关系上转让给债权人;内部关系上,让与担保权人负在担保目的内管领标的物的物权法上的义务,若违反该义务则要向让与担保人承担损害赔偿责任。

定[15],则符合“担保权构成论”的逻辑。[16] 在这里,对公示的效力的理解直接决定了让与担保的效力。

股权让与担保与动产和不动产让与担保不同的一点还在于,当事人和公司之间的关系,似乎属于“对外关系”,但在某些特殊情况下,如涉及一人公司时,似乎也有“对内关系”的属性。后文将进一步探讨股权让与担保对公司的效力。

(二)股权让与担保的风险监控功能

在股权让与担保中,股权在担保设定时发生第一次变动;在债务到期后发生第二次变动(向回让与、折价或变价等)。在股权第一次变动后,让与担保权人就对公司而言取得了股权。股权是股东“基于其股东身份和地位而享有从公司获取经济利益并参与公司经营管理的权利”。[17] 尽管在股权的性质上有不同学说[18],但各学说均认可股权主要包括表决权和收益权两大方面,以及附随的知情权、提案权、诉讼权等权利。[19]

相比于动产、不动产或债权,股权的交换价值变化幅度极大、具有很大不稳定性。股权的交换价值受到公司经营状况、发展前景、在公司总资本中的占

---

⑮ 《最高人民法院关于适用〈中华人民共和国公司法〉若干问题的规定(三)》(法释〔2011〕3号)第25条、第26条、27条。

⑯ “担保权构成论”是指让与担保权人仅取得担保物的担保权而非所有权。“担保权构成论”又有“所有人授权说”“物权交错变动说”“期待权说”“质权说”“抵押权说”“担保权说”等众多学说。“所有人授权说”认为,让与担保人设定让与担保时,仅将换价权或处分权授予让与担保权人(限制物权),让与担保人依旧保留所有权,并强调公示对于对抗第三人的意义;“物权交错变动说(二段物权变动说)”认为,物权变动是交错进行的,让与担保人先将标的物所有权转让给让与担保权人,让与担保权人再将标的物所有权减去担保权能之后的剩余部分返还给让与担保人;“期待权说”认为,标的物的所有权应转让给让与担保权人,期待权和占有权归让与担保人,因此对外所有权人是让与担保权人,对内所有权人是让与担保人;“质权说”认为,让与担保是一种不移转占有的质权;“抵押权说”认为,让与担保应当准用抵押的规定;“担保权说”认为,应针对不同标的物进行不同理论上的构成,应当在“抵押权说”的基础上增添公示要件等。参见申政武:《让与担保的概念与原理——以日本的学说为中心》,载董学立:《担保法理论与实践(第一辑)》,中国法制出版社2015年版,第145—154页;王闯:《让与担保法律制度研究》,法律出版社2000年版,第164—184页。

⑰ 参见施天涛:《公司法论》,法律出版社2014年版,第254页。

⑱ 关于股权的性质,有社员权说、债权说、共有权说、股东地位说等。

⑲ 参见朱锦清:《公司法学(上)》,清华大学出版社2017年版,第26—27页;施天涛:《公司法论》,法律出版社2014年版,第261—270页。

比情况等因素影响。另外,股东还可以凭借股东身份,通过公司决议等方式就公司各类事项进行管理,从而控制和影响股权价值。

在股权质押中,股权仍由出质人控制,质权人对股权仅享有担保利益。因此,在监督股权价值变化和款项使用方面,质权人处于绝对劣势。[20]

而在股权让与担保中,让与担保权人可以利用股东身份行使知情权,监督公司的经营情况、财产变动,以防让与担保人恶意导致股权贬值,逃避担保责任;如果借款是用于公司经营的,让与担保权人还可以监督所贷款项的使用。让与担保权人还可以行使表决权参与公司决策。[21] 另外,当公司利益受到侵害时,让与担保权人还可以通过股东诉讼或股东派生诉讼,维护自己的合法权益。因此,与股权质押相比,股权让与担保具有明显的风险监控的优势。

(三)股权让与担保的实现成本

股权的另一特点是没有稳定的市场价格和活跃的交易,即使存在股权交易,交易价格也往往不具有代表性。因此,实践中,股权的价值较难确定。这为担保的实现带来了巨大的成本。

《物权法》规定,股权质押的"质权人可以与出质人协议以质押财产折价,也可以就拍卖、变卖质押财产所得的价款优先受偿"。[22] 然而物权法规定的质权实现方式的实践效果并不理想。就当事人协议折价而言,在债务到期未获清偿时,债权人和债务人往往很难就股权的价值达成一致意见。在债务人恶意逃债的情况下,协议折价更是无从进行。在司法拍卖的情况下,"对拟拍卖的财产,人民法院应当委托具有相应资质的评估机构进行价格评估"。[23] 股权

---

[20] 参见张卫英、冯艺:《股权让与担保法律保护模式及其制度构建》,载董学立:《担保法理论与实践(第一辑)》,中国法制出版社2015年版,第200页。

[21] 从让与担保的法理上看,债权人享有的股权要受担保目的约束,债权人与债务人之间通过表决权代理(voting proxy)或表决权信托(voting trust)安排,让债务人形式表决权更符合担保的实质。但当事人若约定由债权人行使表决权的,亦无不可。公司经营管理权的归属问题将在下文讨论。

[22] 《物权法》第219条第2款。

[23] 《最高人民法院关于人民法院民事执行中拍卖、变卖财产的规定》(法释〔2004〕16号)第4条。

价值的评估方式有“红利贴现”模型、“贴现现金流量”模型、“剩余收入”模型等。㉔ 另外,还可以股权占公司资本的比例为基础,通过对公司净资产进行评估,确定股权的价值。但上述方法不仅需要极高的成本,还会引发新的争议:各个评估方法的变量和假设各异,导致股权价值的评估并不完全可靠,在实践中难以寻求股权的“公允价值”。若再考虑一些公司作为控股公司,持有其他公司的股权或通过协议控制其他公司的情况等,对股权价值进行准确、公允、无争议的评估将异常困难,甚至是“不可能完成的任务”。

不仅如此,通过拍卖、变卖等方式与公司外第三人进行股权交易时,还存在其他诸多问题,例如:公司外的潜在购买者对公司的经营状况存在信息不对称问题,需要花费巨大成本对公司各类状况进行调查;对公司评估的前提是公司应当提供基本的会计报表等资料,而实践中公司可能拒不提供,甚至在某些小微企业中根本未置备该类资料;有限公司人合性较强,存在第三人进入公司与原股东产生矛盾的风险;由于存在“控制权溢价”㉕,控股股权和小额股权的价格会有巨大差别等。

由于上述原因的存在,不到30%的股权得以顺利评估,近90%的股权冻结超过五年,“绝大多数股权在执行过程中评估及变现成功率非常低”,股权“多次续冻,耗费大量司法资源”。㉖

股权让与担保的实现方式,有“处分型”和“归属型”、“清算型”和“流担

㉔ “红利贴现”模型下,“预期分得的现金股利构成股票价值的源泉,股票的内在价值等于估值时点之后无限多次股利收益流量之现值”;“贴现现金流量”模型下,“现金流量是企业价值的基础”,“主要估值变量包括营运现金流、会计盈余和资本投资支出(现金)”等;“剩余收入”模型下,“使用估值时点上的账面价值以及其后预期的一系列剩余收入来计算股权价值”。参见田辉:《股权估值模型及其比较研究》,《中国资产评估》2003年第6期。

㉕ 当通过拥有股权获得对公司的控制权时,控股股东将可以获得隐性收益(如关联交易、转移定价、排挤小股东、溢价出卖控制权等),控制权溢价就是指用来购买公司控股股权而支付的超过非控股股权转让价格以上的价格部分。参见赵克祥:《控股股权交易中控股股东的义务》,《暨南学报》2008年第1期。

㉖ 马鸿雁:《公司认缴资本制下有限责任公司股权处置困境之探究与应对》,《法律适用》2017年第17期。

保型”[27]等类型。其中，处分型是指将股权变价并以价金清偿债权；归属型是指让与担保权人取得股权。清算型是指债权人应当在股权和债权的价值之间进行清算，包括处分清算和归属清算；而流担保型是指债权人就股权和债权的价值差额不负清算义务。[28]

股权让与担保如果是通过流担保实现的，将不再需要复杂而低效的股权评估，无须与债务人再次协商，也不涉及其他股东的同意或优先购买权，大大降低了担保的实现成本。且因让与担保权人早已成为公司股东的一员，可以及时评估其是否与公司其他股东存在矛盾。不过，这种流担保的制度设计是否违反物权法中有关禁止流押、流质的规定，存有争议，本文将在后文进一步阐明。

股权让与担保如果是通过清算实现的，无论是处分清算或归属清算，让与担保权人都能通过行使知情权充分了解公司的经营情况，不必投入大量不必要的资源对公司状况进行调查。这既可以为当事人之间就股权协议折价提供更多可能，也为股权评估提供了重要的信息。当公司拒不提供相关信息时，让与担保权人还可以以提出股东知情权之诉等方式维护合法权益。[29]

三、股权让与担保的裁判分歧与发展

股权让与担保拥有股权质押无可比拟的风险监控优势和交易成本优势。但是股权让与担保涉及合同法、物权法和公司法，法律适用复杂导致裁判分歧较大——仅从股权让与担保相关的裁判的案由看，就有“股权转让纠纷”“保证合同纠纷”“民间借贷纠纷”等，裁判分歧程度可见一斑。

早年，法院曾一度否认股权让与担保的效力。如“联大集团案”中[30]，一审法院从物权法定的角度认为股权让与担保无效。二审最高人民法院则未从物

㉗ 《物权法》分别在第186条、第211条规定了在抵押和质押中，不得事先约定债务到期未获清偿时担保财产归债权人所有，理论上称之为禁止流押（抵）、禁止流质。对抵押或质押之外的担保方式，约定债务到期未获清偿，债权人直接取得所有权或股权的，称之为“流担保”更为合适。流押、流质之外的“流担保”条款是否有效，存有争议。

㉘ 王闯：《让与担保法律制度研究》，法律出版社2000年版，第355—357页。

㉙ 《最高人民法院关于适用〈中华人民共和国公司法〉若干问题的规定（四）》（法释〔2017〕16号）第7条至第12条。

㉚ 一审江苏省高级人民法院（2010）苏商初字第0002号民事判决书，二审最高人民法院（2013）民二终字第33号民事判决书。

权法定出发，而是结合是否存在借款事实、转让价款是否合理等因素，最终认定“股权回购合同”有效，但其法律关系并非是股权让与担保，而是附回购权的股权转让。

这一时期，也有法院以附回购约款的买卖合同进行担保违反禁止流质原则为由，否定股权让与担保的效力。[31] 在“通城公司案”中[32]，法院认定，当事人在约定股权过户的同时，同时约定了股权返还的条件，因此，当事人之间“不存在股权转让的合意”，其真实意思是将涉案股权向债权人出质，从而为借款合同提供担保。该案法院认可通过股权转让提供担保，但认为担保形式应当是股权质押。然而，从“不存在股权转让合意”到“真实意思是将股权出质”，法院的论证逻辑推理存在瑕疵。

近年来，认可股权让与担保有效的法院裁判逐渐增加。多数法院认可，流担保条款无效，“并不影响股权让与担保合同其他部分的效力”。[33] 但部分法院认为，让与担保权人“对让与担保的股权不享有优先受偿权”，而只是“在被担保的主债权获得清偿前”，让与担保人“无权要求返还”；[34]而也有法院认为，让与担保权人对名下的股权，“有排除第三人的优先效力”。[35]

承认股权让与担保效力的法院中，部分采取的是“所有权构成论”。在“亿豪公司案”中[36]，二审法院认为，对让与担保权人而言，借款转化为对价款，且在工商部门进行了变更登记，因而让与担保权人并非仅是“名义股东”。在“所有权构成论”下，让与担保权人作为公司的股东，可以“通过委派执行董

---

[31] 如浙江省高级人民法院(2010)浙商终字第74号民事判决书、承德县人民法院(2014)承民初字第1702号判决书等。

[32] 徐州市中级人民法院(2016)苏03民终6281号民事判决书。该判决书认为，“协议对股权过户进行约定的同时，亦对股权返还进行了约定，因此，双方间亦不存在股权转让的合意，其真实意思仍是吴超将持有的涉案股权出质予胡继华，从而担保该借款合同的履行，双方的约定同样违反了我国《物权法》第211条的规定，胡继华对于现登记在其名下的令天下公司99%的股权仅享有质权，亦不享有所有权”。

[33] 如江苏省高级人民法院(2016)苏民申1430号民事裁定书、湖北省高级人民法院(2016)鄂民终570号民事判决书、淮安市淮阴区人民法院(2013)淮商初字第0295号民事判决书等。

[34] 淮安市中级人民法院(2015)淮中商终字第00104号民事判决书。

[35] 福建省高级人民法院(2014)闽民终字第360号民事判决书。

[36] 江苏省高级人民法院(2014)苏商终字第0205号民事判决书。

事、实行印信和资金监管等方式,对公司的经营、财务进行监督、控制"。[37] 在让与担保权人处分名下股权时,让与担保人若欲追究侵权责任,应当"负有提供证据证明所担保债务已获清偿,其已享有收回股权的权利"的义务。[38] 由此看出,该法院认为,若担保债务未获清偿,让与担保权人处分名下股权将不产生侵权责任。

值得注意的是,随着股权让与担保实践的发展,采"担保权构成论"的裁判渐成主流。"亿仁集团案"中[39],法院通过考察当事人的借款关系,以及"注册资本达1.4亿元"的公司股权仅以1元对价转让,且让与担保权人受让股权后未变更公司法定代表人的事实等,认定当事人间"不具有转让股权的真实意思表示",而其真实意思是"提供担保"。该法院同时认为,在外部效力上,让与担保权人向第三人转让股权属于超出担保目的的处分,且因转让的对象是让与担保权人的关联方,转让行为无效。

"亿仁集团案"中确立了股权让与担保的担保权性质,同时还确立了一条规则:让与担保权人擅自转让股权,受让人是恶意第三人时,处分无效。尽管该裁判结果采"担保权构成论",但法院的说理仍有不足。例如,在债权未受清偿时,让与担保权人取得股权是"归属型"让与担保,其未必属于"违反公平原则"的流担保条款,课以清算义务就能解决归属型让与担保的弊病。另外,法院判断让与担保权人向恶意第三人转让股权无效的理由是"恶意串通损害第三人利益",而非"无权处分",法院似回避了让与担保权人对系争股权的处分权问题。

在"港丰集团案"中[40],最高人民法院结合股权转让价格仅为1元人民币,公司的实际控制人没有变化等因素,认为附回购条件的股权转让合同的实质是提供担保。法院认为,虽然让与担保人在无法清偿债务时失去回购权,但让与担保权人也并非当然取得股权。因让与担保权人负有清算义务,其拥有的实质上只是优先受偿权。最高人民法院在该案中确认,在附有清算条款时,股权让与担保有效。

采"担保权构成论"的判例中,法院在对股权让与担保的内部效力进行分

---

[37] 重庆市高级人民法院(2014)渝高法民初字第00010号民事判决书。

[38] 福建省高级人民法院(2016)闽民终1571号民事判决书。

[39] 珠海市中级人民法院 (2013)珠中法民二终字第400号民事判决书。

[40] 最高人民法院(2016)最高法民申1689号民事裁定书。

析时认为:让与担保人在协议签订后将股权转让给让与担保权人,但"该转让系为融资提供的让与担保方式",让与担保人的"股东权益并不因此而当然丧失",让与担保人在股权因让与担保转让后,依旧拥有"投资性权益",可以继续对公司进行管理和控制。[41] 让与担保权人虽然是股东名册及工商登记上的股东,但仅为"名义股东",让与担保权人只能"依据约定主张担保权利,但其并未取得股权"[42],让与担保权人在担保期间无权对股权进行处置。[43]

在举证责任方面,法院基本一致认为,当事人之间对买卖合同形式下担保实质产生争议的,主张担保实质的一方应当负证明责任。[44] 且"依据让与担保的法律特征,让与担保权应当从属于事先存在的主债权"。[45]

从上述案例可看出,虽然裁判分歧不可谓不明显,但承认股权让与担保的效力,尤其是以"担保权构成"为基础的判例逐渐占据了主流。同时,法院几乎认为,"流质条款无效,不影响其他条款的效力"。但亦有不少法院将归属型股权让与担保和流担保(流质)条款混为一谈。

四、股权让与担保的立法论

(一)股权让与担保的成文化

股权让与担保的成文化可以避免规则缺失和交易实践脱节,降低法律的不确定性和不必要的交易成本。目前学术界亦已达成共识,认为应当将让与担保的成文化。梁慧星教授主持的民法典草案建议稿中,以"担保权构成论"为基础,将让与担保列为草案第二编第十八章。[46] 十余年来坚持反对让与担保成文化的高圣平教授,也开始赞同让与担保的法典化。[47]

首先,让与担保并非虚假表示。当事人的真实意思是"以股权让与手段

---

[41] 最高人民法院(2014)民二终字第259号民事判决书。

[42] 最高人民法院(2015)民申字第3620号民事裁定书。

[43] 黑龙江省高级人民法院(2018)黑民终47号民事判决书。

[44] 如最高人民法院(2014)民四终字第38号民事判决书、最高人民法院(2013)民一终字第62号民事判决书等。

[45] 最高人民法院(2017)最高法民再100号民事裁定书。

[46] 梁慧星:《中国民法典草案建议稿》,法律出版社2013年版,第132—133页;梁慧星:《中国民法典草案建议稿附理由:物权编》,法律出版社2004年版,第416—422页。

[47] 参见高圣平:《动产让与担保的立法论》,《中外法学》2017年第5期;高圣平:《大陆法系动产担保制度之法外演进对我国物权立法的启示》,《政治与法律》2006年第5期;高圣平:《民法典中担保物权的体系重构》,《法学杂志》2015年第6期。

达成担保目的”,虽然让与股权并非当事人之间的经济目的,但却是当事人之间的法律目的:只有通过股权让与,让与担保权人才能监控股权上的信用风险,并降低实现担保权时的交易成本。

其次,一般让与担保的最大弊病是公示方法的不足导致对交易安全的损害。而公司法体系中,股权的公司内部登记和公司登记机关登记制度,足以保护股权让与担保中的公司和第三人的交易安全。因此,股权让与担保并不会因缺乏公示损害交易安全。

再次,《法国民法典》《欧洲示范民法典草案》《美国统一商法典》、中国《澳门商法典》等也都已明文规定了让与担保。可见,让与担保与法典体系并非无法兼容。

最后,股权让与担保的成文化,还存在立法形式选择的问题。考虑到民法典的体例要求,股权让与担保的成文化并不意味着一定是法典化。股权让与担保兼具民法和商法的特点,需在民法的“公平”和商法的“效率”之间取得平衡,且规则设计较为复杂,因而其具体规则并不适合在民法典中规定。若对让与担保在民法典物权编中以专章形式加以规定,可以在“权利让与担保”的框架下,通过单行法或法律解释的方法规定股权让与担保制度。若让与担保未编入民法典,则可以对股权让与担保在让与担保的单行法或法律解释中作出特别规定。

(二)股权让与担保的法理选择

在各国立法和学说演进过程中,让与担保究竟应采纳“所有权”还是“担保权”构成,一直处于论争之中。[48] 其实,“所有权构成论”和“担保权构成论”这两套理论都能实现逻辑的自洽。前者重视民法体系的完整性,却不利于让与担保人利益的保护;[49]后者则更契合担保的实质,却存在对让与形式重视不足的问题。[50]

---

[48] 让与担保的“所有权构成论”和“担保权构成论”分别渊源自罗马法信托 fiducia 和日耳曼法信托 treuhand,并经以德国、日本为代表的判例和学说发展,总体上从“所有权构成论”转向“担保权构成论”。

[49] 值得说明的是,“所有权构成论”中的“所有权相对转移论”是以有体物让与担保为基础的,其前提是对有体物的权利不需要借助当事人以外的主体即可实现。在现行公司法下,无论是表决权还是收益权,股权都只有在对公司行使时才能实现。因此,股权让与担保的“所有权构成论”只能是“所有权绝对转移论”。

[50] 陈本寒:《担保物权法比较研究》,武汉大学出版社 2003 年版,第 371 页。

当一个制度有多个可能的理论解释时,究竟应采纳何者,不宜从纯逻辑的角度进行评价,而应从法律目的和法律效果出发,选择更符合该制度经济和社会目的的理论。从这个意义上看,采“担保权构成论”是更优的选择。

首先,股权让与担保当事人的真实意思并非真正转让股权,而是以股权让与的形式赋予让与担保权人对股权的优先变价权以及部分股东权利,从而以一种低信用风险、低交易成本的方式实现担保目的。债权得到清偿时,担保即为终止,股权应当向回让与。因此,以担保为核心构建的“担保权构成论”更能体现当事人的真实意思。

其次,从法律效果看,若采“所有权构成论”,则让与担保权人可自由行使或处分股权,仅受债法上义务的约束,其推论是:让与担保权人对股权的处分是有权处分,第三人无论是否善意,均可取得股权;让与担保权人在实现担保的条件成就前对股权进行处分时,让与担保人只能以违约而非以侵权为由请求赔偿;让与担保权人可以依股东身份对公司的经营、财务进行全面的监督和控制;在让与担保权人破产时,让与担保人无权取回标的物。由此可见,虽然担保是当事人的核心目的,但“所有权构成论”下,让与担保权人取得的权利远超担保所需的优先变价权以及附随的风险监控权等;而让与担保人通过清偿债务取回股权的期望将处于巨大的风险中。可想而知,如采该理论,让与担保人将因其处于严重不利的地位而降低对该制度的利用意愿,使股权让与担保无法起到应有作用。

再次,对“担保权构成论”的主要批判是其不注重让与担保的外在形式,且可能带来潜在的交易风险。[51] 这些批评的理由值得商榷。一方面,在股权让与担保中,让与的形式并非关键。让与担保是“让与”形式和“担保”实质的结合,担保权派生于所有权。但作为实质的担保权的效力,并不因是否采取让与形式而变化。股权让与担保的设定依据上,可以是担保合同、附解除条件的股权转让合同或附回购权的股权转让合同等。依《美国统一商法典》“动产担保交易”编,交易的形式在决定是否适用担保规则时无关紧要,“决定因素乃基于交易的经济实质”,“当事人将某一交易定性为买卖或者租赁,但若实质上创设了担保物权”,依然适用担保的规则。[52]《美国统一商法典》下,无论是

---

[51] 参见向逢春:《让与担保制度研究》,法律出版社 2014 年版,第 67—79 页。

[52] [美]美国法学会、美国统一州法委员会:《美国〈统一商法典〉及其正式评述(第三卷)》,高圣平译,中国人民大学出版社 2006 年版,第 5 页。

不移转所有权的传统担保,还是移转所有权的让与担保,都一体适用担保的规则,甚至其第 9—202 条名称就是“担保物的所有权无关紧要”。可见,担保实质比让与形式更应得到重视。另一方面,股权让与担保产生对抗力需要经过公司内部登记及公司登记机关登记的双重登记。通过善意取得等制度对信赖权利外观的第三人予以保护,采“担保权构成论”并不会对第三人带来交易风险。

其次,“担保权构成论”与中国法院的裁判发展方向一致。从上文判例分析中可看出,尽管中国法院对股权让与担保的效力和法理基础存有分歧,但这种分歧更多是历时性的:早年司法裁判认为,让与担保违反物权法定和禁止流担保原则而无效,而近年来几乎没有类似裁判;在认可股权让与担保的裁判中,早年司法裁判有采“所有权构成论”的,但近年来采“担保权构成论”的裁判则越来越多。可见,尽管尚未有完全统一的裁判规则,但各个法院在追求个案正义的过程中,也逐渐有意或无意地以“担保权构成论”为股权让与担保的法理依据。“担保权构成论”的结论已在实践中得到广泛认可。

最后,比较法在判例学说上亦多采“担保权构成论”。日本法是采“担保权构成论”的典型。日本学者我妻荣对让与担保作出如是总结:“让与担保是这样一种定型化的制度”,“标的物的价值分属于担保权人和设立人的这种状态是它的本质,该状态在一定期间内持续存在,并在当事人之间产生许多实质性的关系。”[53]因此,我妻荣认为,“让与担保是一种特殊的物上担保”,“让与担保人在清偿期到来前处分标的物时,如果对方是恶意的,设立人可以以让与担保来对抗他。”[54]在担保法领域先进的国外立法例中,如《欧洲示范民法典草案》[55]、《美国统一商法典》,也均采取了“担保权构成论”。

综上所述,“担保权构成论”在实现公平、安全和效率上具有明显优势。在公示方法不足时,“所有权构成论”可起到保护交易安全、简化法律关系的作用,但在存在充分公示的情况下,“担保权构成论”显然是更优的选择。

---

[53] [日]我妻荣:《我妻荣民法讲义 III:新订担保物权法》,申政武、封涛、郑芙蓉译,中国法制出版社 2008 年版,第 551—552 页。

[54] [日]我妻荣:《我妻荣民法讲义 III:新订担保物权法》,申政武、封涛、郑芙蓉译,中国法制出版社 2008 年版,第 552—553 页。

[55] 《欧洲示范民法典草案》(DCFR)第 9 - 1:102 条第 3 款规定:“依物权担保合同移转或拟移转动产的所有权,意在担保债务的履行或达到担保债务履行的效果的,仅能在该动产上为受让人设立担保物权。”

(三)股权让与担保的设定和公示

股权让与担保由让与担保人(债务人或第三人)和让与担保权人(债权人,例外情况下可以是第三人[56])通过让与担保合同或股权转让合同设定,股权依据该合同发生转移。股权让与担保的设定和公示,应注意以下问题:

1. 股权让与时间点

股权让与应发生在股权让与担保设定时。只有发生股权变动,让与担保方为设立。如当事人约定在债务不履行时才进行股权让与的,该约定因缺乏适当公示,不产生优先受偿的效力,应作为代物清偿的预约处理。

2. 担保设定形式

实践中,当事人也可能通过股权转让合同设定让与担保。当事人对股权转让形式下的担保实质产生争议时,就需要探求当事人的真实意思。依据前述学说和判例,法院在判断股权转让合同是否具有让与担保性质时,应考虑如下因素:首先,股权转让合同是否与事先存在的主债权相关;其次,出让股权的一方是否仍旧享有股东权益,通过该股权对公司的经营决策进行影响;再次,受让股权的一方是否对股权享有完整权益,如是否可自由处分股权、参与公司事项表决、保管公司印章、更换法定代表人、任命董事,并承担经营风险等;复次,当事人是否约定,债务清偿后,股权应无条件转回;最后,主张股权转让合同实质是担保合同的一方应当负证明责任。

3. 担保权的一般性质

股权让与担保作为担保权,应具有担保的一般特征。这包括从属性、不可分性、物上代位性等。例如,当主债权无效、被撤销、被转让时,股权让与担保依其从属性分别发生相应法律效果。

4. 公示方法

股权让与担保的公示方法应与股权变动的公示方法相同,以公司内部登记为对抗公司的要件,以公司登记机关登记为对抗第三人的要件。依商法的外观主义原则,登记具有权利推定效果。这意味着,经过公司内部登记,让与担保权人可以向公司请求行使知情权等权利;但只有经过工商登记,才能产生

---

[56] 在金融市场中,为避免担保权的管理和实行等繁杂手续,部分国家如日本,承认债权人以外的第三人可以成为担保权人。[日]我妻荣:《我妻荣民法讲义 III:新订担保物权法》,申政武、封涛、郑芙蓉译,中国法制出版社 2008 年版,第 554 页;王闯:《让与担保法律制度研究》,法律出版社 2000 年版,第 191—192 页。

对世的优先受偿效力。

(四)股权让与担保的对内效力

1. 担保的债权范围

与一般担保相比,股权让与担保所担保的债权类别并无特殊之处。其担保的债权可以是既存的债权,也可以是将来的债权、附条件的债权等[57],担保的对象除了本金,还应当包括利息、违约金、损害赔偿金、保管担保财产和实现担保物权的费用等。[58]

2. 经营管理权和收益权的归属

股权因让与担保发生转移,让与担保权人因此享有优先受偿权,自无疑义。但参与公司经营管理的权利究竟属于让与担保人还是让与担保权人,则可能产生争议。若从民法理论看,既然让与担保权属于担保权,则除特别约定外,让与担保权人没有参与公司经营管理的权利。但商法和民法的不同在于,商法以外观主义为原则,若否认登记在册的让与担保权人参与公司经营管理的权利,则很可能导致股东会决议等公司行为发生未成立、可撤销、无效的后果。且在股东数较多的有限公司中,若当事人让与担保的真实意思未向公司和其他股东披露,让与担保人亦无行使股权的法律基础。因此,原则上,依据股东名册的推定效力、对抗效力和免责效力,应以在册的外观表示确认股东的身份[59],让与担保权人应被视为股东。若让与担保权人通过表决权委托等方式,授权让与担保人继续参与公司经营管理的,在通知公司的情况下,让与担保人自然有权对公司进行管理。

不过,当事人的真实意思毕竟只是创设担保权,在无害于交易安全的情况下应以当事人的真实意思判断公司经营管理权的归属。公司已明知让与担保人转让股权的目的是让与担保,并已认可让与担保人行使股东权利的,则可以参照"隐名股东"的处理方式确认让与担保人的股东权利。例如,在一人公司的股东设定让与担保,以及公司的数个股东均为同一债务设定让与担保等情况下,应推定公司对让与担保知情,原则上让与担保人应有权参与公司经营管理。

---

[57] 参见[日]我妻荣:《我妻荣民法讲义 III:新订担保物权法》,申政武、封涛、郑芙蓉译,中国法制出版社 2008 年版,第 553—554 页。

[58] 《物权法》第 173 条。

[59] 参见施天涛:《公司法论》,法律出版社 2014 年版,第 245、249 页。

上述规则的逻辑是,原则上以公司内部登记这一"形式标准"来确认股东身份,是在商事外观主义下,免除公司的实质调查义务。[60] 若公司已明知让与担保关系,并已认可让与担保人行使部分股东权利的,则应当以"实质标准"认定股东权利的行使。

股权收益的归属规则,应与经营管理权的归属作类似处理。但当让与担保权人收取收益时,除流担保的情况外,收益的归属应类推适用动产质权的规定(之所以不类推适用股权质押的规定,是因为股权质权人不享有收益权),收益充抵费用与利息后,充当原本的抵偿。当然,当事人若有约定,在无损交易安全、不违背强制性规定的情况下,自应从其约定。

3. 实现担保权的方式

如前所述,让与担保依其实现方式,可分为清算型和流担保型、处分型和归属型两组。依意思自治原则,当事人可自由约定实现担保的方式。但在当事人未对此进行约定时,股权让与担保以何种方式实现为原则,殊值讨论。

股权让与担保一大优势,就在于能避免实现股权质权时拍卖、变卖的高额成本。若要求让与担保权人必须通过向第三人折价、拍卖的方式实现担保权,则股权让与担保的优势不复存在。但如不加限制地承认让与担保权人在债务不履行时当然地取得股权,则可能对让与担保人和其他利害关系人造成损害。

因此,为平衡当事人利益,应以附清算义务的请求归属型为原则。"请求归属"意味着,让与担保权人"并不能直接取得担保财产","而只能取得在债务额度内的自由处分权和变价权"[61],因而可以请求对股权折价或估价冲抵债务。但折价或估价应按合理的价格进行,否则让与担保人有权要求按照合理价格进行清算。可见,归属型让与担保和流担保的含义并不相同。后者并不包括清算义务,而前者则可以通过课以清算义务避免当事人的利益失衡。另外,"清算"的方式可以由当事人协商确定,可以是折价、估价,也可以是资产评估机构评估等,只要在满足债权后返还余额即属于"清算"。对公司而言,归属型让与担保亦有其优势。对具有人合性的有限公司而言,让与担保权人已经在一定时间作为公司股东,形成了稳定的关系。且在让与担保权人受让股权时,其他股东已表示同意。归属型让与担保有利于维持现有股东状况,避

---

[60] 施天涛:《公司法论》,法律出版社 2014 年版,第 245 页。

[61] 叶朋:《法国信托法近年来的修改及对我国的启示》,《安徽大学学报(哲学社会科学版)》2014 年第 1 期。

免引入新股东从而引发股东矛盾。

作为原则的例外，如当事人特别约定，在债务未清偿时股权当然归属让与担保权人的，只要课以清算义务，同样符合利益平衡和交易安全，应予认可。当事人约定通过处分清算实现担保权的，则更无理由加以禁止。

4. 流担保契约的效力

作为实现担保权的方式之一，当事人之间特别约定的"流担保"条款是否必然无效？本文认为，应当有条件地承认让与担保中"流担保"条款的效力。理由如下：

首先，禁止流担保在于保护债务人或担保人，"免其经济上一时之急迫而蒙受重大之不利"。[62] 但在股权让与担保中，当事人一般都带有商事色彩（在本文援引的判例中即可得出该结论），债权债务关系更多是为了融投资而产生，让与担保人未必处于弱势地位。如果对让与担保人过度保护，反而会影响让与担保权人提供资金的积极性。

其次，从目的和习惯上看，流担保的方式可能更有利于债务人。流担保可以免去拍卖、变卖等复杂的清算程序，避免了变价过程中高昂的程序成本。同时，对债务人来说，一旦流担保，股债两清；而在折价、拍卖或变卖中，却可能出现拍卖价、变卖价不足清偿债务，尚需额外清偿余额的情况。况且，即使规定让与担保中的流担保无效，当事人亦可以通过附买回条款的股权转让规避这一限制——流担保事实上无法通过法律强加禁止。

再次，流担保条款能更好地实现股权让与担保的担保作用。当事人约定流担保条款时，股权价值一般稍高于债务数额，因此债务人将更有可能通过清偿债务而避免流担保条款的生效。对让与担保权人而言，因其有以股权受偿的期待，故其将更谨慎地作为股东行事，以避免股权价值下跌。在这种情况下，让与担保人和让与担保权人均希望股权价值提高（前者可以在股权上涨时通过清偿主债务取回股权，后者有取得上涨后股权的期待）。这样的制度设计避免了道德风险，并有利于公司和公司其他股东。

最后，流担保仅能在当事人进行特别约定，意思表示真实且自由的前提下被承认，否则依据意思表示理论属于无效或可撤销的条款。当流担保条款显失公平，违反诚信原则、公序良俗时，适格主体亦可以申请判令该条款无效或可撤销。当流担保条款损害债务人的其他债权人利益的，该其他债权人还可

---

[62] 向逢春：《让与担保制度研究》，法律出版社2014年版，第84页。

以依一般债法规则，行使债权人撤销权。这一系列配套制度充分避免了流担保契约被诟病的问题，且亦符合《民法典物权编（草案）》（征求意见稿）相关条文精神。[63]

承认流担保条款的做法在比较法上也得到了印证。如在日本法上，只要不存在暴利行为，就承认让与担保中当事人对流担保的特殊合意。[64] 法国也有学者认为，某些情况下的流担保条款有利于保护债权人，同时也是高效的。[65] 德国学者虽有认为流质条款禁止也适用于让与担保的[66]，但多数学说认为，通过暴利行为规则和让与担保设定阶段的公序良俗规则，可以解决流担保的弊端，因此应允许让与担保中的流担保条款。[67]

综上所述，股权让与担保的实现应以归属清算为原则，并有限制地允许流担保条款的存在。

5. 不当处分股权的责任

在清偿期届满前，让与担保权人应负“善良管理人的注意义务”，不得任意处分股权或恶意导致股权价值降低。若让与担保权人处分股权或恶意导致股权价值降低的，依据让与担保的担保性质，将产生侵权和违约责任竞合，让与担保人可以选择其一行使。

在债务得到清偿后，股权尚未变更登记回让于担保人名下前，让与担保权人若进行不当处分，其责任与在清偿期届满前相同。在债务到期未获清偿的情况下，若让与担保权人采取了与约定方式不同的实现担保权的手段，导致股权的换价额过低的，让与担保权人也应在差额范围内承担责任。

（五）股权让与担保的对外效力

1. 向第三人处分股权的效力

债务到期未获清偿的情况下，让与担保权人可基于让与担保的权能处分

---

[63] 本文所指《民法典物权编（草案）》（征求意见稿）是全国人大法工委办公室 2018 年 3 月 15 日印刷版。该法第 199 条规定，抵押财产折价协议损害其他债权人利益的，其他债权人可以请求人民法院撤销该协议。

[64] ［日］我妻荣：《我妻荣民法讲义 III：新订担保物权法》，申政武、封涛、郑芙蓉译，中国法制出版社 2008 年版，第 574 页。

[65] 沈达明：《法国/德国担保法》，中国法制出版社 2000 年版，第 177 页。

[66] ［德］鲍尔、施蒂尔纳：《德国物权法（下册）》，申卫星、王洪亮译，法律出版社 2006 年版，第 614 页。

[67] 王闯：《让与担保法律制度研究》，法律出版社 2000 年版，第 359—360 页。

股权,自无疑义。问题在于,在清偿期到来前,或债务得到清偿后、股权尚未进行向回让与变更登记,让与担保权人的处分效力为何。若采"所有权构成论",让与担保权人对股权的处分是有权处分,受让股权的第三人无论是否善意,都能取得股权。[68] 而"担保权构成论"下,只有受让股权的第三人是善意第三人,才能取得让与担保权人无权处分的股权。

显然,"担保权构成论"的结论对让与担保人的保护更为充分,且在善意取得制度下,亦无损对第三人的信赖保护和交易安全,因此更为合理。在"担保权构成论"下,让与担保权人在债务到期前处分股权的效力,和《公司法司法解释(三)》中"名义股东"处分股权的规则应当是一致的,"应参照物权法第106条的善意取得规则对交易相对人进行审查"。[69] 该司法解释意味着,尽管在商事领域公示主义和外观主义发挥着巨大作用,但公司登记机关的登记毕竟不具有绝对公信力,第三人的善意与否仍需借助物权法的规则加以综合判断。前述"亿仁集团案"的裁判结果也与该结论相符。

2. 对让与担保人的一般债权人的效力

当让与担保人的一般债权人申请执行让与担保人"实际享有"的股权或"投资性权益"的,让与担保权人是否可以根据担保权提出执行异议从而排除执行?

一种观点认为,担保权人的目的是希望通过担保,保障债权得以实现,其重视的只是优先受偿权,因而只要保障在执行过程中担保权人的债权得到优先清偿即可。从中国现行执行规定上看,担保权人也仅有权"直接申请参与分配,主张优先受偿权",而无权排除执行。[70]

但是,虽然理论上让与担保权人的优先受偿权不因其他一般债权人的执行申请受到影响,但一旦进入法院执行程序,让与担保权人就受制于法院的处置程序,丧失了通过变价、折价以及流担保等方式自由受偿的权利。且由法院对股权进行处置,无可避免地又将产生股权评估、拍卖的低效率和高成本弊

---

[68] 杨盘江:《简述最高法院有关"信托的让与担保"之见解(四)》,《万国法律》1986年第8期。

[69] 《最高人民法院关于适用〈中华人民共和国公司法〉若干问题的规定(三)》第26条。

[70] 《最高人民法院关于人民法院执行工作若干问题的规定(试行)》(法释〔1998〕15号)第93条:"对人民法院查封、扣押或冻结的财产有优先权、担保物权的债权人,可以申请参加参与分配程序,主张优先受偿权。"

端。如果说法院执行程序保证的是公平,则让与担保权人自由选择最经济的实现方式则体现了效率。由于股权变价的特殊性,在法院执行股权的多数情形下,拍卖款甚至无法完全清偿优先债权,一般债权人实现其债权的难度极大。如果允许让与担保权人通过更有效率的方式实现担保权,或许一般债权人得以受偿的概率更高。因此,比较法上理论一般都承认让与担保人可以提出执行异议,因为"不可以强加给被担保人以与根据担保合同他应得到的变价方式不同的变价方式"。[71]

本文认为,赋予让与担保权人提出执行异议以中止执行的权利,并在让与担保权人实现担保权后恢复执行的制度将更有效率,且亦无损一般债权人的利益。即使发生了让与担保权人的担保权实现方式有损一般债权人受偿机会的情形,一般债权人亦可以向法院提出异议以获取救济。但上述制度与现行法院执行规定并不相容,有待未来予以调整。

3. 对让与担保权人的一般债权人的效力

让与担保权人的一般债权人就其名下的股权申请法院执行,让与担保人能否提出执行异议从而排除执行?若依"所有权构成论"法理,让与担保人无权提出执行异议;若依"担保权构成论"法理,则因让与担保权人仅享有担保权,让与担保人仍享有股权,有权提出执行异议。本文既采"担保权构成论",似应承认让与担保人的执行异议权。但该问题还涉及利益衡量,因此有必要展开论述。

实践中,有不少法院将让与担保权人视为"名义股东"。因此,应先考察"名义股东"的一般债权人对股权申请执行时,"隐名股东"是否能排除该执行。依公司法,"股权经公司登记机关登记产生对抗第三人的效力"。[72] 该条体现了商事外观主义,起到了维护交易安全的作用。但"名义股东"的一般债权人,并非源于信赖登记而申请执行股权,商事外观主义原则在非交易法律关系中是否依旧适用,殊值讨论。最高法院的裁判意见也并不一致:如"中安公司案"和"黑龙江粮油公司案"中[73],法院认为《公司法》第32条规定的"第三

---

[71] [德]鲍尔、施蒂尔纳:《德国物权法(下册)》,申卫星、王洪亮译,法律出版社2006年版,第629页。参见[日]我妻荣:《我妻荣民法讲义III:新订担保物权法》,申政武、封涛、郑芙蓉译,中国法制出版社2008年版,第582页。

[72] 《公司法》第32条。

[73] 最高人民法院(2016)民申3132号民事裁定书、最高人民法院(2013)民二终字第111号民事判决书。

人，并不限缩于与显名股东存在股权交易关系的债权人”。因此，对股东股权的强制执行，不受隐名股东的抗辩影响。但在“成城公司案”中[74]，最高法院依据《公司法司法解释(三)》有关股权善意的规则，认为“商事外观主义原则的适用范围不包括非交易第三人”。“名义股东的一般债权人能否执行股权”这一问题，已超出了本文讨论范围。但本文认为，无论采纳何种观点，应当特别注意的是，股权让与担保权人与代持中的“名义股东”并不能等量齐观。

依股权代持合同，“名义股东”一般对股权并不享有经济利益，但让与担保权人对名下股权却实在地享有担保权。因此，即使认为“商事外观主义仅适用于交易关系中的第三人”，也不能因此完全排除让与担保权人的债务人的执行。本文认为，若认为一般债权人对公司登记机关登记的信赖更值得保护，则不应赋予让与担保人执行异议权，让与担保人只能在股权被执行后向让与担保权人请求赔偿；若一般债权人不属于信赖保护的范围，则让与担保人有权提出执行异议，法院审查后应当中止执行，待债务到期后，再对股权或让与担保人的清偿恢复执行(若债务到期未获清偿，则对股权恢复执行；若债务获得清偿，则对清偿的款项恢复执行)，从而保护了一般债权人。但无论何种方案，让与担保人总是有权通过提前清偿债务从而重新取得股权。上述二种处理方案均不违背“担保权构成论”，前者虽然否定了让与担保人以对股权的实际权利对抗让与担保权人一般债权人，但这是因保护第三人而进行利益衡量的结果，并非否认了股权让与担保的担保权性质。

4. 在当事人破产时的效力

破产是为了所有债权人的利益而对破产人进行的债权债务清理。在让与担保人破产时，应当承认破产管理人能够通过清偿被担保债务而取回股权，或让与担保权人对股权提前进行清算并优先受偿(类似于别除权的性质)，如有余额，则用以向其他债权人分配。在让与担保权人破产时，让与担保人亦可通过提前清偿被担保债务而取回股权。如无法提前清偿，则破产管理人依旧只能在优先受偿的范围内对股权进行变价，余额应返还让与担保人(类似于取回权的性质)。

---

[74] 最高人民法院(2015)民申字第2381号民事裁定书。类似案例还有山东省高级人民法院(2015)鲁商终字第307号民事判决书、江门市中级人民法院(2012)江中法民四初字第10号民事判决书等。

五、结论

在近年来异军突起的“非典型担保”中，股权让与担保作为提高交易安全和交易效率的新型担保方式，在民间融资领域扮演着越来越重要的角色。股权让与担保可以比股权质押更好地实现风险监控功能，并显著降低了担保权实现过程中股权的变价成本。当前中国对股权让与担保的裁判分歧，但承认股权让与担保的效力，尤其是以“担保权构成”为基础的判例亦占据了主流。以担保权为出发点对股权让与担保规则进行设计，符合当事人的真实意思，有助于平衡当事人之间的利益，是较优的选择。且该制度利用股权的公司内部登记和公司登记机关登记，亦无损于对第三人交易安全的保障。

股权让与担保成文化，有助于统一裁判规则，明确各方的权利和义务，从而进一步促进市场发展。股权让与担保的对内效力上，应在符合交易安全的前提下最大限度地允许意思自治，在担保权实现上以附清算义务的请求归属型为原则，且应有限制地允许流担保契约，让与担保权人不当处分股权时将产生侵权和违约责任竞合；对外效力上应兼顾商事外观主义原则和担保权实质，在一般债权人强制执行时赋予让与担保权人和让与担保人执行异议权，在破产时允许让与担保人通过提前清偿被担保债务取回股权。

Legislation on Equity Transfer Guarantee

——Based on the Analysis and Development of the Differences Between the Doctrine and the Referee

Abstract: The security transfer of equity interests has been an important method of secured transaction in the area of non – governmental financing. The security transfer of equity interests can perform better in monitoring risks and reducing the cost of the realization of the security. In order to harmonize the judicial decisions and facilitate transactions, written rules should be promulgated for the security transfer of equity interests. The rules should be designed in accordance with its nature of security interests and make the full use of registration system in corporate law regime, which will be helpful for the balance of the legitimate interests between the transaction parities, the corporate and the third – parties. The internal legal effect of the security transfer of equity interests shall allow the autonomy of will as long as it does not contradict with the internal registration system of corporate. And lex commissoria shall also be allowed, but with certain restrictions. The external legal effect of the security transfer of equity interests shall be designed to balance the rechtsschein theory in commercial law and the nature of security interests.

Key Words: security transfer of equity interests; atypical security; hypothecation of equity interests; rechtsschein theory; lex commissoria

(责任校对:朱正远)

委托合同任意解除的赔偿范围

王艺坪*

摘　要:任意解除权制度在一定程度上是对合同严守原则的背离,它的存在使当事人签订的合同处于一种极度不稳定的状态。任意解除权的行使势必会使合同一方当事人遭受不利益,依据公平原则,应对合同当事人因对方行使任意解除权所遭受的损失予以合理赔偿。我国《合同法》第 410 条明文规定了委托合同的任意解除权,但对于赔偿范围的规定太过笼统,致使理论与司法实践中对合同解除后的赔偿范围存在较大争议。任意解除委托合同所获的赔偿应该根据具体的合同类型予以确定。在确定赔偿范围时应考虑实际损失与可得利益损失。

关键词:任意解除权　委托合同　赔偿范围　实际损失　可得利益

任意解除权是法律直接赋予法定主体解除合同的一项权利。从性质上来看,任意解除权属于形成权,法定主体行使该项权利无须他方的意思表示即可产生解除合同的法律效果。从行使条件上来看,任意解除权无须以对方违约为前提即可自主行使。任意解除权的引入是顺应经济生活对自由与效率的内在需要①,然而该项制度在一定程度上背离了合同严守原则,使合同处于不稳定的状态,一方行使任意解除权往往使另一方当事人遭受不利益。因此,为弥补这一缺陷,任意解除权的赔偿范围必须由法律予以明确规定,合同当事人因相对人实施任意解除而遭受的损失应得到合理赔偿。

---

* **作者简介**:王艺坪,中央财经大学硕士研究生。

① 参见马春元:《任意解除权的规制问题探讨——兼论合同解除制度的重构》,《郑州大学学报(哲学社会科学版)》,2009 年第 6 期。

《中华人民共和国合同法》(以下简称《合同法》)分则部分以及《中华人民共和国劳动法》《中华人民共和国海商法》等特别法中均对任意解除权的适用予以明确规定,但是对行使任意解除后的赔偿范围的规定却并不明晰。特别是在委托合同当中,仅在《合同法》第410条规定委托合同的双方当事人可以行使任意解除的权利。在涉及赔偿范围的问题上,仅以"除不可归责于该当事人的事由以外,应当赔偿损失"一笔带过,造成法律适用上的困难。

《合同法》总则部分虽然有针对"损害赔偿范围"的规定,但是该部分归属于第七章违约责任项下,致使其适用范围受到严格的限制。显然,我国《合同法》所规定的损害赔偿范围只适用于当事人负有违约责任的情形。然而,致使合同履行不能的原因并非只有违反合同约定一种事由,当事人还可能基于正当事由解除合同而给对方造成损失。这导致当事人的行为虽然属于合法行为,该合法行为也确实造成了对方当事人的不利益,当事人需要因其解除行为而承担相应的赔偿责任,但其损失赔偿范围,既不能直接适用违约责任条款的规定,又没有其他相应的法律条文予以明确。

法律规定上的缺失,致使委托合同任意解除的赔偿范围争议在理论与司法实践中普遍存在。有关委托合同任意解除损害赔偿的案件往往要历经一审、二审甚至再审,穷尽一切司法手段。可即便如此,对于案件的解决往往也难以达到双方当事人都自愿接受的效果。这严重影响了司法效率,造成了司法资源的巨大浪费,也使法律的权威性,正当性及合理性遭受到冲击。

法律规定的模糊性造成适用上的诸多弊病,明确任意解除委托合同所应承担的责任范围在理论与实践上具有重要意义。在具体讨论委托合同任意解除的损害赔偿之前,应对合同损害予以简单确定。目前,大陆法系、英美法系针对合同损害存在两种不同的划分方式。大陆法系主要将合同损害分为实际损失和可得利益损失。其中,实际损失又被称之为信赖利益损失,是指一方当事人因信赖合同的履行而提前支付相关费用,后因对方违反诚实信用原则致使合同不履行而给受害方造成的损失;可得利益是指如果合同如约履行后能够获得的物质或非物质利益,因此又被称为期待利益。② 英美法系则主要根

② 李永军:《合同法》,法律出版社2010年版,第252页。

据美国学者 L. L. 富勒的分类，将合同损害分为返还利益、信赖利益和期待利益。[③] 返还利益是为了赔偿未履行承诺而应当返还之前所得的价值；信赖利益的赔偿是为了使受损方恢复到与承诺作出之前一样的处境；期待利益的赔偿是为了使受损方处于合同完全履行之后的境地。

根据我国《合同法》第 113 条[④]规定可知，我国《合同法》在合同损害界定上采用的是大陆法系的普遍做法，将合同损害划分为实际损失与可得利益损失。虽然该条文是有关违约损害赔偿的内容，但为保证合同损害利益在法律体系上的一致性，在研究委托合同任意解除的损害赔偿时也宜采用该种分类方法进行分析。

为解决上述问题，本文试图通过对损害赔偿已有理论的梳理和对司法裁判的分析，进一步明确在理论与实践领域存在的一般性问题，并通过类型化委托合同，以解决赔偿范围争议。

一、委托合同任意解除赔偿范围的现存争议

学术研究与司法实践是一种相辅相成的关系，司法实践为学术研究提出亟待解决的问题；理论研究为司法实践提供学理上的指导，同时也在司法实践的过程中进一步完善。早在 2005 年上海盘起案[⑤]始，针对委托合同任意解除的赔偿范围问题就已经在理论与实务界引发较大争议。时至今日，该问题依然未妥善解决。为明确委托合同任意解除后的赔偿范围，现从学术理论研究现状与司法实践出发，系统分析针对该问题的争议，以期能总结出解决该问题的一般性思路与方法。

(一) 从理论争议、裁判分歧分析现存的两大问题

从学术理论上看，现阶段针对委托合同任意解除赔偿范围的主要理论分

---

③ [美]L. L. 富勒、W. R. 帕杜：《合同损害赔偿中的信赖利益》，韩世远译，中国法制出版社 2005 年版。转引自史洪媛：《预期利益损失赔偿制度的理论与实践分析》，南京大学 2016 年硕士学位论文。

④ 《合同法》第 113 条："当事人一方不履行合同义务或者履行合同义务不符合约定，给对方造成损失的，损失赔偿额应当相当于因违约所造成的损失，包括合同履行后可以获得的利益，但不得超过违反合同一方订立合同时预见到或者应当预见到的因违反合同可能造成的损失。"

⑤ 上海盘起贸易有限公司与盘起工业（大连）有限公司委托合同纠纷案，最高人民法院民事判决书(2005)民二终字第 143 号。

歧为是否得以赔偿可得利益。⑥

持肯定说的学者认为:委托合同任意解除的赔偿范围应该包括可得利益。他们认为委托合同有民事委托与商事委托之分,一旦委托人随时解除商事委托合同,受托人将会遭受重大损失;⑦受托人所获得的信赖利益赔偿可能会受到多种因素的限制,较之于受托方投入的成本与费用,其所得赔偿远低于遭受到的损失;⑧从法律或公平原则来讲,赔偿的额度应和对方受损失的程度相当。⑨ 也有学者认为根据《合同法》第 405 条之规定,在确定赔偿数额时,无论是直接损失还是间接损害都应纳入考量范畴。⑩ 可见,持肯定说的学者往往从公平原则的角度出发,为赔偿可得利益损失提供学理上的支持。

持否定说的学者认为:委托合同任意解除的赔偿范围不应该包括可得利益。有的学者认为委托合同任意解除权的学理基础在于,委托合同强调双方当事人的信赖关系,该项解除权属于特殊的法定解除权,依据《合同法》第 97 条⑪、第 405 条⑫之规定,应该以实际损失为限。⑬ 还有学者认为,应该区分具体的解除情形,根据不同的合同类型以及毁约原因具体确定赔偿范围。⑭

从上述学者的观点可以看出,在具体分析委托合同的赔偿范围之前,学者们倾向于具体区分委托合同的类型。此外,即使在持有否定说的学者中,针对赔偿范围以何为限的问题,不同的学者仍持有不同的主张,这些主张包括有对

---

⑥ 周江洪:《委托合同任意解除的损害赔偿》,《法学研究》2017 年第 3 期。

⑦ 崔建远、龙俊:《委托合同的任意解除权及其限制——“上海盘起诉盘起工业案”判决的评释》,《法学研究》2008 年第 6 期。

⑧ 吕巧珍:《委托合同中任意解除权的限制》,《法学》2006 年第 9 期。

⑨ 薛宏志:《委托合同解除的损失赔偿》,《人民法院报》2003 年 12 月 3 日。

⑩ 参见王利明:《合同法研究》(第 3 卷),中国人民大学出版社 2012 年版;转引自周江洪:《委托合同任意解除的损害赔偿》,《法学研究》2017 年第 3 期。

⑪ 《合同法》第 97 条规定:“合同解除后,尚未履行的,终止履行;已经履行的,根据履行情况和合同性质,当事人可以要求恢复原状、采取其他补救措施,并有权要求赔偿损失。”

⑫ 《合同法》第 405 条规定:“受托人完成委托事务的,委托人应当向其支付报酬。因不可归责于受托人的事由,委托合同解除或者委托事务不能完成的,委托人应当向受托人支付相应的报酬。当事人另有约定的,按照其约定。”

⑬ 陆青:《合同解除效果与违约责任——以请求权基础为视角之检讨》,《北方法学》2012 年第 6 期。

⑭ 崔建远、龙俊:《委托合同的任意解除权及其限制——“上海盘起诉盘起工业案”判决的评释》,《法学研究》2008 年第 6 期。

直接损失的赔偿、对阶段性报酬的赔偿等。

无独有偶,在司法实践中,法院往往也会在判决理由中对涉案委托合同的具体类型进行区分。[15] 但由于没有可直接适用的法律条文,针对委托合同任意解除的赔偿范围也存在较大争议,目前主要存在以下三种裁判立场:第一,裁判立场认为可得利益损失具有不确定性,任意解除权属于特殊的法定解除权,因此应该根据《合同法》第410条之规定赔偿直接损失。[16] 第二,裁判立场认为解除委托合同应承担的责任不同于一方当事人故意毁约所应承担的责任,但受托人已经完成的部分委托事务依然应该获得相应的报酬,因此应根据《合同法》第405条之规定,在赔偿直接损失之余"支付相应的报酬",但不应包含可得利益的损失。[17] 第三,裁判立场则认为委托合同一方当事人任意解除合同,给他方造成损失的,依据公平原则,应根据双方当事人就合同的任意解除所应承担的责任大小,确定是否赔偿可得利益损失。[18]

系统总结学者观点和法官裁判立场可知,针对委托合同任意解除的赔偿范围大致存在两方面的问题。第一个问题:是否应该区分委托合同的具体类型及如何区分;第二个问题:赔偿范围应该以实际损失为限还是以可得利益损失为限。针对问题一的区分在学术理论分析中比较常见,在司法裁判中对于该问题往往一言以蔽之,类型区分仅仅只是裁判需要考量的其中一种因素。笔者认为委托合同的具体类型结合学术理论分析更为合适。而问题二在司法裁判中更为清晰直观,因此,赔偿范围的界定则主要结合司法实践进行分析。

(二)结合学术理论分析委托合同的具体类型

随着社会的发展,委托事务日趋多元化、复杂化,具体区分委托合同的类型是符合经济社会发展需要的。纵观学者针对委托合同损害赔偿范围的著述,无论是持有肯定观点的学者还是持有否定观点的学者,都倾向于细化委托

---

⑮ 以"有偿委托合同"为关键词,在中国裁判文书网共搜寻判决790篇,以"商事委托合同"为关键词,共搜寻判决231篇,以"民事委托合同"为关键词,共搜寻判决1977篇。

⑯ 参见最高人民法院(2005)民二终字第143号、上海市高级人民法院(2017)沪民申932号、江苏省高级人民法院(2016)苏民终1102号等。

⑰ 参见最高人民法院(2011)民一终字第72号、新疆维吾尔自治区高级人民法院(2017)新民再105号、广东省高级人民法院(2015)粤高法民二申字第1337号等。

⑱ 参见新疆维吾尔自治区高级人民法院(2014)新民一终字第143号、山西省高级人民法院(2014)晋民申字第473号、安徽省高级人民法院(2011)皖民四终字第00051号等。

合同任意解除权的适用类型。综合学者观点,委托合同可以依据是否有偿划分为有偿委托合同与无偿委托合同两大类,针对有偿委托合同还可以具体区分为商事委托合同与民事委托合同。[19] 将委托合同依照是否有偿划分为有偿与无偿委托合同,划分标准明确可操作性强,且该种划分方式可以囊括所有的委托合同。将有偿委托合同依据性质进一步区分为商事委托与民事委托,则是顺应现阶段委托事项发展变化的需要。

由于具体合同类型上的差异,前期投入成本、完成委托事项的报酬等一定是不同的,随时解除无偿委托合同与随时解除有偿合同、随时解除商事委托合同与随时解除民事委托合同,给相对人带来的损失势必也是不同的。

无偿委托合同意味着委托人只享有合同权利而不偿付任何代价,受托人完全为了委托人的利益提供无偿服务。在无偿委托合同中,委托事务的完成并不能给受托方带来利益,为完成委托事务的前期投入成本往往较小;同理,由于合同的无偿性,委托事务的完成也不会给委托方带来较大的利益。有偿委托合同中委托人既享有权利也应偿付相应的对价,受托人需诚信勤勉地履行义务并可获得相应的报酬。有偿委托合同中任意解除权的行使无论是对委托方还是受托方而言,都具有较大的风险性。因此,任意解除无偿委托合同与有偿委托合同给对方当事人造成的损失是不同的。

在民事委托合同中,委托人信任受托人的办事能力,受托人对委托事项的完成是以其已有的能力为基础的,民事委托事项并不要求受托人具备新的能力。在商事委托合同中,其信任的是受托人的商业信誉与经营水平等实力,有的受托人会专为委托事项的完成而成立相应的公司来经营委托事务,并在事务的完成过程中耗费大量的人力和物力。[20] 在民事委托合同与商事委托合同中,完成委托事务的前期投入是不同的,所得的报酬数额也存在较大差异。因此,任意解除民事委托合同与商事委托合同给对方当事人造成的损失也是不同的。

依据公平原则,合同一方当事人无论随时解除何种类型的委托合同而给他方造成不利益的,都应当对因其毁约而给对方当事人造成的损失予以赔偿。因此,当事人随时解除不同类型的委托合同,其应该担负的损失赔偿责任的具

---

⑲ 本文所讨论的商事委托合同与民事委托合同均是有偿委托合同。

⑳ 参见崔建远、吴光荣:《我国合同法上解除权的行使规则》,《法律适用》2009 年第 11 期。

体范围也应有所差异。目前,我国《合同法》只是笼统地规定了“赔偿损失”,并没有在法律条文中对合同的具体类型予以区分,显然这种简单的规定早已不能适应纷繁复杂的经济实践。

(三)结合司法裁判分析随时解除委托合同的赔偿范围

依前文所述,司法实践中针对赔偿范围存在三种裁判立场,分别为赔偿直接损失、赔偿实际损失和赔偿可得利益损失。该部分将结合司法裁判具体分析任意解除委托合同的赔偿范围。

1. 赔偿直接损失

依据此种裁判立场作出的判决中,最为著名的便是前文所提到的上海盘起案。该案中,上海盘起贸易有限公司(以下简称上海盘起)以盘起工业(大连)有限公司(以下简称大连盘起)任意解除委托合同为由请求法院判决大连盘起赔偿损失人民币5000万元并承担诉讼费用。本案历经一审二审再审,却最终只获赔直接损失1662766.57元。㉑ 法院认为:原告所诉请的预期利益损失具有不确定性,合同当事人又依法享有相应的合同解除权,因此原告主张的预期利益损失赔偿缺乏相应的法律依据。此外,行使法定解除权所应承担的赔偿责任应该不同于故意毁约所应承担的责任,行使法定解除权承担的损失范围应予以限制。㉒

除上海盘起案外,“苏州新柏利置业顾问有限公司与江苏嘉恒房地产开发有限公司商品房委托代理销售合同纠纷案”㉓、“北京市世纪律师事务所与濮阳市丰硕物资有限公司委托合同纠纷案”㉔、“南京昌厦置业有限公司与南京岩欣房地产经纪有限公司商品房委托代理销售合同纠纷案”㉕等案件中,法院也均以“预期利益损失的不确定性”与“行使特殊法定解除权不同于故意违约”为由,判决赔偿“直接利益损失”,驳回原告方“可得利益损失赔偿”的诉求。

㉑ 该部分损失为直接损失,包括上海盘起组建及经营投入(含公司开办、软件开发、固定资产投入等费用)为人民币743169.25元,促销活动投入(广告宣传、展览及其他促销费用)为人民币919597.32元,合计人民币1662766.57元。

㉒ 参见《上海盘起贸易有限公司与盘起工业(大连)有限公司委托合同纠纷案》,《中华人民共和国最高人民法院公报》2006年第4期。

㉓ 最高人民法院(2013)民申字第1891号。

㉔ 最高人民法院(2013)民申字第197号。

㉕ 江苏省高级人民法院(2016)苏民终1102号。

崔建远教授提出,在这种报酬依据结果而定的场合,受托方难以根据我国合同法的规定取得阶段性报酬,仅将赔偿数额限于直接损失数额,对受托人而言是极度不公平的。[26] 在实践中,委托合同双方当事人普遍仅在合同中约定委托事项完成后可得的报酬数额。但委托事务的完成并非一蹴而就,在委托合同履行的不同阶段,受托方的投入势必是不同的。因此,在此类报酬依结果而定的情形下,如果仅赔偿直接损失,而不对阶段性报酬予以确认,对受托人显著不公平,不利于对双方利益的平衡,也极易造成委托人在委托事务将完成之际恶意解除合同,引发信任危机。是故,赔偿范围以直接损失为限并不合适。

2. 赔偿实际损失

以"民福置业集团有限公司与北京住总房地产开发有限责任公司一般委托合同纠纷案"为例,法院认为委托事务不以处理完毕为必要,因此委托人的报酬给付义务可分为全部给付义务和部分给付义务,在委托合同任意解除后,受托人依然可以取得已完成阶段的报酬。该案件的主审法院依据《合同法》第405条之规定,在判决理由部分提出"民福公司按约完成相关工作,住总公司应当足额支付以'土地补偿费'形式确定的报酬。报酬的数额应结合受托人对委托事务完成所付出劳动的效果,按照受托人已完成的委托事务部分与整体的比例确定"。[27]

依据公平原则,受托人完成部分委托事务,在委托人任意解除合同后,有权要求委托方承担部分给付义务,以使受托方的付出得到应有的回报。

此案中,人民法院虽然支持了阶段性报酬的获取,但针对受托方所提出的赔偿"可得利益损失"的诉求,法院却以"民福公司不再承担下一阶段委托事务的办理,无须支付与委托事务相关的费用亦不能取得相应的报酬"为由,做出"不予支持"的裁判。

不一而足,法院在审理此类案件时多采纳此种裁判立场,认为委托合同的可得利益是双方当事人在所签订的合同中约定的报酬,只有合同有效完成才能取得相应的收入,如果合同已被解除,则不能要求相应的报偿。因此,法院在审理后多以"受托方不再承担剩余委托事务"为由,主张"不得取得相应的

---

[26] 崔建远、龙俊:《委托合同的任意解除权及其限制——"上海盘起诉盘起工业案"判决的评释》,《法学研究》2008年第6期。

[27] 参见最高人民法院(2011)民一终字第72号。

报酬”,判决只赔偿受托人的信赖损失。[28] 但是只赔偿信赖利益损失真的能够填补受托人遭受到的损失吗?委托合同本有民事委托和商事委托之分,民事委托多为无偿、不要式的合同,而商事委托常是有偿、要式合同,受托人往往会为了委托事项而投入大量的人力、物力。[29] 实践中常常出现此类情形,受托人为了更好地履行合同义务投入大量的前期成本协助委托事务的完成,然而在即将完成之际,受托人的可期待利益即将取得之时,委托人解除了委托合同。为减少合同解除给自身带来的损失,实践中委托人多以解除原因不可归责于己作为依据,拒绝承担损害赔偿责任;有的委托人虽然无法证明解除事由的不可归责性,需要承担赔偿责任,也会因为各种因素的束缚,致使赔偿数额远小于委托合同继续履行给受托方带来的利益。[30] 因此一旦委托人随时解除委托合同,受托人将会遭受到重大损失,也使得当事人双方在穷尽司法救济再审程序终结之后,依然无法定纷止争。这与引入任意解除权,以鼓励交易、重视效率的立法目的背道而驰。

委托合同是一个较大的概念范畴,在当事人随时解除委托合同后,简单划一地只赔偿受损方的直接损失与已完成部分的报酬是不合理的,此种做法难以适应所有类型的委托合同,也难以平衡具体合同中双方当事人的权利义务关系。

3. 赔偿可得利益

在司法实践中,多数法院认同上述前两种裁判立场,法院判决赔偿可得利益损失的案件较少。“和田亿里坤地产置业顾问有限责任公司等与新疆百嘉祥房地产开发有限公司和田分公司品房委托代理销售合同纠纷案”[31]中,一审法院判决赔偿可得利益损失。二审法院维持原判并在判决理由中明确了赔偿可得利益损失的缘由:“百嘉祥公司未按合同约定的合作期限履行义务,单方解除合同,使之合同目的无法实现,且百嘉祥公司应当赔偿亿里坤公司因此遭受的损失。原审根据《中华人民共和国合同法》第410条的规定,按责任划

㉘ 参见最高人民法院(2012)民二终字第13号、安徽省高级人民法院(2011)皖民四终字第00051号、南宁市中级人民法院(2014)南市民二终字第418号等。

㉙ 参见徐婉馨:《论合同解除之可得利益损害赔偿》,西南政法大学2016年硕士毕业论文。

㉚ 崔建远、龙俊:《委托合同的任意解除权及其限制——“上海盘起诉盘起工业案”判决的评释》,《法学研究》2008年第6期。

㉛ 参见新疆维吾尔自治区高级人民法院(2014)新民一终字第143号。

分比例,综合本案实际情况分析,酌情认定可获得利益的20%作为百嘉祥公司对亿里坤公司损失补偿的处理妥当。合理支持亿里坤公司损失是讲究诚信,鼓励交易,提高效率等社会因素的体现,符合民法的公平原则。”㉜上述法院根据案件事实,结合委托合同当事人解除合同的原因,明晰了双方当事人应该承担的主次责任,并对承担次要责任的一方予以部分可得利益的赔偿。

其他判决赔偿可得利益损失的法院也多根据合同任意解除的原因,明确责任的主次,从而确定可得利益损失的范围,例如“成都和信致远地产顾问有限责任公司与四川省南部县金利房地产开发有限公司委托合同纠纷二审民事判决书”㉝、“北京农村商业银行股份有限公司大兴支行等委托合同纠纷申诉、申请民事裁定书”㉞等。

《合同法》第8条㉟规定于第一章“一般规定”部分,足见合同总体上是遵循契约严守原则的。法律中明确规定的法定解除权、协议解除权则是对契约严守原则的突破。协议解除是当事人意思自治的体现;法定解除权是在合同目的不能实现时对合同当事人的保护。无论是协议解除还是一般的法定解除,均是在重视效率的同时也兼顾公平,受损方的利益也均能得到较好的保障。

合同法之所以规定委托合同当事人可以随时解除合同,究其缘由在于委托合同本身的特殊性,其成立是以对合同相对方的特殊信赖为前提的,在一方当事人对相对人的信任有所动摇时,应允许委托合同的当事人任意解除合同。如若不然,即使勉强维护当事人的合同关系,也会产生不良的后果,影响委托合同订立目的的实现。㊱ 这是追求效率的表现,在委托合同中确立任意解除权存在的必要性。委托合同当事人双方虽然有权任意解除合同,但实施法定的解除权利并非毫无限制,权利的存在并不意味着责任的免除。此外,自相对方角度视之,一方不具理由地任意解除合同权,对于相对人而言,完全等同于因对方当事人的原因,而使合同关系夭折,使合同不能履行,与对方违约几无

㉜ 参见新疆维吾尔自治区高级人民法院(2014)新民一终字第143号。

㉝ 参见最高人民法院(2015)民一终字第226号。

㉞ 参见北京市第一中级人民法院(2015)一中民再终字第03828号。

㉟ 《合同法》第8条规定:“依法成立的合同,对当事人具有法律约束力。当事人应当按照约定履行自己的义务,不得擅自变更或者解除合同。”

㊱ 崔建远:《合同法》,法律出版社2007年版,第463页。

异处。[37] 一方不具理由地任意解除委托合同，应类比违约损害赔偿的规定处理，以体现对双方当事人平等的保护。是以，持有相应观点的法院才会在争诉过程中，考察行使任意解除权的原因，并借此考量当事人双方的过错程度，最终作出是否赔偿可得利益损失的判断并确定赔偿的数额。

持不予赔偿可得利益损失的法院，在提出判决理由时，往往以"可得利益损失难以确定""法定解除损害赔偿坚持填平规则"为由驳回利益受损方赔偿可得利益的诉求。持肯定观点的法院实质上解决了两方面的问题：一方面，虽然可得利益损失具有不确定性，但是可以通过分析解除合同原因的方式，确定双方责任的主次，从而使可得利益得以确定；另一方面，依据公平原则，在一方对合同解除确有过错时，赔偿受损方的可得利益，是平衡委托方与受托方权利义务关系，鼓励交易、提高效率的体现。是以，详细审视案件事实，具体区分案件情况，从而判断是否赔偿可得利益损失更为合理。

综上所述，针对委托合同任意解除赔偿范围争议问题的解答如下：依据公平原则，不同类型的委托合同，任意解除后赔偿的具体范围不同。在确定赔偿范围之前，必须首先区分委托合同的具体类型。委托合同的赔偿范围应该以可得利益为限，但这并不意味着任意解除委托合同都要赔偿可得利益损失，而是要结合合同类型与具体案情予以分析。不同的委托合同类型在赔偿范围上的差异将在下文通过类型化分析的方式具体言明。

二、委托合同的类型化分析

具体类型不同的委托合同在损害赔偿范围的确定上存在一定的差异。为系统解决委托合同任意解除赔偿范围问题，现对委托合同予以类型化分析。依前文所述，委托合同可以依据是否有偿区分为无偿委托合同与有偿委托合同两大类。

（一）类型化分析应考虑的因素

1. 当事人是否约定排除任意解除权的适用

在实践中，委托合同双方当事人为保证合同的稳定性，往往会在委托合同中事先约定排除任意解除权的适用，或者以约定违约金的方式事先确定行使任意解除权后的赔偿范围。

---

[37] 参见马春元：《任意解除权的规制问题探讨——兼论合同解除制度的重构》，《郑州大学学报（哲学社会科学版）》2009年第6期。

在委托合同缔结的过程中,人身信赖关系往往并非是委托人选择受托人的主要考量因素,其更多地是关注受托人的商誉及经营能力。为了防止对方当事人行使任意解除权带来的不确定风险,委托合同双方对解除条件作出特别约定以排除任意解除权的适用,是当事人对合同履行风险所作出的特殊安排,体现了意思自治原则,且也不损害国家利益、社会公共利益以及第三人的合法利益。因此,鉴于委托合同的特殊性,当双方当事人对合同解除权的行使作出特别约定时,应当认定《合同法》第410条关于任意解除权的约定已经被排除适用。基于此种考量,最高人民法院在审理"大连世达集团有限公司与大商股份有限公司其他合同纠纷"案件㊳时,就认可了双方当事人在委托合同中以约定的方式对任意解除权的排除。当事人以约定的方式对任意解除权的行使作出限制,能有效地降低当事人双方的损失风险,维护合同整体的稳定性。

实践中,合同当事人除了约定排除任意解除权的适用,往往还会约定行使任意解除权的违约金或者赔偿范围。最高人民法院同样认同该种做法,在"向上(苏州)房地产开发有限公司、苏州华茂房地产投资顾问有限公司商品房委托代理销售合同纠纷案"㊴中,向上房地产开发有限公司与华茂房地产投资顾问有限公司就事先约定行使任意解除权的行为是违约行为,并在合同中约定了违约金。最高人民法院在判决理由中阐明,合同的解除不影响当事人依据合同约定依法要求违约方承担相应的民事责任;并认可了双方当事人对违约金的约定。㊵ 双方当事人在合同中约定行使任意解除权的违约金或者损害赔偿金,有利于维护合同的稳定性,也避免在实践中出现对任意解除权赔偿范围的争议。

综上所述,在约定不违反《合同法》第52条之规定的前提下,合同当事人事先通过约定的方式排除任意解除权的适用,或者事前约定了行使该项权利的赔偿范围的,为保障当事人的意思自治,应该依据约定处理。

2. 当事人解除合同的原因

根据《合同法》第410条㊶的规定,委托合同的双方当事人无论解除的原因为何,均可以随时解除合同,终止合同的履行。该条虽然对损失的赔偿的事

㊳ 参见最高人民法院(2013)民申字第2491号。

㊴ 参见最高人民法院(2017)最高法民申第124号。

㊵ 参见最高人民法院(2017)最高法民申第124号。

㊶ 《合同法》第410条规定:"委托人或者受托人可以随时解除委托合同。因解除合同给对方造成损失的,除不可归责于该当事人的事由以外,应当赔偿损失。"

由予以表述,但是并没有细化可归责于当事人的具体事由。当事人解除合同的原因虽不属于是否解除合同的考量因素,但是解除原因却应该作为赔偿范围裁量的考虑因素。依据公平原则和诚实信用原则,当事人恶意解除合同、因对方违反合同或过错不得以解除合同、因不可归责于当事人的事由解除合同所承担的赔偿责任大小应该有所区别。

当事人恶意解除合同时,其虽然是通过法定解除权解除了合同,但是却存在故意不履行合同的主观恶性,是在借用法定解除掩盖其拒绝履行合同的目的。为了实现公平正义,应当将恶意解除的行为纳入《合同法》第107条规定的"当事人一方不履行合同义务"的行列范围,要求恶意解除方承担类似违约责任的赔偿责任。我国《合同法》在第七章规定了"违约责任"的赔偿范围包括实际损失与可得利益损失。是以,在委托合同当事人恶意解除的情况下,恶意解除方的赔偿责任应以另一方当事人实际损失与全部可得利益损失为限。

委托合同当事人违反合同或对于合同的解除有过错时,上文所提及的"和田亿里坤地产置业顾问有限责任公司等与新疆百嘉祥房地产开发有限公司和田分公司品房委托代理销售合同纠纷案"即属于该种情况。此类情形下,不同的案件具体情况有较大差异,如若"一刀切"地否认或肯定可得利益的赔偿,有违公平原则。在合同解除后,应该分析行使任意解除权的事由是否具有正当性,结合合同的实际履行情况并根据此判断双方当事人过错的大小、责任的主次,在委托合同当事人存在违反合同或有过错的情形时应该依其过错程度,判决赔偿受损方部分的可得利益。

委托合同当事人因不可归责于当事人的事由解除合同时,该种情形即《合同法》第410条所规定的"不可归责于该当事人的事由",解除方无须承担因解除合同而给对方当事人造成的损失,因此,也无须承担可得利益的损害赔偿责任。但是否应该赔偿实际损失应该根据具体的合同类型进行分析。

(二)无偿委托合同

在无偿委托合同中,委托人提出解除委托合同的情形下,无论委托人任意解除委托合同的原因为何,因为合同无偿,受托人并不会因委托人的任意解除而遭受不利益。如果存在处理委托事务的费用,一般由委托人依照法律规定事前预付;"因处理委托事务而垫付的费用"也可以依据《合同法》第

398 条[42]之规定获赔或在合同解除后以请求返还不当得利的方式获得相应赔偿。

受托方任意解除会造成委托方的损失包括委托方的前期投入、委托方另行寻找其他受托人耗费的成本、委托方在合同实际履行后所应得的利益。但由于无偿委托本来是一种很难赋予完全的法律拘束力的社会关系,法律对无偿委托的规范重心不在于法律上的拘束力,而在于受托人责任的减轻。[43] 因此,在受托方任意解除合同时,无偿委托合同的受托人任意解除合同给委托人造成的损失可参照《合同法》第 406 条[44]之规定处理。如果受托方恶意解除合同或者受托人存在重大过失时,委托人可以要求受托人赔偿其实际损失,即委托方前期投入的费用。但如果受托方存在一般过失或者解除原因不可归责于受托人时,受托人不承担赔偿责任。

(三)有偿委托合同

有偿委托合同中委托人既享有权利也负有给付价金的义务,受托人需诚信勤勉地履行义务并可获得相应的报酬。司法实践中绝大多数的合同都属于有偿合同。例如前文所述的向上房地产案等。根据相关案例可知,实践中受托人往往会因为委托人任意解除合同而遭受较大损失,该损失主要包括受托人垫付的费用、受托人已经完成的部分委托事务所应得的报酬、受托人全面完成委托事务的可得利益三个方面。虽然受托人行使任意解除权解除有偿合同的情形较少,但受托人的任意解除行为也会对委托方的可得利益造成较大损害,此类损失更多地表现为委托方已经预付的处理委托事务的费用、委托人另行寻找其他受托方的成本、委托人因委托事务的解除而遭受的其他损失。

有偿委托合同可以依据性质的不同具体区分为商事委托合同与民事委托合同。民事、商事委托合同在一方任意解除后,相对方所受损失不同,依照“填平规则”,二者的赔偿范围自然也不相同。因此,有偿委托合同任意解除的赔偿范围应该具体区分为商事或民事进行分析。

---

[42] 《合同法》第 398 条规定:“委托人应当预付处理委托事务的费用。受托人为处理委托事务垫付的必要费用,委托人应当偿还该费用及其利息。”

[43] 陈自强:《民法讲义》,法律出版社 2002 年版,第 196 页。转引自吕巧珍:《委托合同中任意解除权的限制》,《法学》2006 年第 9 期。

[44] 《合同法》第 406 条规定:“无偿的委托合同,因受托人的故意或者重大过失给委托人造成损失的,委托人可以要求赔偿损失。”

1. 商事委托合同

商事委托合同一般是营利的、要式的合同，如前文所述，商事委托合同需要前期耗费大量的财力人力。在商事委托合同中，双方当事人一般对委托事务共享利益、共担风险，由于履行合同的前期投入较大，委托合同约定的报酬较高，合同完全履行会给双方当事人带来较大经济利益。合同的任意解除也势必给另一方当事人造成较大损失，且该项损失可能远远超过合同履行所产生的利益。此种情形下，必须有效地限制商事委托合同中任意解除权的行使，才能维护合同的稳定，才能保护有关当事人的合法利益不受侵害。但所谓的限制并非禁止。委托合同是建立在信赖的基础之上的，如果在商事委托合同中绝对禁止任意解除权的适用，则会降低合同效率，与现今社会经济发展的需要相悖。

限制任意解除权的行使最行之有效的方法便是提高任意解除权的适用成本；而要最大限度地维护当事人的合法利益，就必须使赔偿数额与对方所受损失程度大体相当。因此，赔偿范围应该包括可得利益损失，但可得利益的具体范围则应该根据案件的具体情形予以裁量。委托方任意解除合同的情形下，如果委托方恶意解除合同，则赔偿范围应该包括全部的实际损失与可得利益损失；如果委托方对合同的解除有过错，则赔偿范围应该根据过错的程度赔偿部分可得利益损失；如果合同的解除不可归责于委托方，则赔偿范围应该以实际损失为限。在受托方任意解除合同的情形下，如果受托方恶意解除合同，则应该赔偿委托方已经预付的处理委托事务的费用、委托人另行寻找其他受托方的成本、委托人因委托事务的解除而遭受的其他损失；如果受托方对合同的解除存在过错，则应该赔偿已经预付的处理委托事务的费用、委托人另行寻找其他受托方的成本；如果受托方无过错，则应该仅赔偿委托方预付的处理委托事务的费用。

2. 民事委托合同

在民事委托合同中，合同的双方当事人都属于一般民事主体。在民事委托事务完成的过程中，受托方无须另增费用专为委托事项培养能力，委托事项完成的报酬数额一般较少。委托方在委托事务完成的过程中，也无须较大的前期投入，在实际履行完毕后可得的利益也较少。在双方当事人之间的信赖丧失时，随即解除民事委托合同更多地是对于效率价值的追求。因此，在民事委托合同中，无须如商事委托合同一般限制任意解除权的适用。如果对任意解除民事委托合同的当事人赋予过重的赔偿责任，则不利于任意解除权的行使,也不利于提高合同履行的效率。因此,在任意解除民事委托合同的情形下,赔偿范围应该以实际损失为限。

在委托人任意解除合同的情形下,无论委托方的过错程度如何,委托方都应该赔偿受托方的实际损失,即受托方垫付的费用以及受托方应得的已经完成部分的报酬。在受托方任意解除合同的情形下,如果受托方恶意解除合同,则应该赔偿委托方的预付费用及另行寻找受托人的费用;如果受托方存在过错,则应该根据受托方的过错程度具体判断另行寻找受托人的成本的赔偿比例;如果受托方无过错,则赔偿范围应该以委托方预付费用为限。

三、委托合同任意解除赔偿范围重构

《合同法》第410条关于任意解除委托合同的规定,从整个法律体系来审视,其规定粗略,不具有可操作性。对于任意解除委托合同的赔偿予以简单划一的规定不能适应纷繁复杂的经济实践,在其适用效果上会产生不公平的现象。[45]

通过对于现有学术理论的分析,可知在确定任意解除委托合同的赔偿范围之前,具体区分委托合同的类型具有重要意义。依据合同是否有偿而区分为有偿委托合同与无偿委托合同,此种分类方式直观、可操作性强,且能够囊括全部的委托合同。是故,将委托合同依据是否有偿区分为有偿委托合同与无偿委托合同两大类更为合适。

通过对现有司法裁判立场的分析,可知在分析确定赔偿范围时,应该将可得利益损失纳入考量范围。应根据合同的类型,结合行使任意解除权一方的过错程度,具体判断赔偿范围是直接损失、实际损失,抑或包括可得利益损失。

依前文所述,委托合同的当事人在依照《合同法》第410条的规定行使任意解除权后,应按照下述具体规则确定赔偿范围:当事人事先在合同中以书面的方式约定排除任意解除权的适用,或约定了具体的赔偿范围的,依照合同的约定处理。如果没有以书面形式事先约定,则需要依据合同是否有偿,将合同区分为有偿委托合同与无偿委托合同。在无偿委托合同中,委托方任意解除合同给受托方造成的损失,应该参照《合同法》第398条之规定获得赔偿。在受托方任意解除合同的情形下,如果受托方恶意解除合同或对合同的解除存在重大过失,赔偿范围为实际损失;如果存在一般过失或者解除原因不可归责

[45] 吕巧珍:《委托合同中任意解除权的限制》,《法学》2006年第9期。

于受托人时,受托方不承担赔偿责任。在有偿委托合同中,则根据合同类型具体区分为商事委托合同与民事委托合同。在商事委托合同中,如果解约方恶意,则赔偿范围为全部的实际损失与可得利益损失;如果解约方存在过错,则应根据过错程度,赔偿部分可得利益损失;若无过错,则以实际损失为限。在民事委托合同中,在委托方任意解除的情形下,无论其过错程度,均应赔偿实际损失;在受托方任意解除的情形下,如果受托方恶意,则应赔偿全部实际损失;如果受托方有过错,则应赔偿直接损失,并根据过错程度赔偿另寻受托人的成本;如果受托方无过错,则应仅赔偿直接损失。解约原因的举证责任,则可参照《最高人民法院关于当前形势下审理民商事合同纠纷案件若干问题的指导意见》的相关规定㊻处理。

The Scope of Compensation for the Arbitrary Cancellation of the Entrustment Contract

Abstract: The system of arbitrary rescission is to some extent a departure from the principle of strict contract, and its existence makes the contract signed by the parties in an extremely unstable state. The exercise of the arbitrarily rescission right will inevitably result in the non – interest of the party to the contract. On the basis of the principle of fairness, the contracting party shall be reasonably compensated for the losses suffered by the other party in exercising the right of arbitrary dismissal. Article 410 of China's "Contract Law" expressly stipulates the right to arbitrarily cancel the entrustment contract, but the provisions on the scope of compensation are too general, resulting in a large dispute between the theory and judicial practice on the scope of compensation after the contract is terminated. The compensation for the arbitrary cancellation of the entrustment contract shall be de-

㊻ 《最高人民法院关于当前形势下审理民商事合同纠纷案件若干问题的指导意见》规定:"人民法院认定可得利益损失时应当合理分配举证责任。违约方一般应当承担非违约方没有采取合理减损措施而导致损失扩大、非违约方因违约而获得利益以及非违约方亦有过失的举证责任;非违约方应当承担其遭受的可得利益损失总额、必要的交易成本的举证责任。对于可以预见的损失,既可以由非违约方举证,也可以由人民法院根据具体情况予以裁量。"

termined according to the specific contract type. Actual losses and loss of available benefits should be considered when determining the scope of compensation.

Key Words: arbitrary right of resale; entrustment contract; scope of compensation; actual loss; available benefit

（责任校对：贾绍琦）

法教义学视野下的"明确的被告"

余想钊*

摘　要:过去民事诉讼法学界对于起诉条件的研究过于重视理论的构建,而缺乏对于法规范体系和司法实践的关注,因而无法指引实践中的规则适用,"明确的被告"这一起诉条件便是典型。现行有关"明确的被告"起诉条件的法律和司法解释,虽然不够体系化,但经过教义学方法的梳理,可以理顺其逻辑关系并确定面向司法实践需求的规则适用指引。"明确的被告"这一起诉条件,在实践中呈现出裁判方式的单一化、对司法解释的错误理解和适用、标准的高阶化等问题,这些问题都有其内在、深层的原因。我国可以考虑引入驳回诉状的裁判方法,建立对"明确的被告"的二阶段审查制度来解决上述问题。

关键词:起诉条件　明确的被告　法教义学

民事诉讼起诉制度历来是民事诉讼理论界研究的热点问题。而在我国法律的语境中,起诉制度、立案制度、受理制度犹如孪生兄弟,密不可分,这又大大拓展了学者们从事比较研究的创造空间。其中,我国民事诉讼法规定的起诉条件,随着德日诉之评价位阶理论、诉讼要件理论的引入,不断地遭到学者们的批评。长期以来,学者们习惯于运用德日学说,从诉讼理论上来分析我国起诉制度和起诉条件的问题。应当说,德日学说历史悠久、体系成熟,自有其科学性所在,其诉之评价位阶理论和诉讼要件理论对于我国的起诉制度构建的确具有相当大的重要的参考价值。这种理论和对策研究,虽然对于构建一学科之基础理论体系和具体制度的理论根基颇有裨益,但却是一种脱离于实

* **作者简介**:余想钊,中南财经政法大学硕士研究生。

践的研究。

近年来,学界对于传统的民事诉讼法学研究方法也展开了一些反思。例如,有学者认为,目前我国的民事诉讼法学研究存在着"理念游离于技术"、理论"悬浮"在司法实务之外的严重问题。① 也有学者认为,运用大陆法系经典理论分析、解释、批评我国现行民事诉讼法已成为一种学术潮流,但将德日高度成熟的民诉法学理论拿过来分析中国法,容易得出"现行法漏洞百出、不具有可适用性"的结论,扩大了理论与实践的鸿沟。② 笔者对上述观点深以为然。法学研究不应当只着眼于高屋建瓴,还应当着眼于司法实践;法学研究不仅应当只面向司法改革者,还应当面向法律实务人士。学者们除了关注某种制度的理论缺陷之外,还应当时刻关注法律在实践中的运行规律和状况。否则,纵使提出极富远见的理论,也无法解决"当务之急"。民事诉讼法作为实践性极强的学科,更应当如此。程序法规范的理论内涵固然重要,但这不代表可以因此而忽视其技术性的特点,而这种技术性正是植根于司法实务的。

在这样的大背景下,法教义学正是沟通司法实务和理论研究的有力桥梁。法教义学是21世纪中国法学新兴的一种法学研究方法,是以现行法规范为主要研究对象,将现行实在法秩序作为坚定信奉、不加怀疑的前提,在此基础上进行体系化和解释工作的一种研究方法。③ 法教义学是一种司法导向的法学研究方法。虽然法教义学不完全排除立法论研究,但其主要功能却是为法官司法活动提供可靠的法律适用方案。④ "缺乏司法维度的法教义学,就不再是名副其实的法教义学。"⑤过去法教义学研究主要集中在民法、刑法、宪法等实体法领域,而在程序法领域,由于我国程序法规范的完备性、合理性、体系性都不够成熟,在实践中潜规则盛行,且更容易受到法外因素的影响,因而尚未能成为一种研究范式。但是,随着法律的不断完善和学术理论的革新,民事诉讼

---

① 参见王亚新:《民事诉讼法学研究:与实务结合之路》,《法学研究》2012年第5期。

② 参见吴泽勇:《民事诉讼法教义学的登场———评王亚新、陈杭平、刘君博:〈中国民事诉讼法重点讲义〉》,《交大法学》2018年第3期。

③ 参见王泽鉴:《人格权法———法释义学、比较法、案例研究》,北京大学出版社2013年版,第11页。

④ 参见吴泽勇:《民事诉讼法教义学的登场———评王亚新、陈杭平、刘君博:〈中国民事诉讼法重点讲义〉》,《交大法学》2018年第3期。

⑤ 凌斌:《什么是法教义学:一个法哲学追问》,《中外法学》2015年第1期。

法中已经有一些相对成熟和定型的领域可以展开法教义学研究，还有一类法律和司法解释粗具规模但仍然不够完备或者缺乏体系性的领域，虽然存在一定条件的限制，但仍有从事法教义学研究之必要。⑥ 起诉制度正属于第二类领域中的一大问题。

笔者选取了起诉制度中的起诉条件作为观察视角，发现几乎但凡研究起诉制度都会涉及起诉条件，但大多数研究都存在三个方面的缺憾：一是注重基础理论的构建而忽略司法实践；二是注重宏观理论的研究而忽略对微观制度的观察；三是注重运用理论分析因果关系而忽略了对法律和司法解释本身的体系化分析。事实上，我国法官群体的理论素养难以与时俱进，随着案件爆炸式增长，繁重的工作任务之下，他们或许并不关心什么是起诉要件、什么是诉讼要件，而只会关心如何理解、如何审查判断法律规定的“起诉条件”。在这种情况下，学界过于迷恋理论体系的研究，极易导致理论与实践呈“两张皮”，学术供给与司法需求不对应。

上述学界对于起诉条件研究的缺憾，在《民事诉讼法》第 119 条第 2 项规定的“明确的被告”这一起诉条件上体现的较为明显。一方面，单独以“明确的被告”这一起诉条件作为研究对象的研究成果堪称凤毛麟角。似乎比起法条的理解与适用以及司法实践状况，学者们对于与世界接轨、构建宏大的起诉理论体系更感兴趣。然而另一方面，如何理解“明确的被告”，却在司法实践中长期呈现模糊、不一致的情况。理论与实践，颇有一种互不理睬、各行其是的味道。为了统一法律适用，最高人民法院先后通过不同形式的文件和司法解释表明了观点，但却依然未能改善实践中的乱象。有鉴于此，本文选择“明确的被告”作为研究对象，深入探讨这一起诉条件的制度现状并进行体系化分析，提出面向司法实践的、符合逻辑的规则适用指引；同时，本文还关注了司法实践中出现的问题和背后的成因，并提出一点展望和建议。

一、“明确的被告”的现行法规范体系

现行生效的法规范中，民事诉讼法律和不少司法解释都涉及“明确的被告”。但是，严格意义上来讲，并非所有的法律和司法解释都确立了“明确的被告”的认定标准。所谓的认定标准，在逻辑学中实际上是一种假言推理形

⑥ 参见王亚新：《对民事诉讼法学研究方法的反思—答吴泽勇教授〈民事诉讼法教义学的登场〉一文》，《交大法学》2018 年第 3 期。

式,即"如果……则可以认定……"。因此"明确的被告"的认定标准,应当符合"如果……则可以认定有明确的被告"的推理形式。从此逻辑推理的角度分析,仅有部分司法解释可以被视为确立了"明确的被告"的认定标准。以下详述之。

1. 法律层面的辅助性规定

在法律层面,虽然《民事诉讼法》并未对"明确的被告"进行解释,但在《民事诉讼法》第121条第2项中规定,起诉状应载明"被告的姓名、性别、工作单位、住所等信息,法人或者其他组织的名称、住所等信息"。由于提交起诉状并非我国民事诉讼法规定的起诉条件,根据体系解释的方法,第121条并非第119条起诉条件规范的延续,而是第120条关于起诉形式规范的延续。根据第120条,当事人起诉一般应当采取书面形式,书写起诉状确有困难,可以口头起诉。因此,第121条应当理解为:若当事人采取起诉状形式起诉,起诉状的内容应符合该条文的要求。如果这样来理解第121条第2项,这一规则只能被理解为对于起诉状的基本形式要求,而非对"明确的被告"的解释。

当然,这并不意味着第121条第2项与"明确的被告"没有关联。我国民事起诉状的一个重要功能就是提供当事人相关信息,对法院的审判管理起到辅助作用。⑦ 被告是否明确属于法院的立案审查事项,法院在立案审查时,对于被告相关信息的获得主要来源于起诉状中记载的被告相关事项,这些事项正是用来帮助法院审查判断被告是否明确的辅助信息。原告可以通过起诉状中所载明的被告姓名或名称、性别、工作单位、住所来证明自身起诉符合"有明确的被告"的起诉条件,法院则可以通过这些信息来判断原告的起诉是否符合这一起诉条件。

2. "送达地址准确的被告"标准

如果说法律层面并未直接涉及"明确的被告"的认定标准(口语化),司法解释层面则为确立这一问题的标准作出了一些努力。在2003年9月10日发布的《最高人民法院关于适用简易程序审理民事案件的若干规定》(以下简称《简易程序规定》)中,第8条第2项规定:"原告不能提供被告准确的送达地址,人民法院经查证后仍不能确定被告送达地址的,可以被告不明确为由裁定驳回原告起诉。"这一规则符合前述"明确的被告"的标准的逻辑结构。"原告

---

⑦ 参见纪格非:《论我国民事起诉状的功能转型与内容再造》,《现代法学》2013年第6期。

不能提供被告准确的送达地址”“人民法院经查证后仍不能确定被告送达地址”分别是“被告不明确”的必要不充分条件,整句话可以改变表述为:若原告不能提供被告准确的送达地址,且人民法院经查证后仍不能确定被告送达地址,则被告不明确。因此,这一规则可以被视为认定“被告不明确”的一项标准。这一标准包含以下内容:(1)不可送达必须是由于原告客观上无法提供被告准确的送达地址引起的。如果原告提供了被告准确的送达地址,即便法院无法送达,也只能依照该规定第8条第1项转为普通程序审理,不得直接裁定驳回原告起诉。(2)法院应当对原告提供的送达地址进行查证。即便原告未能提供被告准确的送达地址,法院仍应主动进行查证,只有在查证后仍无法确定被告送达地址的,才可以裁定驳回起诉。

如果我们进行简易的语言逻辑的转换,这一标准也可以被表述为:只要原告提供了被告准确的送达地址,或即使原告没有提供但人民法院经查证确定了被告的送达地址,可以认定为有明确的被告。因此,最高人民法院在这里实际上是将“明确的被告”等同于“送达地址准确的被告”。有学者称这一标准为“可送达的被告”标准,是值得商榷的。⑧ 这一标准并没有要求被告一定要可送达,而只要求送达地址准确;如果送达地址准确但不能送达,也应当视为被告明确而转入普通程序审理,并依法适用公告送达或缺席审判制度,换言之,“送达不能”不等于“被告送达地址不准确”。

3. 对“送达地址准确的被告”标准滥用的限制

自2003年下半年起,陆续有一些高级人民法院向最高人民法院反映,在基层法院受理的不少民事案件中,法院在根据原告提供的被告地址送达时,发现被告下落不明或并不在此地,于是不少法院以“没有明确的被告”为由裁定驳回原告起诉。⑨ 于是最高人民法院于2004年11月25日发布《最高人民法院关于依据原告起诉时提供的被告住址无法送达应如何处理问题的批复》(以下简称“法释(2004)17号批复”),其中规定:“人民法院依据原告起诉时所提供的被告住址无法直接送达或者留置送达,应当要求原告补充材料。原告因客观原因不能补充或者依据原告补充的材料仍不能确定被告住址的,人

⑧ 参见颜君:《“明确的被告”与被告主体审查制度构建》,《内蒙古大学学报(哲学社会科学版)》2016年第1期。

⑨ 参见最高人民法院研究室编:《民事诉讼司法解释理解与适用》,法律出版社2011年版,第389页。

民法院应当依法向被告公告送达诉讼文书。人民法院不得仅以原告不能提供真实、准确的被告住址为由裁定驳回起诉或者裁定终结诉讼。”

严格意义上讲,“法释(2004)17号批复”并未给“明确的被告”设定标准,最高人民法院实际上是通过此批复禁止实践中对于“送达地址准确的被告”标准的滥用,目的是为了保障原告诉权。法律上没有、也不可能要求原告在起诉时提供的被告信息必须准确,法院在立案审查时也无法判断这些信息是否准确。[10] 实践中,只要原告提交了被告的身份证明(如身份证复印件、驾照复印件)、法人或其他组织的注册登记资料等,即便其提供的送达地址不准确,法院也很难直接予以驳回。[11]

4.“程序当事人”标准

真正直接为“明确的被告”设立标准的,是2015年的最高人民法院关于《适用〈中华人民共和国民事诉讼法〉的解释》(以下简称《民诉法解释》)。《民诉法解释》第209条规定:“原告提供被告的姓名或者名称、住所等信息具体明确,足以使被告与他人相区别的,可以认定为有明确的被告。起诉状列写被告信息不足以认定明确的被告的,人民法院可以告知原告补正。原告补正后仍不能确定明确的被告的,人民法院裁定不予受理。”该条第1款符合前述假言推理的逻辑结构,确立了“明确的被告”的认定标准。

按照这一标准,“明确的被告”只需原告提供足以使被告与他人相区分的被告信息,帮助“被告知晓原告是谁”,帮助法院在诉讼启动之初拉开程序的“无知之幕”,“使受诉法院能够知晓原告和被告是谁”。[12] 这在理论上又被称为“程序当事人”标准。[13] 与“送达地址准确的被告”标准不同,这一标准并不要求原告提供的被告住址真实和准确,更不要求被告住址是可送达的住址,而只要求形式上明确。很显然,这一规定降低了起诉门槛,保障了当事人的诉权,既符合立案登记制改革降低诉讼门槛的要求,对于我国民事诉讼审前程序、起诉制度的改革也具有重要意义。

---

⑩ 参见最高人民法院研究室编:《民事诉讼司法解释理解与适用》,法律出版社2011年版,第390页。

⑪ 参见陈杭平:《“职权主义”与“当事人主义”再考察:以“送达难”为中心》,《中国法学》2014年第4期。

⑫ 参见张卫平:《民事案件受理制度的反思与重构》,《法商研究》2015年第3期。

⑬ 参见傅郁林:《中国民事诉讼立案程序的功能与结构》,《法学家》2011年第1期。

二、“明确的被告”法规范的逻辑梳理和司法适用

有学者认为，我国法律和司法解释中对于起诉条件中被告条件的认定标准呈现为一种摇摆不定的状态。⑭ 如果仅从提出问题的角度来看，这种怀疑是存在一定道理的。例如，《简易程序规定》第 8 条确立了“送达地址准确的被告”标准，但是“法释(2004)17 号”批复却规定“人民法院不得仅以原告不能提供真实、准确的被告住址为由裁定驳回起诉或者裁定终结诉讼”，两者似乎是存在着冲突。又如，《民事诉讼法》第 209 条确立了“程序当事人”标准，但却又并未指明该规则适用于某种特定的程序，而《简易程序规定》又并未失效，那么在简易程序案件中，“程序当事人”标准和“送达地址准确的被告”标准是什么关系？很显然这一“程序当事人”标准比简易程序规定中的“送达地址准确的被告”的标准要低很多，符合“程序当事人”标准的情形未必符合“送达地址准确的被告”标准。这种情形下该如何适用法律？

以上问题的确值得思考，但我们并不能够直接得出最高人民法院在此问题上摇摆不定或是自相矛盾的结论。事实上，如果按照法教义学的研究方法，检验和理顺这几部法律和司法解释的逻辑关系，我们完全可以得出一种在尊重现行法秩序的前提下的法律适用模式。而这也正是司法实践中法官们所需要的、具有可操作性的规则适用指引。

1. 简易程序和普通程序中的“明确的被告”

虽然《简易程序规定》第 8 条和“法释(2004)17 号”批复看起来存在冲突，但两者实际上是存在明显的边界的。《简易程序规定》顾名思义仅适用于简易程序，而“法释(2004)17 号”批复虽未明确规定适用于何种程序，但从其内容表述来看，应当推定其仅适用于普通程序。“法释(2004)17 号”批复规定：“人民法院依据原告起诉时所提供的被告住址无法直接送达或者留置送达，应当要求原告补充材料。原告因客观原因不能补充或者依据原告补充的材料仍不能确定被告住址的，人民法院应当依法向被告公告送达诉讼文书。”众所周知，公告送达不能适用于简易程序，该规定强制要求法院依法适用公告送达，显然针对的是普通程序案件。

需要注意的是，事实上“法释(2004)17 号”批复并未完全禁止法院在普

⑭ 参见邬小丽：《立案登记制下民事初次送达程序研究——基于一审普通程序初次送达诉讼结构的分析》，《湖北社会科学》2016 年第 10 期。

通程序中以“原告未能提供被告真实准确的送达地址”为由驳回起诉或终结诉讼，而是为法院这样做设置了两道关卡：第一道关卡为释明义务，即原告起诉时提供的送达地址不明确时，应当先要求原告补充材料。第二道关卡为公告送达，即如果原告非基于自身原因未能补充材料或补充的材料仍然无法帮助确定被告送达地址时，法院应当依法适用公告送达。但公告送达是有适用条件的，不是必然会适用或成功的，一旦不满足适用公告送达的条件，法院就可以以“原告未能提供被告真实准确的送达地址”为由驳回原告起诉或终结诉讼。

2.“明确的被告”的二阶段审查

“程序当事人”标准和“送达地址准确的被告”标准是什么关系？其实答案仍应到《民诉法解释》第209条本身中去寻找。《民诉法解释》第209条第2款规定：“原告补正后仍不能确定明确的被告的，人民法院裁定不予受理。”在这里，条文仅仅规定人民法院的裁判形式为不予受理，而不包括驳回起诉。而依照《民事诉讼法》第123条，人民法院在立案阶段认为原告起诉不符合起诉条件的，应当在七日内裁定不予受理；同时，《民诉法解释》第208条第3款规定：“立案后发现不符合起诉条件或者属于《民事诉讼法》第124条规定情形的，裁定驳回起诉。”也就是说，如果是在立案时发现不符合起诉条件，应当采取不予受理的裁定形式；如果是在立案后发现不符合起诉条件，应当采取驳回起诉的裁定形式。结合以上条文进行体系解释，在第208条第3款已经规定了不予受理和驳回起诉的不同适用情况的前提下，第209条仍然规定的是“不予受理”而非“不予受理或驳回起诉”，最高人民法院显然是意图将第209条适用于立案阶段，而不包括立案之后的审理阶段。反观《简易程序规定》第8条，规定的裁定形式是驳回起诉，显然主要强调的是立案之后如何认定“明确的被告”的问题。一言以蔽之，从体系解释的角度，“程序当事人”标准只适用于立案阶段，而“送达地址准确的被告”则适用于立案之后。从理论上讲，程序当事人标准也的确仅用于评价诉讼是否成立，是一种对原告诉状的形式审查。[15] 由此看来，“程序当事人”标准和“送达地址准确的被告”标准并未冲突，而是最高人民法院有意为之的安排。最高人民法院实际上是通过这两部司法解释，确立了对“明确的被告”这一起诉条件的二阶段审查模式。在立案阶段，法院应当仅对于“明确的被告”进行形式审查，只要足以使法院了解被

---

[15] 参见傅郁林：《中国民事诉讼立案程序的功能与结构》，《法学家》2011年第1期。

告是谁、使被告足以与其他自然人或法人相区分，就应当认定为有明确的被告；在立案之后的审理阶段，如果案件是适用简易程序审理的案件，法院还需要对"明确的被告"进行第二次审查，这一审查虽然本质上仍不涉及实体问题，但却要求原告提供被告准确的送达地址，较之第一阶段位阶更高，原告需要承担更多的举证义务。事实上，由于我国实行职权送达主义，法院送达所依赖的准确住址、联系方式等信息主要来自原告，因此，在普通程序中，即便法律或司法解释没有规定，法院也会对"明确的被告"进行第二次审查，这也是前述"法释(2004)17 号"批复诞生背景的重要原因：许多法院对于立案阶段符合"明确的被告"标准的案件，在进行送达工作时发现无法送达，便进行了第二次审查，认为被告不明确而驳回起诉。

3."明确的被告"的规则适用指引

理顺了前述法律、司法解释之间的逻辑关系，如何适用规则便呼之欲出了。首先，在立案阶段，法院应当依照《民事诉讼法》第 121 条第 2 项对起诉状中所记载的被告的姓名、性别、工作单位、住所等信息，法人或者其他组织的名称、住所等信息进行形式审查，并依照《民诉法解释》第 209 条确立的"程序当事人"标准进行判断，只要上述信息具体明确，足以使被告与他人相区别的，就可以认定为有明确的被告。其次，在立案之后的送达工作中，法院还要对"明确的被告"进行第二次形式审查。如果是属于适用简易程序审理的案件，适用《简易程序规定》第 8 条确立的"送达地址准确的被告"标准；如果是属于适用普通程序审理的案件，原则上不能适用"送达地址准确的被告"标准，而是应当先依照"法释(2004)17 号"批复先要求原告补充材料，如果原告因客观原因不能补充或者依据原告补充的材料仍不能确定被告住址的，还应当依法向被告公告送达诉讼文书。只有在无法适用公告送达时，才可以"被告送达地址不准确"为由驳回起诉或终结诉讼。

三、"明确的被告"的实践逻辑、问题及成因的初步研究

上文通过法教义学的方法，对"明确的被告"的立法与司法解释进行了体系化和司法导向的解释，指出了实践中应当如何理解和适用这些立法与司法解释规范。但是，按照我国的司法经验，体系性含糊的制度如果不经梳理，在实践中的适用往往不甚理想。为了了解"明确的被告"这一起诉条件过去在实践中的运行状况，笔者以"不予受理""驳回起诉""被告不明确"为搜索条件对中国裁判文书网中 2013 年到 2018 年的民事一审裁定书进行了全文检

索，发现了三个方面的问题：一是裁判方式单一化，二是《民诉法解释》第209条被错误理解和适用，三是“明确的被告”标准普遍高阶化。社会科学的使命之一是发现和描述问题并探究其中的因果关系。对于上述三个问题，我们当然可以将原因解释为制度不够完善、法律和司法解释不够体系化等，但这些只是显而易见的表层原因，如果不深入剖析深层原因，表层原因要么无法触动，要么即便触动也会被司法潜规则所取代。因此，在分析原因时，笔者试图跳出法规范本身，从理论或社会学的角度进行思考。

1. 裁判方式单一化

有学者曾指出，实践中如果原告不能提供被告必要或足够的相关信息，法院通常会不予受理。[16] 然而，这一描述似乎并不符合客观情况，至少从裁判文书的角度上并未反映出来。根据笔者的考察，实践中原告所提供的被告信息，无论是不符合“程序当事人”标准，还是不符合“送达地址准确的被告”标准，法院一般都会采取驳回起诉的裁定，几乎很少有法院会以“被告不明确”为由作出不予受理的裁定；并且，这一现象自2015年以后更为显著。依照《民诉法解释》第208条，只有在立案后发现不符合起诉条件或是符合民事诉讼法第124条情形的，才会采取驳回起诉的裁定；如果是在立案审查时发现不符合起诉条件，应当采取不予受理的裁定形式。既然如此，实践中法院普遍不采取不予受理的裁定形式，难道是因为几乎没有被告在立案审查阶段不明确吗？又或者是因为法院在立案审查时很难发现这些案件中的被告不明确吗？显然都不可能。

目前我国公民的法律素养和防范纠纷的意识还很低，实践中纠纷发生时未收集到被告住所、工作单位等信息，是十分正常的，对于法院而言判断起来也并非难事。但实践中法院普遍没有选择在立案审查时解决这一问题，而是选择了立案后驳回起诉的方式解决。应当说，2015年开始的立案登记制改革对这一现象产生了一定的推动力，这也是为什么2015年之前还可以查阅到一些不予受理的裁定，2015年之后却几乎没有的重要原因。立案登记制要求降低诉讼门槛，解决“起诉难”的问题，保障当事人诉权。最高人民法院曾做过统计，2015年5月1日至2017年3月，全国法院登记立案数量超过3100万件，同比上升33.92%。当场立案率超过95%，其中上海、重庆、宁夏等地超过

---

[16] 参见陈杭平：《“职权主义”与“当事人主义”再考察：以“送达难”为中心》，《中国法学》2014年第4期。

98%;从登记立案增幅看,同比增长超过50%的地区有8个,增幅超过40%的地区有7个,增幅超过20%的地区有14个,增幅在20%以下的地区有3个,其中,陕西的登记立案同比增长更是达到了惊人的95.84%。[17] 我们固然不能否认立案登记制改革的效果,但是短短两年之内就达到如此惊人的立案率和增幅,真的全都可以归功于立案登记制吗?立案登记制真的有如此大的魔力吗?事实上,部分地方法院为了响应立案登记制改革,会在考评机制中加入立案率一项,要求法院对于当事人存在瑕疵的起诉不要太过为难,做到一般情况下有案必立、有诉必理。因此,势必会导致一些法院对于这类案件"打开大门",先予立案,待当事人仍不补充材料后驳回起诉。

但这并非问题的唯一原因。还有很多案件之所以没有通过不予受理的裁定终结,原因在于它们被法院以非司法性的途径解决了,笔者称之为诉讼的非司法性终结。具体而言,实践中一些法院在发现原告诉状中记载的被告信息不符合法定的形式要求时,会当场先拒绝接受诉状,并口头告知原告如果仅凭这样的信息将会不予立案,并要求原告收集和补充被告的相关信息。一些法院甚至不止于形式审查,还会先口头要求原告提供详细准确的被告信息,以便于受理后的送达工作。[18] 但是许多原告限于时间精力、调查能力或被告恶意隐瞒,无法收集到法院所要求的相关信息,不得不自行撤回了起诉。于是,法院通过非司法性的途径"解决"了诉讼,可以减少涌入法院的案件数量,减小工作压力。不仅如此,前述立案率的考核机制在此同样发挥了作用。为了保证立案率不降低,许多法院必然会尽可能少地选择以不予受理的裁定来终结诉讼,同时为了避免后续工作给自己带来不必要的麻烦,又会对于一些明显不符合起诉条件的案件不愿意通过前述的先予立案后驳回起诉的方式进行处理。这种基于法院自身利益考量的非司法性终结,对于原告来说,是一种很难得到法律保护的诉讼终结形式,因为原告既无法进行上诉,还可能会发生诉讼

---

⑰ 参见中国网法治中国:《立案登记制两周年:改革成效明显 当场立案率超过95%》,http://www.china.com.cn/legal/2017-05/18/content_40841805.htm,最后访问日期:2018年8月21日。

⑱ 在笔者所了解的2017年发生在W市的一起民间借贷纠纷案件中,原告在诉状中载明了被告的姓名、性别、电话、身份证号和住址,Q区法院仍然以住址不详细无法送达为由拒绝予以立案,也未作出不予受理的裁定。

时效无法中断的问题。[19]

2. 对《民诉法解释》第 209 条的错误理解或适用

按照本文上一部分的分析,《民诉法解释》第 209 条规定的裁判方式为不予受理的裁定,因而应当仅适用于立案审查阶段。但是,从笔者所查阅的裁定书中来看,该条文经常被错误理解或适用为驳回起诉裁定的法律依据。实践中通常有两种误用模式:一是直接单独适用;[20]二是结合《民诉法解释》第 208 条第 3 款适用。[21] 在笔者看来,运用第一种模式裁判的法官,似乎并不清楚不予受理和驳回起诉的差别,仅因为两者都是终结诉讼的裁定形式便进行混用;运用第二种方式裁判的法官似乎清楚两者的差别,也意识到了这一条文安排的微妙性,但却没有意识到条文制定者的这种安排是有意为之的,而是试图建立第 208 条第 3 款和第 209 条之间的联系以抹平这种微妙性。

正如前文所述,最高人民法院其实通过《民诉法解释》第 209 条建立了对"明确的被告"的二阶段审查制度,这一条强调的正是"明确的被告"作为起诉条件时形式化的特征。在传统大陆法系民事诉讼理论中,起诉条件一般仅为形式上的要求,仅用于评价诉讼是否成立;而诉讼要件则会涉及实体问题,用于评价诉讼是否合法。一般认为,我国的民事诉讼法对于起诉条件和诉讼要件并未进行区分,有学者曾认为这导致了我国起诉的"高阶化"。[22] 如果肯定这样一个假设,那么《民诉法解释》第 209 条便可以视为最高人民法院对这一问题重视并尝试进行改造的标志之一。最高人民法院通过《民诉法解释》第 209 条,对"明确的被告"进行了一定程度的形式化的处理,使之在立案阶段发

---

[19] 有学者认为能够产生时效中断效力的起诉状必须符合法律规定的形式要件,参见傅郁林:《再论民事诉讼立案程序的功能与结构》,《上海大学学报(社会科学版)》2014 年第 1 期。如果按照这种观点,起诉状记载的被告信息不符合法定形式的案件,一旦遭到非司法性终结,便无法得到诉讼时效的保护。

[20] 如(2015)威经技区商初字第 310 号裁定书中写道:"本院认为,民事诉讼法及司法解释规定,起诉除满足其他条件外,还必须有明确的被告……依据《最高人民法院关于适用〈中华人民共和国民事诉讼法〉的解释》第 209 条之规定,裁定如下:驳回原告威海山花华宝地毯有限公司的起诉。"

[21] 如(2015)讷民初字第 1352 号裁定书写道:"本案中原告罗志峰不能提供被告才德成、徐秀珍的具体住所,致使本院无法送达相关法律文书,应属被告不明确,不符合起诉条件,故本案应驳回起诉。依照《最高人民法院关于适用〈中华人民共和国民事诉讼法〉的解释》第 208 条第 3 款、第 209 条的规定,裁定如下:驳回原告罗志峰的起诉。"

[22] 参见张卫平:《起诉条件与实体判决要件》,《法学研究》2004 年第 6 期。

挥了同大陆法系国家起诉条件一样的作用。换言之，在《民诉法解释》第209条中，“明确的被告”发挥的作用同大陆法语境中起诉条件的作用并无二异，仅用于评价诉讼是否成立。然而，许多法官并没有意识到最高人民法院的这种有意安排。

3. “明确的被告”标准的高阶化

根据笔者考察，司法实践中“明确的被告”标准被普遍高阶化。这种高阶化有两个方面的体现：一是对于《民诉法解释》第209条，司法实践中往往将其拔高到与送达相关联。按照上文分析，这一条规定的本应当是低阶化的“程序当事人”标准，仅要求原告提供的信息足以使被告与其他人区分开来。然而司法实践中，法院经常将其与送达相关联，将被告“可识别”等同于被告“可送达”。㉓ 二是将《简易程序规定》第8条中所确立的“送达地址准确的被告”标准拔高为“可送达的被告”标准。按照上文分析，《简易程序规定》第8条仅要求原告所提供的被告送达地址准确，如果送达地址准确，即便无法送达，也不应当直接驳回原告起诉。然而实践中许多法院将送达地址准确与可送达相等同，只要无法送达便视为被告不明确。㉔

本文认为，这一问题背后体现的是送达的风险负担问题。“送达难”同样是一个长期困扰我国民事诉讼司法实践的问题。我国奉行职权送达主义，送达工作占据了法院工作人员大量的工作时间，随着民商事案件数量持续膨胀（如2012年一审受理数量达到730万件）及人口流动带来的所涉纠纷的空间跨度扩大化，越发加重了法院送达的人、财、物负担。㉕ 因此，为了提高送达效

㉓ 如（2015）渭城民初字第1544号裁定书写道：“原告咸阳市渭城区农村信用合作联社诉被告吴某某、宁某某借款合同纠纷一案，本院根据咸阳市渭城区农村信用合作联社诉状中提供的吴某某、宁某某住址信息无法送达……故依照《中华人民共和国民事诉讼法》第121条，最高人民法院关于适用《中华人民共和国民事诉讼法》的解释第208条、209条之规定，裁定如下：驳回原告咸阳市渭城区农村信用合作联社的起诉。”

㉔ 如（2016）皖1204民初2008号裁定书写道：“本院经审查认为，原告起诉没有明确的被告。按原告提供的被告地址，无法送达应诉材料。原告经多次催促亦不补充或变更被告的地址，也不提供被告下落不明的证据，导致本院对该案无法继续审理。依照《中华人民共和国民事诉讼法》第119条、第154条第1款第3条规定、《最高人民法院关于使用简易程序审理民事案件的若干规定》第8条规定，裁定如下：驳回钱某某的起诉。”

㉕ 有基层法院的派出法庭将日常工作40%的时间精力花费在送达上，见夏桂勇：《关于构建电子送达平台的思考》，http://www.dss.gov.cn/News_wenzhang.asp?ArticleID=309630，最后访问日期：2018年8月23日。

率，法院在原告起诉时会要求其尽量提供被告详细、完整的住址、联系方式等信息用以确定送达地址及送达方法。虽然法律并未规定原告在起诉时应当提供被告电话、身份证号码等信息，但实践中许多法院却向原告提出了这样的要求，目的就是为了减轻送达工作压力。同样地，一些法院将法律和司法解释所规定的“明确的被告”标准人为地拔高，也是出于此种考量。而对于原告来讲，一旦其无法“配合”法院完成送达工作，就会被驳回起诉。这种做法，实质上便是将送达的负担和送达不能的风险转移给了原告，原告实际上承担的是一种举证责任。一方面，原告要承担法律规定之外的向法院提交被告准确送达地址或联系方式的举证义务；另一方面，如果原告不能提供，还要承担起诉被驳回的风险。

四、代结语：对策与展望

德国学者罗伯特·阿列克西认为，法教义学要进行三个层面的工作，即对现行有效法律的描述、对这种法律之概念—体系的研究、提出解决法律争议的建议。这三种活动分别对应于描述—经验的维度、逻辑—分析的维度以及规范—实践的维度。[26] 按照这种观点，法教义学的研究首先要对现行法律规范进行客观描述，然后进行体系化分析，发现规范与规范之间的逻辑关系，最后为法律适用提供指引。本文正是按照这种思路，对我国民事诉讼起诉条件中“有明确的被告”这一起诉条件所涉及的法律和司法解释进行了系统梳理，尽可能客观地尝试发现各项规则之间的逻辑关系，并为法律适用提出规则指引。在提出了规则指引之后，本文又依据这一规则指引对我国的司法实践进行了考察，归纳和发现了一些问题及其成因。按照一般的研究逻辑，下一步应当是提出对策性的建议。但受制于篇幅，笔者在此仅进行一些试探性的思考和展望。

对于驳回起诉裁定泛用化的问题，引入驳回诉状的裁判方式或许是解决之道。在大陆法系国家，当起诉条件欠缺时，各国通常会采取驳回诉状或命令补正的方式处理。[27] 在日本法中，当原告起诉不符合形式要求且经法院要求

---

[26] 参见［德］罗伯特·阿列克西：《法律论证理论》，舒国滢译，中国法制出版社2002年版，第311页。

[27] 参见段文波：《起诉程序的理论基础和制度前景》，《中外法学》2015年第4期。

更正或补正,原告拒绝并仍然起诉时,法院可以作出驳回诉状的命令。[28] 这种命令并非裁定,而是相当于我国的决定;对于驳回诉状的命令,原告可以通过向法院申请复议(日本法又称为"即时抗告")的方式获得救济。[29] 我国法律并没有规定驳回诉状的裁判方式,对于当事人起诉不符合形式要件的,法院只能先要求原告补正,原告不补正的,裁定不予受理。但是,一方面不予受理意味着不予立案,与立案登记制追求高立案率的目标背道而驰;另一方面不予受理作为可上诉的裁定,又会给法院及上级法院带来不必要的工作麻烦。这就势必导致许多法院不愿意采取不予受理的裁定形式,转而寻求其他的方式解决,如驳回起诉或非司法性终结。而驳回诉状的效力强度高于命令补正但又低于不予受理,且不必然意味着不予立案,或许能够成为法院现实合理的裁判方式选择。

至于笔者所提到的另外两个问题,其实从根源上可以归为同一个问题,即送达的问题。虽然对于《民诉法解释》第 209 条的错误理解和适用,直接表现为法院没有意识到最高人民法院所设置的对"明确的被告"的二阶段审查制度。但是最高人民法院之所以设置这样的二阶段审查制度,原因还是在于原告是职权主义送达模式下法院送达工作的重要信息源。因此,要解决这两个问题,就有必要重新审视送达制度在我国民事诉讼程序中的地位。长期以来,送达似乎从未在法律上被视为我国起诉制度或起诉条件的一部分,法律仅仅规定了送达的方式和一般程序,将之视为技术化或操作化的规则。但在域外,送达往往并非只有技术化的特性。例如,《德国民事诉讼法》规定,起诉由提交诉状和向被告送达起诉状副本两个步骤组成,只有在诉状送达被告之后,才发生诉讼系属。日本效法德国,将诉状送达被告被视为起诉要件之一,如果未送达,法院将命令补正或驳回诉状。[30] 而在实行当事人送达主义的美国,许多州法院也规定,只有原告向被告送达传唤状和诉状之后,法院才受理诉状。[31] 应当说,送达并不只是一种技术性规范,而同样具有重要的程序法内涵。如果诉状无法送达被告,既侵犯了被告的听审权和知悉权,也会导致诉讼无法形成两极对立的结构。当然,以上并不是主张将送达也确立为我国民事诉讼的起

---

[28] 参见张卫平:《民事案件受理制度的反思与重构》,《法商研究》2015 年第 3 期。

[29] 参见张卫平:《民事案件受理制度的反思与重构》,《法商研究》2015 年第 3 期。

[30] 参见[日]中村英郎:《新民事诉讼法讲义》,陈刚、林剑锋、郭美松译,法律出版社 2001 年版,第 153 页。

[31] 参见段文波:《起诉程序的理论基础和制度前景》,《中外法学》2015 年第 4 期。

诉条件之一,这种做法并不适合于我国,反而只会进一步导致"告状难"。按照笔者设想,应当在保持现行起诉条件不变动的情况下,在法律中加入对被告送达地址核实的程序(如可放入庭前准备程序中解决),正式确立二阶段审查制度。法院在第一阶段仅依照"程序当事人"标准进行形式审查,保障原告诉权;在第二阶段则对"被告是否可送达"进行审查,保障被告听审权。同时,还应当减轻原告对于送达不能的举证责任,强化法院对被告送达地址的调查能力,如建立统一互联的立案登记系统、强化依职权查询身份信息力度、推进法院立案登记系统与公安身份系统、工商登记系统互联等。[32]

"Clear Defendant" from the Perspective of Legal Education

Abstract: In the past time, the research of the conditions of suit in China has always been overvaluing the construction of theory, without concerning about the rules system or judicial exercise. The condition about "explicit defendant" is one of the typical. The valid rules about "explicit defendant", though not so systematic, can still be instructional under the Dogmatics of law. In the judicial exercise, "explicit defendant" expose three problems, the simplification of the way of judging, the wrong comprehension and application of rules, and the high standard, above of which have the internal or deep reasons. To solve those problems, we can introduce the rule of reject of complaint, and establish the system of two – stage review.

Key Words: Conditions of prosecution; clear accused; Legal Education

(责任校对:陈海涛)

---

[32] 参见刘强:《刍议立案登记中"明确的被告"的形式审查问题》,《人民法院报》2015年5月13日,第8版。

思想源流

Thinking Origination

试析我国未成年人刑事司法程序的社会调查制度

陈　凯*

摘　要:未成年人刑事诉讼程序中的社会调查制度,涉及触法未成人的教育改造,关系未成年人的最大利益。通过分析社会调查报告在裁判文书中的表现形式,并以此为基础从社会调查主体、调查程序、调查内容以及社会调查报告如何运用等方面对社会调查制度进行重新构造。公安机关作为社会调查的首要启动主体,应采用灵活的调查方式,注意社会调查报告内容的准确性和保密性;检察机关对公安机关提交的社会调查报告具有形式审查义务,可以根据实际情况要求其补充调查或自行调查;法院应将社会调查报告作为审理未成年人案件的参考,作出有利于未成年人利益的裁判。

关键词:未成年人犯罪　社会调查制度　社会调查报告

一、社会调查制度概述

(一)两个概念的辨析

社会调查制度,也称为社会调查报告制度,基于学者们的认识角度不同,理论界和实务界对该制度的具体内涵存在一定的争议。有学者认为社会调查报告制度是指在办理未成年人刑事案件过程中,由特定的调查主体就未成年犯罪嫌疑人、被告人的性格特点、家庭情况、社会交往、成长经历、在校情况以及实施被指控的犯罪前后的表现等情况作全面细致的调查,并制作书面调查报告,为司法机关公正处理和教育、感化、挽救未成年犯罪嫌疑人、被告人提供

* **作者简介**:陈凯,南京师范大学硕士研究生。

重要参考依据。[①] 这里对社会调查报告的属性认为是一种参考依据。但也有学者认为社会调查报告从实体法角度、程序法角度以及证据法角度来看都应当认为是一种证据,属于品格证据的范畴。[②] 对社会调查制度内涵的不同认识集中于对社会调查报告性质的争议。正是由于学者们把大部分的目光都集中于社会调查报告的法律属性是否为证据而争执不下的时候,却忽略了一个重要的问题。社会调查制度和社会调查报告是两个不同的概念,社会调查报告是该制度的产出物,就像审判程序和判决书一样是两个不同范畴。社会调查报告的属性不应该独立于该制度而单独进行讨论,否则就会与制度的目的与形成机理发生冲突。要正确认识社会调查报告的法律属性,就必须依赖于对社会调查制度的正确认识,否则就会犯断篇取义、片面化的错误。

(二)社会调查制度的产生

1. 国家监护理论

国家监护理论是随着父母本位思想的演变而逐渐发展出来的一项原则,它是指国家负有对未成年人及无行为能力人的监督和保护的义务。但是早期的国家监护理论还是建立在父权等级的基础上,只有当父亲不能维持家庭应有的井然秩序时,社会公众为了保证社会安定才会介入私人家庭领域。后来,英国社会功利主义思想对国家介入家庭提供了思想基础。功利主义思想认为,儿童处于社会的边缘地位,他们天真无邪需要保护,国家为培养出品行优良的国家公民,就必须采取行动,来规范儿童成长与发展的环境,确保儿童在国家规划、治理下发展成为成熟且具有能力的人。[③] 国家监护理论对未成年人刑事司法的影响在于改变了传统中不区分未成年人和成年人的刑事司法,认为国家应当对这些走上违法犯罪的未成年人负责,并承担救助义务,而不是对他们施加刑罚。

2. 未成年人利益最大化原则

未成年人利益最大化原则是保护儿童权益,处理儿童事务的最高准则。最早提出"儿童利益最大化"原则的国际性文件是1959年的联合国《儿童权利宣言》:"儿童应受到特别保护,并应通过法律和其他方法而获得各种机会与便利,

---

① 参见谭京生、赵德云、宋莹:《北京市法院未成年人刑事案件社会调查报告工作的调研及建议》,《青少年犯罪问题》2010年第6期。

② 参见田宏杰、庄乾龙:《未成年人刑事案件社会调查报告之法律属性新探》,《法商研究》2014年第3期。

③ 参见何海澜:《善待儿童:儿童最大利益原则及其在教育、家庭、刑事制度中的运用》,中国法制出版社2016年版,第36—40页。

使其能在健康而正常的状态和自由与尊严的条件下，得到身体、心智、道德、精神和社会等方面的发展。在为此目的而制订法律时，应以儿童的最大利益为首要考虑。”但是宣言的性质决定了该文件只是表达某种共同的态度和立场。真正确立“儿童利益最大化”原则的国际性文件是 1989 年，联合国人权委员会颁布的《儿童权利公约》，该公约第 3 条第 1 款明确规定：“关于儿童的一切行动，不论是由公私社会福利机构、法院、行政当局或立法机构执行，均应以儿童的最大利益为一种首要考虑。”该条款确立了儿童利益保护的一般性规定。

如何确保违法未成年人的最大利益，显然不加区别地苛以刑罚并不是保护未成年人利益的体现。由于身体和心理都未达到适应成人社会的一般标准，我们应该宽容地对待这些少年犯。犯罪是理性人自由选择的后果，所以应当对犯罪结果负责。但是未成年人身心还不健全，我们要相信每个人生来都不是恶的，那么这种后果就不应该让他们全部承担。国家对违法少年的教育、改造，确保他们能够适应社会，才是违法未成年人的最大利益。国家监护理论和未成年人利益最大化原则催生了社会调查制度，将未成年人教育和保护义务从家庭延展到社会层面和国家层面，纠正了处理未成年人刑事案件单一性惩罚的刑罚思想，注重对少年犯罪人的教育和保护，从而达到预防犯罪和保障未成年犯罪人回归社会、适应社会的目的。

二、我国社会调查制度的法律依据及其在裁判文书中的体现

(一)未成年人社会调查制度的法律基础

2012 年修正后的《刑事诉讼法》首次规定了未成年人社会调查制度。《刑事诉讼法》第 268 条：“公安机关、人民检察院、人民法院办理未成年人刑事案件，根据情况可以对未成年犯罪嫌疑人、被告人的成长经历、犯罪原因、监护教育等情况进行调查。”《最高人民法院关于执行〈中华人民共和国刑事诉讼法〉若干问题的解释》第 476 条：“对人民检察院移送的关于未成年被告人性格特点、家庭情况、社会交往、成长经历、犯罪原因、犯罪前后的表现、监护教育等情况的调查报告，以及辩护人提交的反映未成年被告人上述情况的书面材料，法庭应当接受。必要时，人民法院可以委托未成年被告人居住地的县级司法行政机关、共青团组织以及其他社会团体组织对未成年被告人的上述情况进行调查，或者自行调查。”《人民检察院刑事诉讼规则》第 486 条：“人民检察院根据情况可以对未成年犯罪嫌疑人的成长经历、犯罪原因、监护教育等情况进行调查，并制作社会调查报告，作为办案和教育的参考。人民检察院开展社会调

查,可以委托有关组织和机构进行。人民检察院应当对公安机关移送的社会调查报告进行审查,必要时可以进行补充调查。人民检察院制作的社会调查报告应当随案移送人民法院。”

虽然《刑事诉讼法》及其司法解释,已经对社会调查制度作了规定,但是调查制度启动主体的非特定性,调查程序、调查方式以及调查报告的制作及其性质都没有明确的规定,在理论上和实践中产生了较多的争议。

(二)裁判文书中社会调查报告存在的问题

根据最高人民法院发布的《未成年人犯罪司法大数据专题报告》显示,2015 年全国法院新收未成年人犯罪案件约 2.4 万件,2016 年新收案件数量约 2.3 万件。其中触犯罪名多集中于盗窃罪、故意伤害罪和抢劫罪等。未成年人犯罪案件中,超 90% 属于男性,且年龄集中于 16—17 周岁。报告还显示未成年人犯罪案件中,家庭均存在不同程度的不良因素,包括留守家庭、离异家庭、流动式家庭、单亲家庭和再婚家庭等。在未成年人犯罪案件中,判处有期徒刑主要在 1 年以上 3 年以下,占比为 44.79%。④

截至 2018 年 1 月,笔者通过无讼智能检索平台检索关键词“未成年人”“刑事”共收集 40769 篇刑事裁判文书,后来追加“社会调查”关键词,还剩下 1407 篇刑事裁判文书,法院裁判文书中社会调查报告应用率仅为 3.5%。同时笔者对这 1407 份裁判文书中的 100 篇左右的文书进行分析发现,社会调查报告在实践中存在定位不清,对社会调查报告性质不明的问题。

1. 社会调查报告调查主体混乱

笔者检索的法律文书集中于 2014—2015 年左右,发现在不同地区的法院,有公安机关进行社会调查,有检察机关委托司法行政机关进行调查或者委托共青团委工作人员、社区矫正工作人员进行调查,也有部分法院会进行补充调查。社会调查启动时间和主体比较混乱,没有统一的启动时间和特定的调查主体进行调查。在法庭审理过程中,有公诉人代宣读社会调查报告,也有社会调查员出庭宣读,还有法官宣读社会调查报告,还有不宣读社会调查报告。社会调查的启动时间不统一很容易造成社会调查报告的制作不当拖延,社会调查报告的质量不佳,甚至延误法院对刑事案件的审理。这些最终会造成社

---

④ 上述数据来源于最高人民法院官网,见权威发布 - 大数据 -《司法大数据专题报告之未成年人犯罪》,http://www.court.gov.cn/fabu - gengduo - 662.html,最后访问时间:2018 年 12 月 20 日。

会调查报告法律效力的降低，导致社会调查制度流于形式化。社会调查报告是否需要在庭审过程中宣读以及由谁来宣读似乎只是一个程序性的问题，但其实这种宣读体现了对未成年人程序主体地位的尊重，加深法官对未成年被告人的了解，这种可读可不读以及宣读主体任意性的做法还是将未成年人被告人作为一般的犯罪人对待，没有体现出司法对未成年人的人性化保护。

2. 社会调查的内容程式化、单一化

部分法院在裁判文书中会在本院查明部分引述社会调查报告的内容，也有法院直接以“经社会调查，宣告缓刑对其所居住社区亦无重大不良影响，可对其适用缓刑”一句话概括。不管是引述式还是概括式，都是社会调查报告在裁判文书中最直接的体现。例如 XX 县公安局社会调查报告（X 公刑未调（2016）018 号），证明：“李某 1 系初中文化程度，性格比较内向、孤僻，社会圈子比较小，没有什么朋友，经常一个人躲在房间里玩电脑。自幼和父母一起生活，之前无违法犯罪记录，此次作案的动机是因为身上没钱了，想偷点钱去玩游戏。犯罪前经常出入网吧，沉迷网络游戏，常常一个人在网吧玩游戏，玩到连家都不回，吃住都在网吧。归案后，认罪态度比较好，积极主动交代犯罪事实。”又如“对被告人李甲、向某某的社会调查认为：被告人李甲 2010 年 10 月辍学在家，2011 年 2 月 18 日到长沙打工，同年 3 月 3 日到涟升客栈饭店当学徒至案发，现实表现一般。被告人向某某父亲在外务工，母亲在家务农，家有三姊妹，其初二即辍学在家。二人家均较贫困，对二人均疏于管教，二人均较早走入社会，法律意识均淡薄，为追求物质生活铤而走险，最终走上犯罪道路。”这样的调查报告内容根本无法准确反映涉案未成年人的生理、心理状况，对法院采取教育、改造没有太大帮助。首先，缺少对未成年人家庭背景的详细描述，没有分析犯罪成因与其生活环境的关联性。犯罪的深层次诱因不解决，未成年人再犯可能性会增加。其次，没有表明对未成年人犯罪嫌疑人、被告人已采取的教育措施。社会调查报告不仅仅只是对未成年人的简单调查，其目的是通过调查发现问题，从而解决问题。这种解决问题的措施应该随着诉讼程序的推进而不断深化和发展。最后，缺少针对性建议及理由。既然法院在裁判时需要参考社会调查报告来决定刑罚的种类和量刑幅度，就必然要了解未成年人目前的身体和心理状况，应该由专业的心理辅导人员在调查报告中予以详细记载这些信息，并提出治疗和恢复建议。

3. 社会调查报告名称混乱且性质认定不一

笔者发现，对于社会调查报告的名称，在实践中也是称谓不一。有称社会调查表、社会调查报告书、社会调查评估意见书,也有《XX省适用非监禁刑审前社会调查表》等。对于社会调查报告在裁判文书中怎样体现,各地法院做法也不一。有法院在本院认为部分引述社会调查内容,也有法院在本院查明部分引述社会调查内容。"本院认为"是裁判文书的说理部分。法官向当事人和社会公众解释裁判结果形成的原因、理由,属于法官心证的内容。而"本院查明"是案件的事实和证据部分。这部分主要描述犯罪的事实经过以及证明犯罪成立和量刑轻重的各种证据。对于社会调查报告在裁判文书中的位置,其代表的意义也不一样,直接影响社会调查报告是否是证据。有法院明确认定社会调查报告是证据。例如"上述事实,有经过质证和认证的以下证据证实",列举式提到社会调查报告,也有法院明确认定社会调查报告是书证。还有的法院态度模糊,在列举证据之后,加上"结合审前社会调查结果,可对其从轻处罚,适用缓刑,给其改过自新机会,以体现惩罚与教育相结合的刑罚目的"。让人无法看出社会调查报告究竟是裁判的依据还是参考。

三、社会调查制度的重构

社会调查制度的目的不是给法官提供未成年人的犯罪事实和证据,它独立于刑事诉讼中的控辩职能,主要是为法官提供未成年犯罪人的生活背景信息,包括家庭、社会、学校等一切反映未成年人生理、心理状态的信息。这种制度价值已经超越了传统刑事法律预防和惩罚的一般功能,而产生了一种治疗和恢复的新理念。社会调查制度中,法官扮演了主治医生的角色,而病人就是误入歧途的少年。社会调查制度能够让法官在不同的刑事案件中,针对不同情况的未成年人作出符合未成年自身特点的教育和改造的个别化处理,并最终能够帮助违法少年顺利回归社会。因此,必须从社会调查制度的目的入手,重新塑造社会调查制度。

(一)调查主体的确定性

社会调查的主体,是指承担社会调查职能的机构或个人,包括决定社会调查程序的启动及社会调查报告使用的职权主体和实施社会调查过程的执行主体。⑤ 虽然我国《刑事诉讼法》及其司法解释明确规定了公安、检察、法院都可以进行社会调查。但是"可以"一词并不具有强制性,造成了公安不启动,检

⑤ 参见蒋雪琴:《我国未成年人社会调查制度实践考察》,《兰州大学学报(社会科学版)》2014年第5期。

察院启动，检察院不启动法院启动的被动局面。但是由检察院或者法院进行社会调查，往往会造成检察官、法官角色冲突。检察官的职能是追诉犯罪，对犯罪嫌疑人、被告人的犯罪事实和证据具有提出义务，因为刑事案件的被告并没有自证其罪的责任。一方面要求检察机关积极收集犯罪嫌疑人犯罪的事实和证据，另一方面又让检察官保持客观、中立的态度收集有利于未成年犯罪嫌疑人的客观情况，难免会发生角色冲突。法官也一样，刑事诉讼控辩审的三角结构，法官必须客观、中立，依据庭审信息形成心证。让法官去做社会调查与法官居中裁判的职责不符，且容易形成预断。法官自行调查虽然迎合了刑事法官对他人参与量刑的不信任，但同时可能给法官更多的预断机会并增强刑事司法职权主义色彩。如果不能保证调查法官与审判法官的分离，庭审形式化的弊病仍有可能发生。⑥ 社会调查不仅需要专业知识，而且必须具备一定的心理学、社会学基础，掌握一定的沟通技巧，同时得保证客观中立的地位，将涉及未成年犯罪人不管是有利还是不利的信息全部收集。因为法官必须在信息完整的情况下，才能作出有利于未成年人教育和改造的正确决定，发挥司法对未成年人的矫治作用。现在实践中普遍存在社会调查报告倾向性收集有利于未成年犯罪嫌疑人的信息，很少出现对嫌疑人前科劣迹等不良信息的表述，这不利于对少年犯的矫治和帮扶。

笔者认为，调查报告至少应该在审判前确定，最好由公安机关侦查时就启动社会调查程序。因为刑事诉讼程序均有审限要求。启动前置的好处是检察机关只对公安机关提交的社会调查报告做形式审查，对于不充分或不明确的部分，可以要求公安机关补充调查或自行补充调查，这样既可以保证社会调查信息的完整和充分，也可以减轻检察机关的工作压力。另外，社会调查报告的具体调查主体应由公安机关或检察机关委托有资质的机构或组织进行。因为调查报告获取信息的过程需要运用法律、社会学、心理学等多方面的知识，才能保证社会调查报告具有科学性和有效性。委托调查还具备的一个优势是当涉案未成年人非本地户籍或住所时，可以委托未成年人户籍或住所地的机构和组织进行调查。

（二）调查程序与调查方式的灵活性

社会调查制度体现了诉讼程序的非刑事化特点，它的作用不是通过法律

⑥ 参见曹志勋：《推广社会调查报告的障碍及对策》，《中国刑事法杂志》2010 年第 2 期。

程序证明未成年人有罪,而是通过这种方式获得对未成年人生理和心理信息的充分了解,所以并不需要设置严格的调查程序。对于调查方式来说可以采用各种能够有利于信息收集的方式。法国未成年人刑事诉讼程序中,有人格调查程序,其功能和我国的社会调查制度类似。法国司法部下属的青少年司法保护中心进行对未成年犯罪嫌疑人的调查。其主要的调查方式是:与未成年犯罪嫌疑人及其法定代理人交谈;和可提供未成年人相关信息的个人或机构联系;向职权部门核实是否有前科等。⑦ 有学者建议"以直接接触、实地考察为主,间接书面调查为辅"的调查原则。实践中可以采用访谈、询问笔录、电话咨询以及网上交流等方式,可以根据不同情况选择合适的调查方式。

(三)社会调查内容的完整性、准确性和保密性

法院对犯有罪行的未成年人施加刑罚,不是为了惩罚犯罪,而是通过公正的刑罚,使未成年人能理解行为产生的不利后果,并帮助他们重新融入社会。为了作出适当、公正的裁决,法院必须充分且准确地了解未成年人的生活经历和生存现状,否则裁判就失去了教育和治愈的效果。在英国,社会调查程序并不是专属于未成年人刑事特别程序,而是刑事诉讼的普遍程序,称之为量刑前报告。报告应当载明罪犯对犯罪行为的解释、对责任的接受、悔过的感情、动机、品行、刑事记录、人际关系、个人问题(有无吸食毒品、酗酒、经济困难、医疗或者精神疾病)等信息。⑧ 在美国,各个州对未成年刑事诉讼程序都会进行社会调查,虽然名称不一,但形式和内容相差无几。未成年人案件社会调查内容洋洋洒洒,通常包括未成年人罪错事实及原因以及家庭背景、社会环境和未成年人身心状况、教育程度及其他必要事项。⑨ 据笔者观察裁判文书中引述社会调查报告的内容包括未成年人的家庭情况、文化程度及在校状况、性格特点、人际交往、犯罪原因、认罪态度、是否有前科等。调查内容虽然覆盖面比较广,但是报告内容太过简略,通常一句话就涵盖一个调查结论。同时社会调查中提出改造建议通常都是否具备帮教条件,是否可以缓刑等。社会调查报告中涉及未成年人的信息,为避免给未成年人造成心理困扰,应该保证调查内容

---

⑦ 参见张军、陈卫东:《域外刑事诉讼专题概览》,人民法院出版社 2012 年版,第 181—182 页。

⑧ 参见[英]约翰·斯普莱克:《英国刑事诉讼程序》,徐美君、杨立涛译,中国人民大学出版社 2006 年版,第 508—509 页。

⑨ 参见张鸿巍:《浅析美国未成年人案件社会调查制度》,《河北法学》2014 年第 5 期。

的保密性,参与调查以及阅览调查报告的人均负有保密义务,违反该义务要承担必要的责任。

(四)社会调查报告的制作及其运用

社会调查虽然没有严格的程序和调查方式,但是也具有一定的法律属性,所以社会调查报告的制作必须具备一定的形式合法性。进行社会调查时,公安机关或检察机关向机构或组织出具委托书,由具体执行调查的组织或机构派出2人以上的工作人员前往具体的地点进行调查,根据调查对象和调查方式的不同,地点选择也不同。比如进行访谈的,可以在访谈人住所,也可以在办公地点,做好记录后应当让访谈人核对无误后签字或者摁手印,同时调查人员也要注明时间、地点并且签字,以保证该信息是客观、真实的。

关于调查报告的运用,涉及一个非常重要的问题,那就是调查报告的属性究竟是不是证据。笔者认为,调查报告不是证据,基于以下几个理由。首先,从调查主体来看,现行的《刑事诉讼法》及其司法解释明确规定了可以委托相关的机构和组织,但是并没有明确哪些属于相关的机构和组织,从实践来看,可以委托司法行政机关,也可以委托共青团委工作人员。在刑事诉讼中,具有指控犯罪嫌疑人罪行及其轻重的义务人是检察机关,事实及证据提出是检察机关行使检察权的必然结果。如果这种司法权力可以委托行使,那就违背了司法权的专属性。其次,从调查内容来看,虽然社会调查报告会记载犯罪的原因以及犯罪后的态度.但大部分都是与当前犯罪行为无关的事实,涉及未成年人过往的生活经历。证据必须具备关联性、合法性和客观性,调查报告很多内容都是走访,从他人口中得知或者基于调查者自己的理解重新组织语言得出,和本案的关联度也不是很高,很难成为一个独立的证据。如果认定社会调查报告是证据,那么社会调查报告所在载明的未成年人过往的一切信息都具有了证据法上的意义,那么就与刑法不溯及既往的原则冲突。实践中有将社会调查报告作为证据,而从重处罚的例子。最后,从社会调查报告的使用情况看,虽然大部分法院将社会调查报告认定为证据,但是它属于什么证据?证据种类不同,它的认定规则也不同。但是实践中往往做模糊化处理,在理论上也是争议不断。有人认为社会调查报告属于鉴定意见⑩,调查报告是针对犯罪行为所作的全面调查。还有人认为社会调查报告是证人证言,而社会调查主

⑩ 参见陈立毅:《我国未成年人刑事案件社会调查制度研究》,《中国刑事法杂志》2012年第6期。

体也满足证人的一般特征。⑪ 还有人主张应将社会调查报告确定为一种独立的证据种类。⑫ 此外还有“品格证据说”⑬、“专家证据说”⑭、“量刑证据说”⑮。如此多的证据属性,让人分不清社会调查报告到底是什么。笔者认为,对社会调查报告的性质作证据属性的解读,没有从调查制度本身的目的及其功能定位,单独分析社会调查报告的属性,自然得出的结果各不一样。笔者认为社会调查报告是不是证据,除了上述理由之外,更重要的一点是社会调查制度的目的,不是对未成年犯罪人犯罪行为本身的调查。根据未成年人利益最大化原则来看,它是为了在刑事裁判程序中,尽可能作有利于未成年人教育和改造的决定,相当于对未成年人开出正确的诊疗处方。未成年犯罪嫌疑人的身份应作两种解读,第一种是犯罪嫌疑人,在这一层面上必须按照犯罪事实的构成要件,进行追诉,不管是定罪还是量刑,与成人刑事诉讼程序所具有的内涵一致。这也就是为什么对成年犯罪嫌疑人也会根据其表现和犯罪动机进行量刑的酌定考虑。但是另一层面,这里的犯罪嫌疑人、被告人还是未成年人,国家有义务对其进行监管、教育和保护,而社会调查报告就是为了在这一层面的意义上发挥作用。如果说,社会调查报告是证据,不管是酌定减轻情节还是加重情节,那么就和普通刑事诉讼程序一样了,那么未成年人程序的特殊性又何以体现?未成年人刑事诉讼程序一直存在非刑罚化的特点,这也是学者们的共识,但是证据意义上的社会调查报告,难道不是在刑罚意义上使用的吗?

笔者建议,法院在裁判中不应将社会调查报告放在本院查明部分,不应和

---

⑪ 参见王蔚:《未成年人刑事案件中社会调查报告的证据属性》,《青少年犯罪问题》2010 年第 1 期。

⑫ 参见董蕾:《我国未成年人刑事案件社会调查制度的适用》,《云南大学学报(法学版)》2014 年第 3 期。

⑬ 持“品格证据说”的学者主要是认为社会调查报告的内容更倾向于英美法系的品格证据。参见张静、景孝杰:《未成年人社会调查报告的定位与审查》,《华东政法大学学报》2011 年第 5 期。

⑭ 持“专家证据说”的学者认为未成年人社会调查报告具有相关性、专业性和科学性,属于专家证据。参见罗芳芳、常林:《未成年人社会调查报告的证据法分析》,《法学杂志》2011 年第 5 期。

⑮ 持“量刑证据说”的学者认为社会调查报告主要记录被告人的品行事实,与被告人的犯罪行为和罪行轻重是无关的,但却与量刑有关。见杨雄:《未成年人刑事案件中社会调查制度的运用》,《法学论坛》2008 年第 1 期。

证据种类罗列在一起,应放在本院认为部分,因为社会调查报告不是证据,但是基于对未成年人教育和改造的目的,它必然会对量刑产生影响,这是社会调查制度的一个附带性影响,不是主要方面。引述社会调查报告的内容可以加强裁判文书的说理性。基于此,除非对未成年人成长不利,否则社会调查报告应该向未成年犯罪嫌疑人、被告人及其辩护人公开,目的为了各方合作寻求对未成年人的最优保护。

四、社会调查制度之展望

有学者一直希望将社会调查制度全面推广,不仅适用于未成年人刑事诉讼程序,也希望在普通刑事诉讼程序中适用。⑯ 笔者对此也表示赞同,全面实行社会调查报告制度对犯罪嫌疑人不管是定罪还是量刑都会更加科学化和客观化。但是就目前而言,犯罪的流动性越来越强,跨区域犯罪越来越多,这将会给社会调查带来巨大压力,同时我国社会调查资源也非常紧张,全面铺开社会调查制度的时机还不成熟。同时还需要深刻认识到即使社会调查制度全面推行,未成年人刑事诉讼意义上的社会调查制度的意义和价值和普通程序中的意义完全是不同的,不能作统一理解,这是由未成年人本身的生理、心理特点决定的。

我国未成年人刑事诉讼程序中的社会调查制度在实践中和理论上均存在较大争议,主要集中于对社会调查报告的属性的争议。这是因为学者们对社会调查制度本身的理解存在偏差,只有从制度原理、调查主体、调查程序、调查内容等综合分析,才能得出社会调查报告不属于证据,它在刑罚意义的层面上只能作为一种参考,而对未成年人的教育、改造和健康成长的层面上作为处理的依据。只有这样,社会调查制度才能在实践中发挥其真正的价值,才能落实未成年人利益最大化的原则。

A Tentative Analysis of the Social Investigation System of Juvenile Criminal Justice Procedure in China

Abstract: The social investigation system in the criminal procedure of minors

---

⑯ 参见汪贻飞:《论社会调查报告对我国量刑程序改革的借鉴》,《当代法学》2010年第1期。

involves the educational reform of the adults who touch the law, and the best interests of the minor. By analyzing the manifestation of social investigation report in the adjudication documents, and on this basis, the social investigation system is reconstructed from the aspects of social investigation subject, investigation procedure, investigation content and how to use social investigation report. As the primary starting subject of social investigation, the public security organ should adopt the flexible investigation method, pay attention to the accuracy and confidentiality of the contents of the Social investigation report, and the procuratorial organ shall have the obligation of formal examination to the social investigation report submitted by the public security organ, and may request its supplementary investigation or self - investigation according to the actual situation. The court shall use the social investigation report as a reference for the hearing of juvenile cases and make decisions in favour of the interests of minors.

Key Words: juvenile delinquency; social investigation system; Social investigation report

（责任校对:蔡士林）

秦汉时期的“计赃论罪”

王　舒*

摘　要:秦汉时期,“计赃论罪”量刑体系轮廓初现。其范围包括以基本盗罪为量刑核心的犯罪(个别犯罪对象具有特殊性质的犯罪除外)和部分有关财产的职务犯罪。内容上,前者以基本盗罪为量刑中心,其他犯罪适用与“盗”相同的量刑规定,这与后世财产类犯罪以“六赃”为基准,其他罪名相比附的量刑体系呈现出相同的规律;部分职务犯罪多样的量刑标准则暗合后世“计赃论罪”多中心的发展方向。

关键词:秦　汉　计赃　计赃论罪

“计赃论罪”又称“计赃为罪”“以赃定罪”“以赃论罪”,即根据财利多少确定有关犯罪是否成立以及量刑的轻重。“计赃论罪”是中国古代处理有关财产犯罪的重要原则,并作为一项立法传统被纳入现行刑法。其适用范围十分广泛,仅赃罪一项就包含众多罪名,是中国古代刑事犯罪的主要类型之一,所保护的社会关系更是涵盖了国家治理的方方面面。“计赃论罪”作为赃罪的核心定罪量刑方式,在传统法律中自然举足轻重。

近年来,不少学者对现行刑法中以计赃为主的定罪量刑模式提出质疑,《刑法修正案(八)》《刑法修正案(九)》对盗窃罪和贪污受贿罪的修改也削弱了该传统在立法中的影响①,但是这些质疑和修改都不能否定和影响这一原

---

* **作者简介**:王舒,湘潭大学法学院硕士研究生。

① 《刑法修正案(八)》修订《刑法》第264条,使入户盗窃、携带凶器盗窃和扒窃行为直接入罪,无须同时满足数额要求;《刑法修正案(九)》修改《刑法》第267、383条,使多次抢夺行为直接入罪,并将贪污、受贿罪的量刑依据由具体数额改为“抽象数额+其他情节”。

则在现代司法中的地位。中国古代“计赃论罪”的法律传统能经久不衰，历久弥新，至唐代形成以“六赃”为基准，其他罪名相比附的量刑体系，并在宋、元、明、清时期各有发展，甚至在现代刑法中仍保持旺盛的生命力，还要归根于其在形成阶段打下的良好基础。

但是，“计赃论罪”究竟起源于何时尚不明确。学者在对其进行追溯时往往提及《法经》：“犀首以下受金则诛。金自镒以下罚，不诛也。”②“金禁”将“镒”作为受贿行为的死刑标准，无疑是“计赃”原则的体现。遗憾的是，由于缺乏史料，无法进行深入探讨。保守观点认为“计赃论罪”起源于战国末期的秦，现已出土的秦简确实含有大量相关规定。这些规定不仅为统一后的秦朝所延续，而且在汉律中获得了进一步发展。就“计赃论罪”问题而言，秦汉时期本是这一制度形成的关键时期，但是现有研究在谈及“计赃论罪”问题时对此阶段却往往一笔带过。鉴于这种现象，本文拟以秦汉时期的“计赃论罪”为研究对象，探索该时期的相关规定以及这些规定与后世“计赃论罪”的关系，为这一法律传统的深入探讨提供助力。

一、秦汉时期“计赃论罪”的适用范围与类型

以往，“计赃论罪”的相关研究都呈列举式，选取“计赃论罪”中最有代表性的犯罪进行介绍，例如“唐六赃”“明六赃”、某时期的官吏犯赃等。这种考察方法固然能够迅速抓住“计赃论罪”原则的典型特征，但局限性也很明显，即无法对“计赃论罪”问题形成全面的认识。不全面，有时意味着遗漏重要信息、分类不准确，甚至在定位上都会出现偏差，而“计赃论罪”的研究现状恰恰反映出这一弊端。姑且从秦汉时期“计赃论罪”的含义谈起。

（一）秦汉时期“计赃论罪”的含义及适用范围

严格来讲，秦汉时期“计赃论罪”的概念还没有出现，但该表述能恰当地概括秦汉时期这种特定的法律现象。在那时，法律文本所使用的汉字“臧”是“赃”的通假字，意为“货财之利”，并由此引申出“以赃致罪”“计赃论罪”等。无论是《法律答问》中的“臧不盈一钱”，抑或是《二年律令》中的“盗臧直过六百六十钱”都具有非法获取财货之利的含义。因此我们可以明确：“臧”=

② 镒是古代计量单位，一镒约为二十两至二十四两。见[明]董说：《七国考》，中华书局1985年版，第522页。

"赃" = 非法获取财货之利。秦汉时期"计赃论罪"的含义与其他时期相比不存在特殊之处。

真正的问题在于"计赃论罪"的适用范围。已有研究对该范围的认识是通过"赃"和"计赃论罪"在字面含义上的联系获得的。所以现有成果将上述等式带入"计赃论罪"这一表达后得出的结论为:涉及财产的犯罪 = 非法手段取得官私财物的犯罪 = 犯赃 = 赃罪 = "计赃论罪"的适用范围。③ 该结论论证基础十分薄弱,所得结论也存在缺陷,甚至可以说是错误的,因此基于该结论展开的研究难免会存在一些疏漏。而这一切实缘于既往研究对"计赃论罪"的适用范围缺乏应有之重视,而适用范围恰恰是定位这一原则的关键。本文以秦汉时期的"计赃论罪"为研究对象,范围必须明确。而明晰秦汉时期"计赃论罪"的范围绕不开两个问题:第一,后世所认定的"赃罪"在秦汉时期是否都采用"计赃论罪"的量刑模式?第二,适用"计赃论罪"量刑模式的是否一定是"赃罪"?

所谓"赃罪",是一个集合概念。中国古代有很多法律术语都能代表一类犯罪,如"盗、窃、货、贿、赂、贪、冒、墨、赇、通钱"等,但"赃罪"是将其中的共同特征抽象出来所形成的犯罪集合,这一抽象过程直到唐代才正式完成。④ 于是,在那时只要具备"非法获取财货之利"的共同特征就可以被纳入"赃罪"的范畴。秦汉时期有不少罪行可以被认为是实质的赃罪,它们固然是"计赃论罪"原则的主要适用对象,但所有实质的赃罪都采用"计赃论罪"吗?并非如此,例如《法律答问》规定盗牛当完城旦⑤,"盗牛"也是"赃罪"的一种,在其罚则中却没有提及"臧直",也没有区分刑等。实际上,这是因为盗牛的犯罪对象"牛"具有特殊性质。这类犯罪有的仍适用"计赃论罪"的量刑原则,有的则适用赃罪的另一种惩处方式——"不计赃而立罪名"(用于不计算或者无法计

---

③ 郭旭东:《宋朝以赃致罪法略述》,《河北大学学报(哲学社会科学版)》2002年第3期;黎宏:《"计赃论罪"与我国当今的刑事司法》,《法治现代化研究》2017年第4期;郭建、伊晓婷:《中国法制史高级教程》,对外经济贸易大学出版社2009年版,第144—149页。多数有关"计赃论罪"的成果没有提及"计赃论罪"的范围,上述文献仅用寥寥几句加以概括,并未详述。

④ 程天权:《释"臧"》,《辞书研究》1985年第1期。

⑤ "甲盗牛,盗牛时高六尺,繫一岁,复丈,高六尺七寸,问甲何论?当完城旦。"见睡虎地秦墓竹简整理小组:《睡虎地秦墓竹简》,文物出版社1978年版,第153页。

算赃物具体价值的犯罪)。[6] 这一点很多学者已经有所注意,但是下面的问题却始终被忽略。

是否所有适用“计赃论罪”原则的犯罪都以非法手段获取财货之利? 不以私利为目的的职务犯罪中是否存在采用“计赃论罪”量刑模式的犯罪呢? 秦简《效律》载有对清点官有物品数目或称量物资与应有数量或重量不符的规定。这类罪行也是涉及财产的犯罪,但没有以非法手段获取公私财物,也显然与前文所述的“赃罪”性质不同,不能称之为“犯赃”。所以第二个问题,适用“计赃论罪”量刑模式的是否一定是“赃罪”? 答案也是否定的。正确的关系应为:以非法手段取得公私财物的犯罪 = 犯赃 = 赃罪,却不等于“计赃论罪”的适用范围,而以上犯罪均可被“涉及财产的犯罪”所涵盖。

综上所述,秦汉时期,“计赃论罪”主要适用于具有“赃罪”性质的,以非法手段攫取官私财产利益的犯罪(个别犯罪对象具有特殊性质的犯罪除外);另包括部分有关财产却不以获取私利为目的的职务犯罪。

(二)秦汉时期“计赃论罪”的类型

从秦汉时期“计赃论罪”的适用范围可以看出,这一时期采用“计赃论罪”量刑模式的犯罪可以被分为两类。具体来讲,第一类是以“基本盗罪”为量刑中心的犯罪。[7] 秦汉时期的“盗”是一个广泛的概念,除了一般盗窃,根据犯罪主体、犯罪对象、自首与否等条件的不同加减量刑的特殊盗窃,还有大量的犯罪行为以“坐赃为盗”和“与盗同罪”的方式适用一般盗窃量刑规定和部分盗窃的加减规定。

第二类是以秦《效律》为代表的一部分职务犯罪。《效律》是关于核验官

---

⑥ 特殊性质是相对一般财物而言的,一般财物没有需要法律保护的特殊价值,所以用价格作为量刑的衡量标准即可;有些财物具有需要法律保护的特殊性质,如牛是重要的生产、运输工具,宗庙服御物代表皇室尊严,祭祀供物等也是如此。盗牛条采用“不计赃而立罪名”的量刑方式,规定如前注。盗宗庙服御物的法定处罚为弃市。也采用“不计赃而立罪名”的量刑方式。见《汉书·张释之传》。盗祭祀供物的犯罪对象虽然也具有一定的特殊性,却同样适用“计赃论罪”的量刑方式:公室祭祀尚未完毕,将供品盗去,即使是应赀罚以下的罪,均应耐为隶臣。“今或益〈盗〉一肾,益〈盗〉一肾臧(赃)不盈一钱,可(何)论?祠固用心肾及它支(肢)物,皆各为一具,一【具】之臧(赃)不盈一钱,盗之当耐。或直(值)廿钱,而被盗之,不尽一具,及盗不直(置)者,以律论。”见睡虎地秦墓竹简整理小组:《睡虎地秦墓竹简》,文物出版社 1978 年版,第 161 页。

⑦ “基本盗罪”即盗罪中被比附量刑的部分。它是盗罪集合的量刑核心,为了方便描述,笔者将其称之为“基本盗罪”。

府物资财产的法律。官吏在审计公有财产时数目有出入,以及所管理的公有财产受损时,也采用计赃论罪的做法。但与第一类犯罪相比具有以下不同:《效律》所规定的犯罪属于职务犯罪;针对的是特殊主体,主要为对公有财产具有管理职责的官吏和审计人员;犯罪不以非法获取财货之利为目的;其犯罪行为的量刑标准与第一类相比——起刑点更高,刑等的间距更大,刑罚更轻。

综上所述,秦汉时期"计赃论罪"标准主要有两类:以基本盗罪的量刑标准为中心的计赃标准,和以秦《效律》中的部分职务犯罪为代表的计赃标准。由于对适用范围缺乏正确的认识,既往研究遗漏了职务犯罪部分,将"计赃论罪"原则定位为部分"赃罪"的量刑规定,因此一直未能对此问题进行全面探索。

二、秦汉时期"计赃论罪"的内容

下文将围绕秦汉时期各种法律文献所记载的具体规定,对该时期的"计赃论罪"做详细介绍。

(一)以基本盗罪为中心的"计赃论罪"

秦汉时期,基本盗罪及其比附犯罪和部分特殊盗窃通常按照赃物的价值划分等级,区别量刑。这种处断方式与盗罪统一"刖足"或"截手"的古刑有所差别,大约是秦律的新规定。⑧ 虽然有学者基于《奏谳书》对春秋时期鲁法的记载,认为秦律的这种规定源于早期中原地区的他国法律,但是其论证基础的真实性明显存疑。⑨ 回归秦简则可以看到大量"计赃论罪"的规定。首先需要明确的是作为比附标准的基本盗罪。基本盗罪实际上包括两种情形,一为没有任何加减情节盗窃;二为有加减情节的盗窃。二者都可作为其他犯罪所比附的基准。

出土秦简没有将基本盗罪(不含加减)的量刑等级完整地记录下来,幸运的是我们可以从散布各处的几段文字中拼凑出大致的刑等。秦简《法律答问》云:

"甲谋遣乙盗,一日,乙且往盗,未到,得,皆赎黥。"⑩

---

⑧ 闫晓君:《秦汉盗罪及其立法沿革》,《法学研究》2004 年第 6 期。

⑨ 《奏谳书》案例 20 引用了春秋早期鲁国的盗窃规定,也使用了"计赃论罪"的方式,但据日本学者水间大辅考证,该规定多半为西汉高祖时期以后模仿汉律的伪作。见朱腾、王沛、水间大辅:《国家形态·思想·制度——先秦秦汉法律史的若干问题研究》,厦门大学出版社 2014 年版,第 205—224 页。

⑩ 睡虎地秦墓竹简整理小组:《睡虎地秦墓竹简》,文物出版社 1978 年版,第 152 页。

从这条规定可以看出盗窃未遂处以赎黥。一旦既遂,哪怕赃值不满 1 钱也要按照所得赃物的价值论罪:

“或盗采人桑叶,臧(赃)不盈一钱,可(何)论?赀繇(徭)三旬。”⑪

此二等是对盗罪处罚的直接说明,其他量刑等级则要结合不同条文才能推断出来。

“士五(伍)甲盗,以得时直(值)臧(赃),臧(赃)直(值)过六百六十,吏弗直(值),其狱鞫乃直(值)臧(赃),臧(赃)直(值)百一十,以论耐,问甲及吏可(何)论?甲当黥为城旦。”⑫

上述规定是对赃值计算方法的介绍,赃物的价值应按“得时”的物价计算,而不是“狱鞫”时的物价。但从其陈述中可以看出:盗 110 钱当耐、盗 660 钱以上则要黥为城旦。结合律文中控告不实的规定则能发现 110 钱和 660 钱是盗罪的两个量刑分界点,分界点上下量刑不同。控告不实规定如下:

“告人盗百一十,问盗百,告者可(何)论?当赀二甲。盗百,即端盗驾(加)十钱,问告者可(何)论?当赀一盾。赀一盾应律,虽然,廷行事以不审论,赀二甲。”⑬

《法律答问》中特殊主体害盗、求盗犯盗罪的定罪量刑标准则是完整的,因此常常被引用来证明秦代“计赃论罪”的存在。但需要说明的是,这是盗窃的加重情节而非一般情节。部分学者误将此条作为盗窃罪普通情节的量刑规定,缘于没有正确把握“害盗”和“求盗”的含义,也没有仔细将本条的量刑等级与《法律答问》中散布的一般量刑等级进行仔细对比。具体记载如下:

“害盗别徼而盗,驾(加)罪之。”“·可(何)谓‘驾(加)罪’?·五人盗,臧(赃)一钱以上,斩左止,有(又)黥以为城旦;不盈五人,盗过六百六十钱,黥(劓)以为城旦;不盈六百六十钱到二百廿钱,黥为城旦;不盈二百廿钱以下到

---

⑪ 睡虎地秦墓竹简整理小组:《睡虎地秦墓竹简》,文物出版社 1978 年版,第 154 页。

⑫ 这里的“士五(伍)”也是盗罪的一般犯罪主体。见睡虎地秦墓竹简整理小组:《睡虎地秦墓竹简》,文物出版社 1978 年版,第 165—166 页。

⑬ 同样是对于控告不实的规定“告人盗千钱,问盗六百七十,告者可(何)论?勿论。”这一条没有另做处罚的原因很简单,即在盗罪中盗 670 钱与盗 1000 钱的处罚是相同的,结合前条以 110 钱和 660 钱为例介绍计赃的时间点,可以反推出 110 钱与 660 钱实为量刑的分界点。见睡虎地秦墓竹简整理小组:《睡虎地秦墓竹简》,文物出版社 1978 年版,第 167 页。日本学者堀毅在这一问题上与笔者观点相同,其证明过程可以作为佐证。详见[日]堀毅:《秦汉法制史论考》,萧红燕等译,法律出版社 1988 年版,第 256—257 页。

一钱,畧(迁)之。求盗比此。"⑭

毫无疑问基本盗罪的两个部分都采用"计赃论罪"的量刑模式。但要注意其他情节也会影响盗罪的量刑,即"赃"并非决定量刑的唯一因素。特殊主体:害盗、求盗以及犯罪人数都会影响最终的量刑。除了这些情节,特殊主体"司寇",即已因犯罪被判处过刑罚,后因减刑为司寇的人;自告(自首)等等也是影响量刑的重要标准。⑮

此外,秦律中还有很多犯罪行为按照"坐赃为盗"和"与盗同法"处理,适用基本盗罪的量刑等级。如受贿;⑯挪用公款;⑰携带官有物品逃亡被捕(但当盗罪轻于亡罪时,以亡论);⑱官吏对官粮数额出入隐瞒不报,或者移多补少,假作注销而用以补垫其他应赔偿之物,都与盗窃同样论处。⑲

汉初对于本类犯罪的规定多承自秦律。虽然秦律与汉律对盗窃的处罚有赀刑和罚金刑之别,但是罚金刑是从赀刑演变而来的,两者在刑罚体系中可视为同一等级,且数额基本相当。⑳ 只是取消了盗窃未遂与盗窃数额1钱以下

---

⑭ 害盗,《秦律十八种·内史杂》作"宪道",是一种捕盗的职名。求盗,亭中专司捕"盗"的人员。比,秦汉法律习语,意思是同例可以比附。求盗比此,即求盗犯罪和本条同例处理。见睡虎地秦墓竹简整理小组:《睡虎地秦墓竹简》,文物出版社1978年版,第107、147、150—151页。

⑮ "司寇盗百一十钱,先自告,可(何)论?当耐为隶臣,或曰赀二甲。"司寇,刑徒名,这里指城旦舂减刑为司寇者。见睡虎地秦墓竹简整理小组:《睡虎地秦墓竹简》,文物出版社1978年版,第154页。

⑯ 简一四八至一四九:"其所受臧(赃),亦与盗同灋(法);遗者罪减焉一等。"("焉"字处竹简残断)见中国文物研究所、湖北省文物考古研究所:《龙岗秦简》,中华书局2001年版,第122页。

⑰ 《法律答问》"府中公金钱私特用之,与盗同法。"见睡虎地秦墓竹简整理小组:《睡虎地秦墓竹简》,文物出版社1978年版,第165页。

⑱ 《法律答问》"把其叚(假)以亡,得及自出,当为盗不当?自出,以亡论。其得,坐臧(赃)为盗;盗罪轻于亡,以亡论。"见睡虎地秦墓竹简整理小组:《睡虎地秦墓竹简》,文物出版社1978年版,第207页。

⑲ 《秦律十八种·效》"禾、刍稾积廥,有赢、不备而匿弗谒,及者(诸)移赢以赏(偿)不备,群它物当负赏(偿)而伪出之以彼(貱)赏(偿),皆与盗同法。大啬夫、丞智(知)而弗罪,以平罪人律论之,有(又)与主廥者共赏(偿)不备。"用公有财产填补个人赔偿,也是变相以非法手段占有公家财物。见睡虎地秦墓竹简整理小组:《睡虎地秦墓竹简》,文物出版社1978年版,第100页。

⑳ 朱腾、王沛、水间大辅:《国家形态·思想·制度——先秦秦汉法律史的若干问题研究》,厦门大学出版社2014年版,第210页。

两个等级的刑罚。于是刑罚整体上得到减轻。

“盗臧(赃)直(值)过六百六十钱,黥为城旦舂。六百六十到二百廿钱,完为城旦舂。不盈二百廿到百一十钱,耐为隶臣妾。不盈百一十到廿二钱,罚金四两。不盈廿二钱到一钱,罚金一两。”㉑

为了直观地展现秦律盗罪标准情节和加重情节间的差异,以及《睡虎地秦简》《龙岗秦简》和《张家山汉简》在盗罪“计赃定罪”标准方面的异同,制作成如下表格。

表1 秦汉盗罪计赃标准一览表

<table>
<tr><td>文献
赃额</td><td colspan="4">睡虎地秦简
《法律答问》</td><td>龙岗秦简</td><td>张家山汉简《二年律令·盗律》</td></tr>
<tr><td></td><td>一般盗窃</td><td>求盗、害盗(不盈五人)</td><td>求盗、害盗(五人)</td><td>司寇(自首)</td><td>一般盗窃</td><td>一般盗窃</td></tr>
<tr><td>660钱以上</td><td>黥城旦(舂)</td><td>黥劓(劓)城旦</td><td rowspan="5">斩左止,有(又)黥以为城旦</td><td></td><td></td><td>黥城旦舂</td></tr>
<tr><td>220钱—不盈660钱</td><td>——㉒</td><td>黥城旦</td><td></td><td></td><td>完城旦舂</td></tr>
<tr><td>110钱—不盈220钱</td><td>耐隶臣(妾)</td><td>罨(迁)</td><td>耐为隶臣,或曰赀二甲</td><td>耐隶臣妾</td><td>耐隶臣妾</td></tr>
<tr><td>22钱—不盈110钱</td><td rowspan="2"></td><td rowspan="2"></td><td></td><td>赀二甲㉓</td><td>罚金四两</td></tr>
<tr><td>1钱—不盈22钱</td><td></td><td>赀一盾</td><td>罚金一两</td></tr>
</table>

㉑ 《二年律令·盗律》简五五至五六。见张家山汉墓竹简整理小组:《张家山汉墓竹简二四七号墓释文修订本》,文物出版社2006年版,第16页。

㉒ 只知110钱以上耐为隶臣(妾),220钱上下是否量刑不同尚不明。有学者认为220钱—不盈660钱区间对应的刑罚应为“完城旦舂”,该结论与《张家山汉简》对应的刑罚是一致的,具有一定的可信度,但是以《睡虎地秦简》的资料作为论证基础不足以推导出这一结论。详见[日]堀毅:《秦汉法制史论考》,萧红燕等译,法律出版社1988年版,第258—260页。

㉓ 简文四〇至四一。此处简文有缺,按上下文逻辑推断,“赀二甲”所对应的当是“不盈百一十钱到廿二钱”。原文为:“二百廿钱到百一十钱,耐为隶臣妾;赀二甲;不盈廿二钱到一钱,赀一盾;不盈一钱。”(“赀二甲”前、“不盈一钱”后竹简残断)见中国文物研究所、湖北省文物考古研究所:《龙岗秦简》,中华书局2001年版,第90页。

续表

文献 赃额	睡虎地秦简《法律答问》				龙岗秦简	张家山汉简《二年律令·盗律》
不盈1钱	赀徭三旬㉔				—㉕	
无(未遂)	赎黥					

另整理了各文献所见的比附罪名,结合上表,希望能较为清晰地呈现秦汉“盗”罪的全貌以及继承发展概况。

表2　秦汉盗罪比附犯罪一览表

文献 罪名		睡虎地秦简《法律答问》	龙岗秦简	张家山汉简《二年律令》	其他
受贿	受赃		与盗同法,遗者罪减焉一等(“焉”字处竹简残断)		
	受贿枉法、行赇			皆坐其赃为盗。罪重于盗者,以重者论之。㉖	(秦)受人货财以枉律令,其所枉当赀以上,受者、货者皆坐赃为盗㉗

㉔ 有观点认为,此档量刑应为“赀一盾”,但对照《龙岗秦简》的规定可知这一观点存在问题。1钱以下的量刑不会与1钱—不盈22钱相同。笔者认为“盗桑叶”条作为此档的量刑依据更为合适。详见[日]堀毅:《秦汉法制史论考》,萧红燕等译,法律出版社1988年版,第248—249页。

㉕ 简文四〇至四一有这一档规定,但简文有缺,刑罚不明,具体规定见中国文物研究所、湖北省文物考古研究所:《龙岗秦简》,中华书局2001年版,第90页。

㉖ 简六十:“受赇以枉法,及行赇者,皆坐其臧(赃)为盗。罪重于盗者,以重者论之。”整理小组注:“赇,《说文》:‘以财物枉法相谢也。’段注:‘枉法者,违法也。法当有罪,而以财求免,是曰赇,受之者亦曰赇。’受赇即受贿。行赇,行贿。”见张家山汉墓竹简整理小组:《张家山汉墓竹简二四七号墓释文修订本》,文物出版社2006年版,第16—17页。

㉗ 简二九至三十:“受人货材(财)以枉律令,其所枉当赀以上,受者、货者皆坐臧(赃)为盗。”见朱汉民、陈松长:《岳麓书院藏秦简(叁)》,上海辞书出版社2013年版,第104页。

续表

文献 罪名		睡虎地秦简《法律答问》	龙岗秦简	张家山汉简《二年律令》	其他
受贿	受所监临				(汉)其与饮食计偿费,勿论。它物,若买故贱,卖故贵,皆坐赃为盗,没入赃县官。㉘
挪用公款		与盗同法		私自假贷、假贷人,罚金二两。其钱金、布帛、粟米、马牛殴,与盗同法。㉙	
携带公物亡		自首以亡论;被捕坐赃为盗;盗罪轻于亡,以亡论			
吏有故当止食,弗止,尽禀出之		当坐所赢出为盗			

㉘ 《汉书·景帝纪》景帝元年:"秋七月,诏曰:'吏所受监临,以饮食免,重;受财物,贱买贵卖,论轻。廷尉与丞相更议著令。'廷尉信谨与丞相议曰:'吏及诸有秩受其官属所监、所治、所行、所将,其与饮食计偿费,勿论。它物,若买故贱,卖故贵,皆坐臧为盗,没入臧县官;吏迁徙免罢,受其故官属所将监治送财物,夺爵为士伍,免之。无爵,罚金二斤,令没入所受。有能捕告,畀其所受臧。'"

㉙ 简七七:"□□□财(?)物(?)私自假贷、假贷人,罚金二两。其钱金、布帛、粟米、马牛殴,与盗同法。"见张家山汉墓竹简整理小组:《张家山汉墓竹简二四七号墓释文修订本》,文物出版社2006年版,第19页。

续表

文献 罪名	睡虎地秦简 《法律答问》	龙岗秦简	张家山汉简 《二年律令》	其他
盗运财物/黄金出边境			盗出财物于边关徼,及吏部主知而出者,皆与盗同法;弗智知,罚金四两;使者所以出,无符致,吏知而出之,亦与盗同法。㉚ 黄金:吏、卒、徒部主者知而出及弗索,与同罪;弗知,索弗得,戍边二岁㉛	
匿税		与盗同法㉜	匿租赃为盗㉝	
诈绐人			诸诈绐人以有取,及有贩卖贸买而诈绐人,皆坐赃与盗同法,罪耐以下又迁之。㉞	

㉚ 《二年律令·盗律》简七四至七五:"盗出财物于边关徼,及吏部主智(知)而出者,皆与盗同法;弗智(知),罚金四两,使者所以出,必有符致,无符致,吏智(知)而出之,亦与盗同法。"见张家山汉墓竹简整理小组:《张家山汉墓竹简二四七号墓释文修订本》,文物出版社2006年版,第19页。

㉛ 《二年律令·盗律》简七六:"盗出黄金边关徼,吏、卒、徒部主者智(知)而出及弗索,与同罪;弗智(知),索弗得,戍边二岁。"见张家山汉墓竹简整理小组:《张家山汉墓竹简二四七号墓释文修订本》,文物出版社2006年版,第19页。

㉜ 简一四七至一四八:"坐其所匿税臧(赃),与灋(法)没入其匿田之稼。其所受臧(赃),亦与盗同灋(法);遗者罪减焉一等。"("其所受赃"前及"焉"字处竹简残断)见中国文物研究所、湖北省文物考古研究所:《龙岗秦简》,中华书局2001年版,第121—122页。

㉝ 《二年律令·□市律》简二六〇:"市贩匿不自占租,坐所匿租臧(赃)为盗,没入其所贩卖及贾钱县官,夺之列。"见张家山汉墓竹简整理小组:《张家山汉墓竹简二四七号墓释文修订本》,文物出版社2006年版,第44页。

㉞ 《二年律令·□市律》简二六一到二六二:"诸诈绐人以有取,及有贩卖贸买而诈绐人,皆坐臧(赃)与盗同法,罪耐以下有(又)𨕙(迁)之。"见张家山汉墓竹简整理小组:《张家山汉墓竹简二四七号墓释文修订本》,文物出版社2006年版,第45页。

续表

文献 罪名	睡虎地秦简 《法律答问》	龙岗秦简	张家山汉简 《二年律令》	其他
书券欺诈			坐赃为盗㉟	
毁销行钱			故毁销行钱以为铜、它物者，坐赃为盗㊱	
吏发民取庸采黄金珠玉			坐赃为盗㊲	

由以上两表可看出，这些犯罪都可以被视为广义上的“盗”。在秦汉时期，“盗”是一个涵盖众多财产犯罪的罪名集合㊳，集合中的元素有的全部，有的部分适用“计赃论罪”的量刑方式，如携带公物亡。随着时间的发展，元素的数量有所增长，元素内部对犯罪行为也进行了再次分化，集合因此呈现出扩大的趋势，“计赃论罪”的适用范围亦随之得到扩展。

我们注意到“盗”所运用的集合方式为：以基本盗罪为核心，其他犯罪行为适用与基本盗罪相同的量刑模式。这种以一种犯罪行为为中心，其他犯罪行为相比附的量刑体系与我们所熟悉的以“六赃”为中心的赃罪量刑体系可谓有异曲同工之妙。但这两者之间的差别也不容忽视，唐代的规定为：“自外诸条，皆约此六赃为罪”㊴，重点在于“约”，即“衡量、比较”，因此自外诸条既可以照搬“六赃”的计赃标准，也可以进行加减调整，调整幅度可大可小；而在秦汉律中各种犯罪行为的基本刑则直接适用盗罪的规定。

㉟ 《二年律令·贼律》简一四：“诸诈增减券书，及为书故诈弗副，其以避负偿，若受赏赐财物，皆坐臧（赃）为盗。”（“诸”字前竹简残断）见张家山汉墓竹简整理小组：《张家山汉墓竹简二四七号墓释文修订本》，文物出版社2006年版，第10页。

㊱ 《二年律令·钱律》简一九九：“故毁销行钱以为铜、它物者，坐臧（赃）为盗。”见张家山汉墓竹简整理小组：《张家山汉墓竹简二四七号墓释文修订本》，文物出版社2006年版，第35页。

㊲ 《汉书·景帝纪》三年春正月，诏曰：“……吏发民若取庸采黄金珠玉者，坐臧为盗。二千石听者，与同罪。”

㊳ 朱潇：《岳麓书院藏秦简〈为狱等状四种〉与秦代法制研究》，中国政法大学出版社2016年版，第85页。

㊴ 刘俊文：《唐律疏议笺解》，中华书局1996年版，第328页。

（二）部分职务犯罪的“计赃论罪”

职务犯罪的“计赃论罪”以秦《效律》为代表，《效律》的立法目的在于监督具有管理公有财产职责的官吏。官吏在审核公有财产时数目有出入，以及所管理的公有财产受损，会根据公有财产的出入、受损情况对职守官吏“计赃论罪”。此处意在追究因给受官有物资有违要求、对公有物资储存不当等行为造成的管理混乱及损失，不包含以非法手段获取财利为目的的主观意图。

这部分规定与唐《厩库律》的出纳官物有违罪、损败仓库积聚物罪有一定的渊源。出纳官物有违罪“计所欠剩，坐赃论”，损败仓库积聚物罪“计所损败坐赃论”[40]，这里的“所欠剩”和“所损败”实际上已经超出《唐律》“平赃”条对“赃”的解释，不能算作“罪人所取之赃”。[41] 只不过这类犯罪依然采用坐赃“计赃论罪”的量刑方式，与秦《效律》的处理方式一样。

《效律》“计赃论罪”的规定分为三个部分，其一，是财产审核中的“计赃论罪”。

清点官有物品数目有所欠剩，所超出或不足部分在一定范围内无须受罚，超过这一范围则依其价值处罚。

“数而赢、不备，直（值）百一十以到二百廿钱，谇官啬夫；过二百廿钱以到千一百钱，赀啬夫一盾；过千一百钱到二千二百钱，赀官啬夫一甲；超过二千二百钱以上，赀官啬夫二甲。”[42]

称量物资不足数的也按照“计赃论罪”的方式处罚。差额在应有数的1/5以上，罚则同于上述清点物品条目。不足之数在1/10以上、不满1/5，且价值在220钱到1100钱间，斥责该官府的啬夫；若超过1100钱，到2200钱为止，则罚啬夫一盾；2200钱以上，就要罚啬夫一甲。不足数在1%以上而不满

---

[40] 《唐律疏议》第214、222条。见刘俊文：《唐律疏议笺解》，中华书局1996年版，第1139—1142、1154—1156页。

[41] 《唐律疏议》第34条，见刘俊文：《唐律疏议笺解》，中华书局1996年版，第337页。

[42] “官啬夫”是指一县之内各类专职啬夫如“仓啬夫”“田啬夫”等的总称，官啬夫所主管的业务范围甚为广泛，涉及粮食、材料（货物、皮革、马牛）等，而其中每一项都有专职啬夫主管。见高敏：《云梦秦简初探》，河南人民出版社1979年版，第175—176页。见睡虎地秦墓竹简整理小组：《睡虎地秦墓竹简》，文物出版社1978年版，第115—116页。

1/10，且价值1100钱到2200钱，斥责啬夫；2200钱以上的，罚官啬夫一盾。㊸

以上两种犯罪行为性质相似，量刑标准的关联性也显而易见。值得注意的是，称量物资条只惩罚“不备”，且不纯粹以差额作为划分刑等的标准，还兼顾了所欠数额与应具总额的占比，计赃标准更为合理。

其二，是簿籍账目审核中的“计赃论罪”。

会计做账时没有按照会计规程操作，造成账目多记少记，应“以效赢、不备之律赀之，而勿令赏(偿)”。㊹ 对官啬夫和负责会计事务的官吏同等处罚；令，丞，“其他冗吏、令史掾计者，及都仓、库、田、亭啬夫坐其离官属于乡者”，比照官啬夫减等处罚。㊺ 账目与钱物不符，按所错数目定罪，并设立了一套计赃标准。㊻

另一规定的含义则争议较大，原文为：

“计脱实及出实多于律程，及不当出而出之，直(值)其贾(价)，不盈廿二钱，除；廿二以到六百六十钱，赀官啬夫一盾；过六百六十钱以上，赀官啬夫一甲，而复责其出殹(也)。人户、马牛一以上为大误。误自重殹(也)，减罪一等。”㊼

争议集中在对“计脱实及出实多于律程，及不当出而出之”的解释，但不

㊸ “县料而不备其见(现)数五分一以上，直(值)其贾(价)，其赀、谇如数者然。十分一以到不盈五分一，直(值)过二百廿钱以到千一百钱，谇官啬夫；过千一百钱以到二千二百钱，赀官啬夫一盾；过二千二百钱以上，赀官啬夫一甲。百分一以到不盈十分一，直(值)过千一百钱以到二千二百钱，谇官啬夫；过二千二百钱以上，赀官啬夫一盾。”见睡虎地秦墓竹简整理小组：《睡虎地秦墓竹简》，文物出版社1978年版，第116—117页。

㊹ 睡虎地秦墓竹简整理小组：《睡虎地秦墓竹简》，文物出版社1978年版，《睡虎地秦墓竹简》，第123页。

㊺ 睡虎地秦墓竹简整理小组：《睡虎地秦墓竹简》，文物出版社1978年版，第123—124页。

㊻ “计校相繆(谬)殹(也)，自二百廿钱以下，谇官啬夫；过二百廿钱以到二千二百钱，赀一盾；过二千二百钱以上，赀一甲。人户马牛一，赀一盾；自二以上，赀一甲。”见睡虎地秦墓竹简整理小组：《睡虎地秦墓竹简》，文物出版社1978年版，第125页。“计、校相繆(谬)”，整理小组译为“会计经过核对发现差误”，笔者认为解释为“账目与钱物不符”更合适。见孙晓春、陈维礼：《〈睡虎地秦墓竹简〉译注商兑》，《史学集刊》1985年第2期。

㊼ 睡虎地秦墓竹简整理小组：《睡虎地秦墓竹简》，文物出版社1978年版，第125—126页。

论哪种观点都没有脱离“不含非法手段获取财利为目的的职务犯罪”这一范畴。[48] 且该罪量刑等级明确,足以认定适用了“计赃论罪”的定罪量刑方式。

其三,仓库保管中的“计赃论罪”。

仓漏朽禾粟,及积禾粟而败之,分别根据粮食朽败的程度(可食与否)以及数量处罚官啬夫,令官啬夫和群吏共同赔偿,并对瞒报和赔偿不实的情况按照盗窃处理。[49]

这条规定是唐《厩库律》损坏仓库积聚物条的前身,在唐代该罪的犯罪对象不限于粮食,所以与其他“计赃论罪”的规定采用相同的单位(匹),计所损败坐赃论。[50] 秦《效律》将损坏粮食、公器、皮革分三处规定。“粮食”一条直接采用“石”作为计量单位,没有折算成钱,就本条而言是一种合理的简化。因为计赃论罪的衡量标准需要随着社会经济和物价的情况及时进行调整。当币值与商品的实际价值脱节时,“计赃论罪”将成为罪与刑相适应的阻力。且本条所损害的粮食需要区分为“可食”和“不可食”两等,折算成钱实为舍近求远。这种变通体现了秦时立法的灵活性;“公器”一条为核验官有器物发现超出或不足数,按《赍律》进行处罚及赔偿,律文没有规定的才估价论罪;“皮革”一条却不计赃论处,凡安置不如法造成皮革毁损的,赀官啬夫一甲。[51]

至于对粮食毁损的瞒报和赔偿不实则带有赃罪性质,前文已作解释,不再赘述。将其比附为盗体现了这一时期法律的统一性。

可惜的是张家山汉简《二年律令·效律》与睡虎地秦简《效律》相比,内容

---

[48] 有学者认为这句话包含三种行为,有的认为是两种,且含义不同。详见前注及中国政法大学法律史学研究院:《中国法律文化论集》,中国政法大学出版社 2007 年版,第 211—212 页;赵友良:《中国古代会计审计史》,立信会计图书用品社 1992 年版,第 107 页;王建忠、柳士明:《会计发展史》,东北财经大学出版社 2016 年版,第 82 页;李金华:《中国审计史》(第 1 卷),中国时代经济出版社 2004 年版,第 56—57 页。

[49] “仓屚(漏)死(朽)禾粟,及积禾粟而败之,其不可食者,不盈百石以下,谇官啬夫;百石以到千石,赀官啬夫一甲;过千石以上,赀官啬夫二甲;令官啬夫、冗吏共赏(偿)败禾粟。禾粟虽败而尚可食殹(也),程之,以其秏(耗)石数论负之。”见睡虎地秦墓竹简整理小组:《睡虎地秦墓竹简》,文物出版社 1978 年版,第 118—120 页。关于隐瞒不报和赔偿不实的规定,在此处与《秦律十八种·效》有相同记载,不再赘述,见睡虎地秦墓竹简整理小组:《睡虎地秦墓竹简》,文物出版社 1978 年版,第 100 页。

[50] 刘俊文:《唐律疏议笺解》,中华书局 1996 年版,第 1139—1142 页。

[51] 《赍律》指关于财物的法律。见睡虎地秦墓竹简整理小组:《睡虎地秦墓竹简》,文物出版社 1978 年版,第 101、120 页。

很少,当有大量条文散佚。[52] 所剩条文中并无"计赃论罪"的条文,无法考证两代之间在这一方面的承接关系。

除了《效律》的规定之外,在《法律答问》中还有一个规定:"吏有故当止食,弗止,尽稟出之,论可(何)殹(也)? 当坐所赢出为盗。"[53]关于这一规定睡虎地秦简整理小组给出的解释是:"官吏因故应停止发给口粮,不加停止而仍全部发给,应如何论处? 应以其多发的作为盗窃处罪。"依据此说,本罪应归入第二类"计赃论罪";不同意见认为这一规定应作:"官吏如因故必须停发俸禄而不停发,对于多领部分以盗窃罪论处"[54],类似于贪污行为,属于第一类"计赃论罪"的情况。笔者认为整理小组给出的解释更合文意,但毕竟量刑有异,因此特将本罪作为第二类"计赃论罪"的例外情形列于此处。此外,有学者提出本罪的行为若在唐代当属公罪"放散官物",翻看《唐律》,"放散官物"是指"出用官物,有所市作及供祠祀、宴会,剩多之类"。[55] 笔者认为与本罪的情况尚有一定差距,所以对此说持保留态度。

三、小结

本文在对秦汉时期"计赃论罪"的含义和适用范围进行了界定后,将"计赃论罪"分为以基本盗罪为量刑核心的犯罪和部分有关财产的职务犯罪两类,并针对其内容作了详细介绍。

秦汉时期是"计赃论罪"原则的形成阶段,其规定为后世财产犯罪定罪量刑体系的建立奠定了坚实的基础,使得"计赃论罪"的立法传统能够历久弥新,拥有非比寻常的生命力。实际上,以"六赃"量刑标准为核心,其他罪名在其基础上相加减的量刑体系在这时已然初现端倪。因为"盗"在秦汉时期已经具备了类似"六赃"的核心地位;而且部分职务犯罪按数额划分刑等却不采用"盗"的量刑标准在某种程度上显示出"多中心"的发展趋势,符合后世财产类犯罪以财利数额为基础、多中心、相比附的量刑特点。该方法通过统一量刑标准,将有关财产的罪刑规定从其他规定中独立出来,凝聚为一个有序的整

---

[52] 朱红林:《睡虎地秦简和张家山汉简〈效律〉研究——简牍所见战国秦汉时期的经济法规研究之二》,《社会科学战线》,2014 年第 3 期。

[53] 睡虎地秦墓竹简整理小组:《睡虎地秦墓竹简》,文物出版社 1978 年版,第 217 页。

[54] 中华书局编辑部:《云梦秦简研究》,中华书局 1981 年版,第 219 页。

[55] 陈乃华:《秦汉官吏赃罪考述》,《山东师大学报(社会科学版)》1991 年第 1 期;刘俊文:《唐律疏议笺解》,中华书局 1996 年版,第 1143—1145 页。

体,并以"不计赃而定罪名"作为例外,赋予该体系灵活性,充分展现了中国古代的立法智慧。这也是秦汉时期"计赃论罪"重要的历史价值。

"计赃论罪"作为一种量刑方式,规程清楚,操作简便,能较为恰当地反映犯罪造成的客观财产损失,反映出秦汉时期"刑罚应与犯罪后果相一致"的法律思想。一方面,用于以基本盗罪为量刑核心的犯罪,将该类犯罪联系成一个有机的整体,突出了各罪之间的共性,既体现出秦汉时期对犯罪的认识水平,又有效地避免了逐一确定刑罚可能带来的量刑失衡;另一方面,用于部分职务犯罪,在关注共性的同时兼顾到不同犯罪之间的个性,制定更加多元化的量刑标准,并通过恰当的设计确保了标准之间的协调。总之,能够在两类犯罪之间确立合理的量刑差异,实现各罪量刑在律文中的统一离不开"计赃论罪"的功劳。

Determining the Punishment Based on the Value of the Bribe and Stolen Goods in Qin – Han Period

Abstract: During the Qin – Han Period, the penalty system of determining the punishment of bribe and stolen goods was originally formed. The system covers two categories of crimes: the crimes that are punished based on the penalty of stealing (some crimes with special characteristics will be treated case by case) and some property – related duty crimes. The former category regards the basic crime of stealing as the sentencing center, and other crimes apply the same sentencing provisions as stealing. This is similar to the penalty system for property crimes appeared in the later dynasty, which regards the penalty for Six Booty Crimes as the sentencing center and other property crimes apply the same sentencing provisions. For the second category, its diversified sentencing standards for some duty crimes coincide with the development direction of the multi – center of the penalty system of determining the punishment of bribe and stolen goods.

Key Words: Qin; Han; calculate the value of the bribe and stolen goods; determining the punishment based on the value of the bribe and stolen goods

(责任校对:张小虎)

实证研究

Empirical Study

新加坡专利异议制度及其可鉴经验

宋　尧*

摘　要：新加坡专利制度经过五次修改，从原本的完全基于英国相关法律的规定处理专利问题到现在的实现专利制度本土化转型，促使新加坡成为知识产权保护制度亚洲第一的国家，加之我国与新加坡具有密切的贸易往来，为此研究新加坡知识产权制度对我国完善相关制度具有借鉴意义。通过梳理新加坡专利异议流程，并结合比较我国专利公众意见制度，发现两项制度均设置于专利授权前用于判断专利申请是否符合授予条件，并且两项制度均具有不足；新加坡专利异议制度存在易被利害关系人滥用恶意延迟授权时间的缺陷，而我国专利公众意见制度缺乏反馈机制易削弱公众参与专利审查的积极性。为此我国需要明确公众意见制度的法律地位，且纳入反馈机制，使该项制度更好地服务于专利审查。

关键词：专利确权　专利异议制度　专利公众意见制度

新加坡是目前东南亚知识产权保护较为先进的国家，并且其在世界经济论坛2017—2018年全球竞争力报告中被评为拥有最好的知识产权保护制度，全球排名第四，亚洲排名第一。① 新加坡《专利法》首次制定于1994年，并于1995年2月23日生效，在此之前由于其为英国殖民地，所以其法律根基建立在英美普通法系的基础之上，尽管1965年新加坡获得独立，但是其大部分法律都与英国法律相近，尤其是知识产权法，同我们国家一样，新加坡的知识产

---

* **作者简介**：宋尧，湘潭大学法学院硕士研究生。

① 介绍源于新加坡知识产权局 https://www.ipos.gov.sg/about-ipos/singapore-ip-ranking，最后访问时间：2018年5月19日。

权制度同样是“舶来品”，但是经过多年的实践与探究，新加坡已将该“舶来品”本土化，且达到了目前较为先进的水平。加之新加坡与中国在知识产权保护方面保持着良好的合作关系，同时新加坡还是“一带一路”沿线国家或地区在华专利申请量最多的国家。所以对新加坡的相关知识产权制度特别是专利制度进行研究具有重大的意义。

一、新加坡专利制度沿革

新加坡《专利法》只保护发明创造，不保护实用新型，对于外观设计则采取另设专门法的方式进行保护。为此下文将对新加坡《专利法》《外观设计法》沿革进行介绍。

（一）《专利法》沿革及相关制度变迁

在制定专门的《专利法》之前，新加坡一直借鉴英国 1977 年《专利法》，没有制定相关的本国法律，所以在新加坡取得专利保护的唯一途径是英国专利法登记制度中所规定的英国专利在新加坡的再登记，即申请的专利要在新加坡获得专利保护必须首先取得英国专利。②

新加坡的第一部《专利法》于 1995 年正式颁布，截至目前进行了 5 次修改；新加坡《专利法》首次颁布及修改历程的主要内容如表 1 所示：

表 1　新加坡《专利法》首次颁布及历次修改主要内容

序号	时间	主要/改法内容
首次颁布	1995－5－23	由于新加坡国内的专利检索和审查能力不足，所以采取了将检索和审查任务“外包”给其他国家进行的“自我评估”审查制度。③
第一次改法	2001	（1）简化专利管理，对专利法律体系进行强化，其中包括修改专利申请及授权的相关要求，以便电子专利申请的实施和电子环境中的信息维护； （2）修改专利代理人的相关规定。

② 李小伟：《新加坡知识产权法律制度初探》，《苏州大学学报》1995 年第 1 期。

③ 参见刘永超：《新加坡专利信息工作特点以及对我国专利信息工作的借鉴与启示》，《科技促进发展》2016 年第 12 期。

续表

序号	时间	主要/改法内容
第二次改法	2004	(1)加强药物专利保护; (2)延长专利保护期,原来规定保护期为20年,修改后新加坡允许专利权人依据法定事由申请延长专利权的保护期限,延长时间不得超过5年; (3)增加了授权前异议程序; (4)强制许可和政府使用规则更加严格。
第三次改法	2007	(1)修订部分优先权规定; (2)允许在专利申请修改中做补漏修改; (3)再次对部分专利代理人规定进行改动。
第四次改法	2008	(1)根据世界贸易组织多哈协定进行调整性改动; (2)提升专利审查检索能力,初步建立"主动授权"制度。
第五次改法	2012-5-24	新加坡舍弃之前的授权其他国家专利局进行检索和审查的外包体制,着手提升专利检索和审查能力,从"自我评估"体系转变为"主动授权"体系。④

修改后的新加坡《专利法》同我国一样实行"早期公开,延迟审查"制,采用形式审查和实质审查的双重审查体系。对于授予专利权的条件而言,同样需要满足"三性",即新颖性——采绝对新颖性,专利申请不得在任何地方以任何形式被公开;创造性——应该构成对现有技术的改进,且该种改进不具有显而易见性;工业实用性——能够被制造或者适用于工业;因此"主动授权"体系相比"自我评估"体系要更严格,需要新加坡知识产权局对每一件专利申请均进行严格的实质审查,在符合授予专利权的条件下,才能由注册主任向专利申请人发送授予专利权通知书,但是在"自我评估"体系下,即使有的专利申请仅部分满足授予条件也能授权。专利的保护期限为自申请之日起20年,若符合法定情形,专利权人可以申请延长最多不超过5年的专利权保护期限。由于新加坡在专利确权程序中采取"双轨制"原则,所以对于专利的撤销认定,新加坡知识产权局和高等法院均具有管辖权。

---

④ 刘永超:《新加坡专利信息工作特点以及对我国专利信息工作的借鉴与启示》,《科技促进发展》2016年第12期。

2014 年 11 月 1 日,新加坡成为全球专利审查高速路(PPH)试点项目的成员,允许全球 17 个参与国的知识产权局相互之间分享专利检索和审查结果,申请者可以更快更有效的通过新加坡在澳大利亚、加拿大、英国、丹麦、俄罗斯、瑞典、中国等国获取相应的专利授权。

2017 年 1 月 1 日,为了便于同中国进行贸易往来,积极参与中国“一带一路”倡议,新加坡知识产权局开始接受以中文形式提交的 PCT 国家申请,这在一定程度上方便了中国专利申请人,节省了其在新加坡进行专利申请的时间。

为了加快新加坡知识产权保护制度的发展,便于其与国际接轨,新加坡还加入了大部分知识产权国际条约,如《保护工业产权巴黎公约》《专利合作条约》《与贸易有关的知识产权协议》(TRIPs)等;此外新加坡与各国签订了自由贸易协定(FTA),其是连接新加坡主要经济体和新市场的高速公路,通过自由贸易协定,新加坡出口商和投资者可享受诸如关税优惠、更快进入市场和知识产权(IP)保护等众多好处,目前新加坡与欧洲自由贸易联盟、印度、日本、韩国、新西兰、澳大利亚、美国等国签订了自由贸易协定,同时还与文莱、智利、新西兰签订了跨太平洋战略经济伙伴关系协定。

(二)《外观设计登记法》沿革

起初,新加坡外观设计保护同专利保护一样,并没有专门的法律,一直遵循英国 1949 年《外观设计法》,在这段时期,外观设计一旦在英国取得注册,在新加坡就自动得到保护,无须登记;即在英国登记的设计所有人或者从设计所有人处取得转让权的人,可以在新加坡享有同样的权利和利益。⑤

2000 年,新加坡颁布了第一部《外观设计登记法》,稍后于 2005 年和 2017 年对《外观设计登记法》进行两次修改,具体内容如表 2 所示:

表 2　新加坡《外观设计登记法》首次颁布及历次修改主要内容

序号	时间	主要/改法内容
首次颁布	2000	主要借鉴英国《外观设计法》。
第一次改法	2005	新增外观设计电子申请有关规定、外观设计登记注册有关事务规定、外观设计文献服务规定。

⑤　李小伟:《新加坡知识产权法律制度初探》,《苏州大学学报》1995 年第 1 期。

续表

序号	时间	主要/改法内容
第二次改法	2017－10－30	(1)扩大可注册设计的范围,即申请人可以保护其设计中更多类型的设计特征,其中包括与非实物产品(non－physical product)有关的设计特征,以及颜色和手工艺品的特征; (2)改变委托设计的默认所有权,在修正案生效前,当设计者受委托创作设计时,委托方被默认为该设计权利的所有人,而非创作者或者设计者;然而,根据《注册外观设计》修正案第4条的规定,受委托人委托所创作设计的权利归设计者或创作者所有,双方另有约定的情况除外; (3)延长宽限期,本次修订将宽限期从6个月延长至12个月,即设计者在对其设计进行任何披露后12个月内仍可以对该设计提交注册申请; (4)本次修订允许申请人为多项申请提交一份注册申请。

由此可见,虽然新加坡1965年才正式独立,但是直到1995年和2000年新加坡才分别拥有本国单独的《专利法》和《外观设计登记法》,在此之前都是遵循英国的相关规定。虽然新加坡知识产权保护制度起步较晚,但是其具有较强的知识产权保护意识,在不断摸索探究中进行频繁的修法,且每次修改均具有较大改动,促使其知识产权法律制度不断完善,与此同时在符合新加坡国情的情况下尽量与世界发达国家接轨,使新加坡成为东南亚地区领先的知识产权保护国家。就新加坡专利确权制度而言,其一大特点是保留了授权前异议制度,目前大部分国家为了不延长专利审查时间而废除了该项制度,为此新加坡在异议制度的设置上是否有不同之处,能否解决延长授权时间的问题,下文将对新加坡异议制度进行详述。

二、新加坡专利异议程序

新加坡专利确权制度中,包含授权前异议、授权后撤销程序,授权前异议主要在新加坡知识产权局处理,授权后撤销既可通过知识产权局又可在高等法院进行判定。本文主要介绍新加坡异议程序,通过对比我国公众意见制度,总结新加坡异议程序的特点以及对我国相关制度改进的启示。

(一)新加坡专利异议程序流程

新加坡法案中规定的异议制度最早可追溯到于2004年7月1日实施

的2004年第19号修正法案,2004年新加坡《专利法》修正前,新加坡国内申请的专利在授权前由注册主任进行审查,审查后若不符合授予专利权的条件则提出修改意见,申请人在规定期限内进行修改,经修改的专利申请符合条件后则进入授权阶段。根据2004年修正的新加坡《专利法》相关规定,任何人在专利授权前都可以针对授权条件提出异议,授权后则可以申请撤销程序。

根据现行新加坡《专利法》的规定,有四种可选的专利审查方式,即,(1)同时请求检索报告和审查报告;(2)先请求检索报告然后再请求审查报告;(3)只请求审查报告;以及(4)只请求补充审查报告。申请人可以选择其中一种审查方式来请求对专利申请的检索和/或审查。针对这四种审查方式,所采取的异议相同,即只要在专利已经申请公开、还未授权的这段时期内都可以由任何人向知识产权局提出异议申请。⑥

根据新加坡《专利法》第29A条第(3)款的规定"若依据第29条第(4)款发送的审查报告,依据第29条第(5)款发送的检索及审查报告或依据第29条第(6)款发送的补充审查报告含有一项或多项未决异议,注册主任须向申请人发出拒绝该专利申请的通知。"即在新加坡专利审查阶段,任何人可对该发明的可专利性进行质疑,并提出异议,在此阶段否定一项发明的可专利性成本较低;但是如果不能及时在专利授权前进行异议的,则只能在授权后的撤销程序中挑战专利的有效性,相应的,撤销的成本要比异议的高很多。

新加坡专利异议程序的具体流程:

1. 申请人提交专利申请

(1)申请人以专利表格1的形式向新加坡知识产权局提交专利申请;

(2)注册主任检查该项发明的申请日期,若不满足专利申请的必要条件,则由注册主任发出专利申请视为已被放弃的通知书;若满足必要条件,则由注册主任作出申请日期通知书。

2. 注册主任进行初步审查

注册主任对发明申请进行初步审查,若不满足必要条件,由注册主任作出拒绝专利申请通知书;若满足必要条件,由注册主任发出必要条件均满足通知书。

⑥ 桑敏:《新加坡专利申请的审查方式与选择策略》,《2015年中华全国专利代理人协会年会第六届知识产权论坛论文集》2015年版,第12页。

3. 专利公开以及实质审查

(1)经过初步审查,注册主任认为该专利申请均满足形式审查要件以后,应该尽快在18个月内公开该专利申请;此后专利申请人可在四种专利审查方式中选择其中一种,进行专利检索和/或审查;在专利公开后,任何人均可就该专利申请向新加坡知识产权局提出异议;

(2)申请人可选择的审查方式包括:(a)先请求检索报告然后再请求审查报告;申请人以专利表格10的形式在13个月内向新加坡知识产权局请求检索,之后在36个月内以专利表格12请求审查;(b)同时请求检索报告和审查报告;申请人在36个月内以专利表格11的形式向新加坡知识产权局请求联合检索和审查;(c)只请求审查报告;申请人依据外国检索结果或国际检索报告并且在36个月内以专利表格12请求审查;(d)只请求补充审查报告;申请人依据外国检索或审查结果或"国际可专利性初审报告"并在54个月内以专利表格12A的形式请求进行补充审查;

(3)经过实质审查后,由注册主任作出相应的审查报告。

4. 无未决异议及其处理

(1)若在此期间内,没有任何人就专利申请提起异议,则注册主任向申请人发送授予专利权通知书;此时若申请人符合新加坡《专利法》第30条(a)项和(c)项规定"(a)已符合所有的正式要求;(b)申请人已收到其有资格进行专利权授予的通知;(c)已经提交了授予专利权应提交的规定文件"。则由注册主任向申请人发送授予专利资格通知书;若申请人不符合新加坡《专利法》第30条(a)项和(c)项规定,则视为放弃申请;

(2)申请人收到授予专利资格通知书后的2个月内以专利表格14的形式请求新加坡知识产权局发放专利授权证明书;

(3)新加坡知识产权局发放专利授权证明书,其将在专利期刊上公开。

5. 存在异议及其处理

(1)若在此期间内,有人就专利申请提起异议,则注册主任向申请人发送拒绝专利申请通知书;此时若申请人在2个月内依据新加坡《专利法》第29B条第(1)款(a)项和(b)项规定"(a)在规定期限内提交规定的请求书的表格;且(b)书面提交审查报告、检索和审查报告或补充审查报告(视情况而定)的未决异议的解决方案"。提起复核申请,则由审查员在6个月内出具复核审查报告;若申请人未在2个月内请求复核,则新加坡知识产权局拒绝该专利申请;

(2)审查员出具复核审查报告后,由注册主任审查该复核审查报告,并将复核审查报告副本递送申请人;

(3)经过审查复核审查报告,若注册主任认为该专利申请没有未决异议,则向申请人递送其有资格进行专利授权的通知;若注册主任认为该报告有一项或多项未决异议,则向申请人发出拒绝其专利申请的通知。

具体专利授权前异议流程如图1所示。

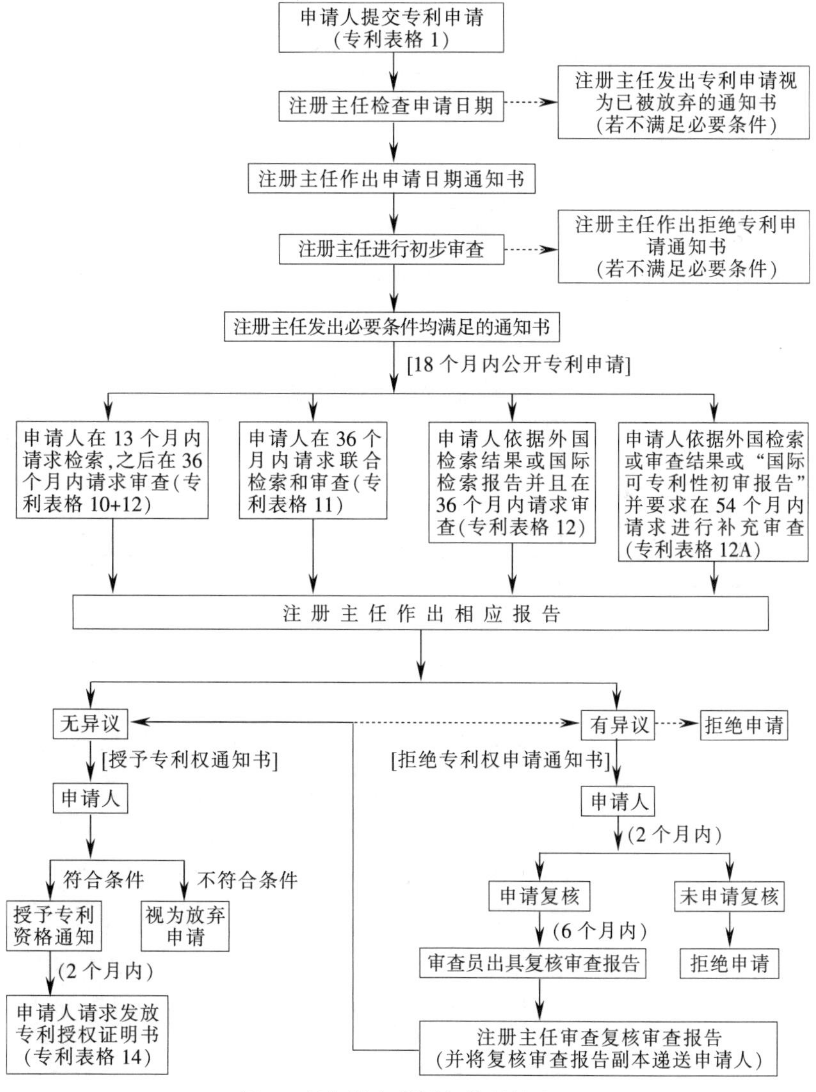

图1 新加坡专利授权前异议流程

(二)新加坡专利异议制度运行的考察

虽然新加坡在专利授权前设置了异议程序,但是该程序是否实际启用,如果启用,其所达效果如何。这一系列问题都值得我们具体分析数据进行研究。

为此通过新加坡知识产权局官方发布的统计数据⑦,研究从2004年开始到2016年为止的相关异议数据,如表5所示;以及2001年至2016年主要国家在新加坡的专利申请量和授权量,如表3、表4和图2所示。

表3　新加坡专利申请量

	2001	2002	2003	2004	2005	2006	2007	2008
新加坡	523	624	626	641	572	626	729	808
总量	8133	8070	7908	7951	8605	9164	9955	9692
	2009	2010	2011	2012	2013	2014	2015	2016
新加坡	827	895	1056	1081	1143	1303	1469	1601
总量	8736	9733	9794	9685	9722	10312	10814	10980

表4　新加坡专利授权量

	2001	2002	2003	2004	2005	2006	2007	2008
新加坡	173	246	175	397	557	434	474	512
总量	7218	7584	4335	5977	7677	7393	7478	6286
	2009	2010	2011	2012	2013	2014	2015	2016
新加坡	480	369	484	410	393	402	446	432
总量	5609	4442	5949	5633	5575	5538	7054	7341

从表3的专利申请总量可以看出,虽然在数量上有些许波动,但是总体来说依旧是呈平稳上升趋势。就专利申请来源而言,新加坡本国的申请量仅占总申请量的10%左右,其余大部分来自其他国家。对于大多数国家,其目标市场主要为能在一定程度上保护该国知识产权的国家,由于新加坡有大量来自国外的专利申请,为此从侧面反映出新加坡的知识产权制度较为先进。并且新加坡每年受理的专利申请量较大,不断挑战着新加坡专利审查制度,合理有效的审查机制能在一定程度上提高授权专利的质量,过滤瑕疵专利,因此下

⑦ 数据源于新加坡知识产权局 https://www.ipos.gov.sg/about-ipos/statistics,最后访问时间:2018年5月19日。

文再结合授权率分析新加坡专利审查制度的严格程度。

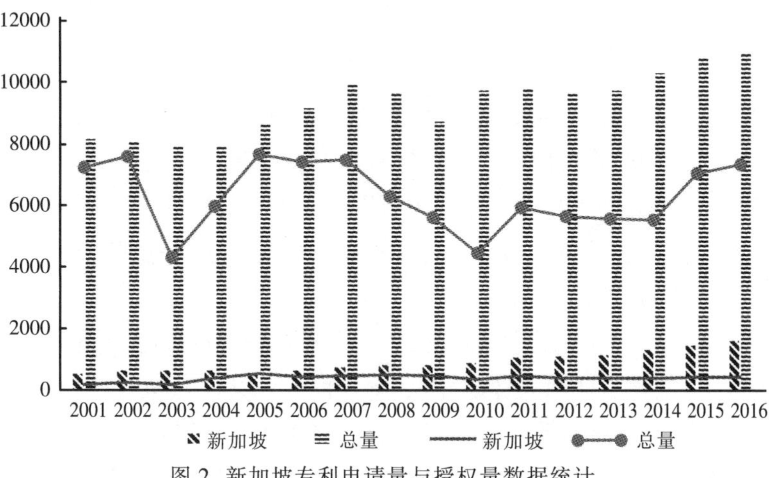

图 2 新加坡专利申请量与授权量数据统计

依据表 3 和表 4 制作图 2 ,柱形图表示专利申请量,折线图表示专利授权量。由此可见,授权量在 2008 年之后有明显下降,究其原因,是因为 2008 年进行了新加坡《专利法》第四次修改,初步建立“主动授权”制度;“主动授权”体系比之前新加坡采用的“自我评估”体系更严格,需要新加坡专利局对每一件专利申请都进行严格的实质审查,发明才能被授予专利权,但是在“自我评估”体系下,即使有的专利申请仅部分满足授予专利权的条件也能授权。所以在 2008 年以前,新加坡采“自我评估”的专利审查方式,要求较为宽松,授权量远远大于 2008 年后所采用的“主动授权”审查方式。新加坡在加强了实质审查后,授权量大幅度下降,其中授权前异议制度是否在一定程度上影响了授权数量,鉴于此下表对异议数量进行了初步统计,探究该制度是否实质上影响了新加坡知识产权局注册主任对专利授权的判断,若存在影响则其效果如何。

表 5 新加坡知识产权异议类型及数量

	2004	2005	2006	2007	2008	2009	2010	2011	2012	2013	2014	2015	2016
商标	244	275	201	309	253	217	169	185	222	197	207	414	469
专利	0	0	0	0	0	0	0	0	0	0	0	0	0

通过表 5 显示的数据可知,新加坡知识产权制度中《商标法》与《专利法》均设置了异议程序,从使用的情况来看,每一年都有商标的异议案件,但是专利几乎没有提起异议。因此专利授权量的下降,大部分是由于审查员的严格

审查,在实质审查时驳回了大量不符合授予条件的专利申请,而通过异议制度驳回专利申请的情况所占比例较少。

究其原因,《商标法》和《专利法》一样,提起异议的时间均规定在商标或专利公开后、授权前;从成本上考虑,在这期间内对商标或专利的授予条件进行否定,成本较低,若在授权后走撤销程序则成本较高;并且在这一阶段异议人也较为容易异议成功,因为此时的商标或专利不太稳定,若此时异议人详细分析该异议商标或异议专利提出足以否定商标显著性或专利“三性”的声明,那么异议成功的概率很大。

但是商标和专利的最大区别是,如果商标不具有显著性,不足以区分商品来源,在授权前若有任何人提起异议,则该商标就会完全被否定,没有可以挽回的余地,除非商标申请人重新申请注册一个商标。就专利而言,若一项申请被异议人提起不符合新颖性,那么申请人可以对权利要求进行修改,缩小保护范围,达到新颖性的标准;若异议人提起不符合创造性,则申请人可以进行答辩,说明其发明并不存在技术启示。所以商标异议成功的概率要比专利的大。

在新加坡知识产权局网站中公布的数据,其并未说明该数据是“提起异议”的数量还是“异议成功”的数量。所以笔者推测专利之所以没有异议程序的数据,是因为其公布的是“异议成功”的数量,因为利害关系人特别是竞争对手会尽量阻止影响其利益的发明被授予专利权,为此会于专利授权前抓住时机提起异议,但是一项专利申请即使被提起异议,申请人还有修改权利要求的机会,缩小保护范围,使该专利申请满足“三性”的要求,最终得以授权。或许也因为原本提起异议的专利申请数量较少,为此最后异议成功的数量也相应较少。此推测还需后续进一步研究证明。

三、新加坡专利异议程序与我国专利公众意见制度比较

绝大多数国家为了在源头上减少瑕疵专利的产生,均会在专利申请公开后、授权前设置相应质疑专利申请是否满足授权条件的制度,一方面可以提高授权专利的质量,另一方面也能弥补专利审查员的审查漏洞,从而推动科技创新,有助于专利权人与社会公众的利益平衡。新加坡在《专利法》第 29A 条、第 29B 条对新加坡专利异议制度作出了相关规定,而中国在《专利实施细则》第 48 条、《专利审查指南》第二部分第八章第 4.9 节规定了专利公众意见制度。

（一）不同点

关于专利异议制度，新加坡《专利法》第29A条第(1)款[⑧]对专利申请无异议的情形作了相关规定，即已经过申请上述四种审查和/或检索方式，并且没有任何人对该专利申请提起异议，则注册主任直接向专利申请人发送专利权授予通知书。第29A条第(3)款、第(4)款[⑨]对有异议的情形作出了规定，若有人对该专利申请提起异议，则注册主任首先向申请人发送拒绝专利申请通知书，由申请人在规定期限内申请复核审查，进行可专利性的答辩，消除异议；若申请人未在规定期限内申请复核，则注册主任拒绝其专利申请；异议消除后，由注册主任向申请人发送专利权授予通知。第29B条第(5)款[⑩]规定了注册主任针对审查员复核审查报告所做决定的相关事宜，即经过申请复核后，若专利申请人经过答辩消除相关异议，则注册主任向其发送授予专利权通知；若依旧存在未决异议，则注册主任向专利申请人发送拒绝专利申请通知书，如果在收到拒绝通知书之日起2个月内专利申请人未申请复核，则拒绝授予专利权通知生效，注册主任将驳回申请人的专利申请。

而我国主要将公众意见制度规定于《专利实施细则》第48条“自发明专利申请公布之日起至公告授予专利权之日止，任何人均可以对不符合专利法规定的专利申请向国务院专利行政部门提出意见，并说明理由。”即任何人都可以在专利申请公开后、专利授权前提起公众意见，对专利申请的可专利性进行否定。审查指南第4.9节对公众意见的处理进行了相应规定“任何人对不

---

⑧ 新加坡《专利法》第29A条第(1)款“若依据第29条第(4)款发送审查报告，依据第29条第(5)款发送检索和审查报告或依据第29条第(6)款发送补充审查报告，并且没有未决异议，注册主任应向申请人发出其有专利权授予资格的通知。”

⑨ 新加坡《专利法》第29A条第(3)款“若依据第29条第(4)款发送的审查报告，依据第29条第(5)款发送的检索及审查报告或依据第29条第(6)款发送的补充审查报告含有一项或多项未决异议，注册主任须向申请人发出拒绝该专利申请的通知。”新加坡《专利法》第29A条第(4)款“如果注册主任依据第(3)款已向申请人发出通知—(a) 按照第29B条第(1)款的规定，申请人可以在规定的期限内申请复核审查报告、检索和审查报告或补充审查报告(视实际情况而定)；且(b)若申请人未能依据本款(a)项申请复核，则应拒绝该专利申请。”

⑩ 新加坡《专利法》第29B条第(5)款“注册主任在收到复核审查报告后应当递送申请人－(i)如果注册主任认为该报告没有未决异议，则向申请人递送其有资格进行专利授权的通知；或(ii)如果注册主任认为该报告有一项或多项未决异议，则向申请人发出拒绝其专利申请的通知。”

符合专利法规定的发明专利申请向专利局提出的意见,应当存入该申请文档中供审查员在实质审查时考虑。如果公众的意见是在审查员发出授予专利权的通知之后收到的,就不必考虑。专利局对公众意见的处理情况,不必通知提出意见的公众。”说明公众意见仅仅作为审查员进行实质审查的参考,是否采纳由审查员决定,并且该制度是一项单向制度,意见人提起否定意见后,审查员不会将其是否采纳该意见的结果通知意见人,也不会告知专利申请人该项发明被提起公众意见。因此就授权前否定可专利性的制度而言,新加坡异议制度和我国公众意见制度之间存在以下三点不同之处。

1. 是否具备反馈机制

依据新加坡《专利法》第 29A 条第(3)款⑪规定,新加坡知识产权局于授权前收到异议后,将该异议反馈于专利申请人,并由注册主任向申请人发送拒绝专利申请通知,专利申请人针对异议进行答辩以此消除异议;因此新加坡专利异议制度中具有反馈机制。而根据我国专利审查指南第 4.9 节相关规定,我国没有相应的反馈机制,当审查员收到公众意见后,不会将其是否采纳该意见的结果告知意见人,同时也不会告知专利申请人其专利申请被社会公众提起了公众意见。

2. 是否先由审查员/注册主任进行判断

依据新加坡《专利法》第 29A 条第(3)款⑫规定,新加坡知识产权局在专利申请存在异议的情况下,由注册主任直接向申请人发送拒绝授权通知书,由

---

⑪ 新加坡《专利法》第 29A 条第(3)款“若依据第 29 条第(4)款发送的审查报告,依据第 29 条第(5)款发送的检索及审查报告或依据第 29 条第(6)款发送的补充审查报告含有一项或多项未决异议,注册主任须向申请人发出拒绝该专利申请的通知。”新加坡《专利法》第 29A 条第(4)款“如果注册主任依据第(3)款已向申请人发出通知—(a) 按照第 29B 条第(1)款的规定,申请人可以在规定的期限内申请复核审查报告、检索和审查报告或补充审查报告(视实际情况而定);且(b)若申请人未能依据本款(a)项申请复核,则应拒绝该专利申请。”

⑫ 新加坡《专利法》第 29A 条第(3)款“若依据第 29 条第(4)款发送的审查报告,依据第 29 条第(5)款发送的检索及审查报告或依据第 29 条第(6)款发送的补充审查报告含有一项或多项未决异议,注册主任须向申请人发出拒绝该专利申请的通知。”新加坡《专利法》第 29A 条第(4)款“如果注册主任依据第(3)款已向申请人发出通知—(a) 按照第 29B 条第(1)款的规定,申请人可以在规定的期限内申请复核审查报告、检索和审查报告或补充审查报告(视实际情况而定);且(b)若申请人未能依据本款(a)项申请复核,则应拒绝该专利申请。”

申请人请求复核，注册主任不会首先对该异议进行认定；而根据我国专利审查指南第 4.9 节相关规定，若有人向专利局提起意见，则“存入该申请文档中供审查员在实质审查时考虑”，即在我国公众意见制度中，由专利局先行处理，是否采纳该意见由专利局自行决定，若采纳则以审查意见通知书的形式发送申请人，但不会告知申请人其专利申请被提起公众意见。

3. 是否延长授权时间

依据新加坡《专利法》第 29A 条第(1)款⑬、新加坡《专利法》第 29B 条第(5)款⑭规定，新加坡知识产权局在专利申请实质审查过程中，若无人提异议，则在符合可专利性的前提下，新加坡知识产权局将授予申请人专利权，不会太过延长专利授权时间；若有人提异议，注册主任不会先行判断，而是给申请人 2 个月的申请复核期以便申请人答辩消除异议，并且给予审查员 6 个月时间出具复核审查报告，这样的规定将延长授权时间；而根据我国专利审查指南第 4.9 节相关规定，对于我国公众意见制度，任何人提起公众意见后，由审查员在实质审查中自行决定是否采纳，即审查员不一定采纳公众意见，就算采纳也会按照审查流程继续审查，不会单独给申请人时间针对意见进行答复，所以就我国公众意见而言，不会过度延长专利授予时间。

针对以上不同的制度安排而言，新加坡授权前异议制度，存在一定缺陷，即只要有人提起异议，注册主任都会向申请人发送拒绝授权通知书，这样会造成很多利害关系人故意提起异议恶意拖延授权时间，不利于保护专利申请人的合法权益；我国的公众意见制度符合现在大部分国家所采纳的原则——不过度延长专利授予时间，即不论是否提起公众意见都不会影响授予专利权的时间，依旧按照正常的审查程序进行专利审查，同时也能弥补审查员在实质审查中的漏洞。

(二) 相同点

不论是新加坡专利异议制度还是我国专利公众意见制度，其设置的目的

---

⑬ 新加坡《专利法》第 29A 条第(1)款“若依据第 29 条第(4)款发送审查报告，依据第 29 条第(5)款发送检索和审查报告或依据第 29 条第(6)款发送补充审查报告，并且没有未决异议，注册主任应向申请人发出其有专利权授予资格的通知。”

⑭ 新加坡《专利法》第 29B 条第(5)款“注册主任在收到复核审查报告后应当递送申请人 -(i) 如果注册主任认为该报告没有未决异议，则向申请人递送其有资格进行专利授权的通知；或(ii) 如果注册主任认为该报告有一项或多项未决异议，则向申请人发出拒绝其专利申请的通知。”

均是为了在专利授权前借助社会公众的力量，弥补专利局审查员在专利审查时的漏洞，在专利授权前尽可能否定专利申请的可专利性。

由于这两项制度的设立初衷相似，为此新加坡异议制度和我国公众意见制度存在诸多相同点：均可由任何人在专利申请公开后、授予专利权前向注册主任/专利局提起异议/意见；异议人/意见人均不能控制专利申请最终是否能被授权，即若专利申请被授予专利权，对该授权结果不服的异议人/意见人不能提起相应的诉讼，阻止专利授权。相同点如表6所示；

表6　我国专利公众意见制度和新加坡专利异议程序相同点

专利公众意见制度 VS 新加坡专利异议程序		
对比项	公众意见	新加坡异议
主体	任何人	
对象	专利局(注册主任)	
时间	公开后、授权通知书发出前(实审阶段)	
形式	审查员单方审查	
对结果的控制	不一定能确切控制结果(对新加坡异议结果不服的不可诉)	
备注：都需要以"最接近现有技术"对比文件为证据，否认目标专利的新颖性、创造性，申请人可经过修改完善权利要求		

四、新加坡专利异议程序对我国专利公众意见制度的启示

经过上文对比可以看出新加坡专利异议制度与我国专利公众意见制度均是为了在专利授权前解决该项专利申请是否符合专利授权条件，二者设立的初衷相同，但在具体流程和制度设置上存在明显的差异，两项制度均存在各自的优势与劣势，下文将对这两项制度的优劣势进行分析，并就我国专利公众意见制度的完善提出几点建议。

（一）新加坡专利异议程序优劣势分析

1. 新加坡专利异议程序优势

新加坡将专利异议制度纳入《专利法》条文中，虽然在《专利法》中并没有一个专属的章节规定异议制度，但是异议流程分散于专利授权前的相关规定中，从而提升了该项制度的法律地位和法律效力，同时对异议制度的作用作出了具体的说明；再者新加坡专利异议制度具有反馈机制，可以将异议内容告知专利申请人，并且新加坡专利局的注册主任在收到异议后，会立即向专利申请

人发出拒绝专利申请通知,这样的设置可以激励社会公众监督专利审查过程,并可以弥补审查员检索的不足,提高授予专利权的专利质量。

2. 新加坡专利异议程序劣势

新加坡《专利法》规定只要存在异议,专利局注册主任可不经审查就直接向专利申请人发送拒绝专利申请通知书,此后由专利申请人在收到通知之日起 2 个月内提起复核,若经过复核消除异议则授予专利权,若异议未消除则由注册主任向专利申请人发送拒接专利申请通知书。由于在收到异议后,注册主任不经审查就直接发送拒绝专利申请通知,这样的制度设置容易使得利害关系人借用异议之便,恶意拖延授权时间,侵害专利申请人的合法利益。

(二)我国专利公众意见制度优劣势分析

1. 我国专利公众意见制度优势

我国为杜绝社会公众恶意提起公众意见,在制度设置上先由审查员进行审核,审查员采纳该意见后再用审意见通知书的形式送达申请人,由申请人进行答辩。由于公众提起的公众意见仅供审查员参考,所以最终还需审查员对该公众意见进行判定,这样既能按照正常的审查流程继续审查,又能在源头上杜绝部分不符合专利授予条件的专利。

2. 我国专利公众意见制度劣势

我国的专利公众意见制度,仅仅规定于《专利实施细则》和《专利审查指南》中,并没有像新加坡一样规定在《专利法》中,并且缺乏对公众意见法律地位、法律效力以及作用的具体说明,特别是审查员不会将是否采纳该意见反馈于意见人,也不会告知专利申请人其专利申请被提起公众意见。虽然提起公众意见能弥补审查员的审查漏洞,缩短审查时间,但由于无法收到反馈,将导致意见人不知道其意见是否能被审查员采纳,会在一定程度上挫伤其参与到专利审查中的积极性,造成原本可以由专利局利用的第三方资源而没有充分利用,对专利审查工作而言是一种损失。

(三)我国公众意见制度完善建议

基于对新加坡专利异议制度的借鉴,为此建议我国需将专利公众意见制度明确化、具体化,在《专利实施细则》或《专利审查指南》中具体规定其法律地位、法律效力及该制度的作用,最好的方式就是将专利公众意见制度纳入《专利法》中,赋予其更高的法律地位,同时增加反馈机制,让社会公众明了其提起的公众意见是否被审查员采纳,若未采纳则原因为何;进行如上所述的完善能够在大幅度提升社会公众参与专利审查积极性的同时也能增加该项制度的启用率,并且能更好地在源头处减少不符合授予条件的专利数量,既弥补了审查员检索的不足又缩短了审查员的专利审查时间,还提高了专利审查质量与已授权专利的质量。

Singapore Patent Opposition System and Its Experience

Abstract: After five revisions, the Singapore patent system has been transformed from the original patent law based on the relevant UK laws to the current localization of the patent system, making Singapore the number one country in Asia for intellectual property protection, coupled with our country and Singapore have close trade, In this regard, the study of Singapore's intellectual property system has implications for China's improvement of relevant systems. By combing the Singapore patent opposition process, compared with our country's patent public opinion system, it is found that both systems are set before the patent authorization to determine whether the patent application meets the conditions for grant, and both systems are insufficient; The Singapore patent opposition system has the disadvantage of easy to be abused by the interested person to delay the authorization time, However, the lack of feedback mechanism in China's patent public opinion system tends to weaken the enthusiasm of public for participating in patent examination. To this end, China needs to clarify the legal status of the public opinion system and incorporate a feedback mechanism to make the system better serve patent examination.

Key Words: Patent Confirmation; Patent Opposition System; Patent Public Opinion System

(责任校对:文禹衡)

新加坡专利申请与审查可鉴经验

程　煜*

摘　要：新加坡作为法制建设相对完备的亚洲国家，其知识产权制度以全面性和严密性受到多数国家认可，在中国提出"一带一路"倡议背景下，本文对新加坡专利申请制度进行了系统研究。对新加坡国内专利申请流程进行了系统的介绍，还对于新加坡特殊的专利审查制度、国际专利申请和审查的特殊规定以及新加坡对外专利合作计划进行了论述。有助于我国在新加坡投资企业充分了解新加坡专利申请制度。

关键词：新加坡　专利申请　专利审查

一、引言

知识产权建设已经成为21世纪全球经济发展的重要合作项目，新加坡是政治、经济、法律治理，尤其是知识产权建设都较为领先的资本主义国家，在"海上丝绸之路"共建过程中具有重要的研究意义。[①] 新加坡有着立法完备、执法严密、处罚严厉的声誉，是一个出了名的严刑峻法的国际化国家，其知识产权建设与宣传非常全面，包括：国内的知识产权立法、知识产权交易和管理、知识产权争议解决制度，国际上开展知识产权合作等。2013年，新加坡政府发布了知识产权枢纽总体规划，旨在充分利用新加坡的优势，发展成为亚洲的全球知识产权枢纽。除此之外，新加坡还拥有专利合作条约下的国际检索和

---

* **作者简介**：程煜，湘潭大学法学院硕士研究生。

① 方剑：《"一带一路"倡议下我国与新加坡法律制度之比较》，《政法学刊》2017年第4期。

初步审查单位，其检索和审查报告可用于加速30多个市场的专利申请。新加坡还设立了除世界知识产权组织国际局（WIPO）日内瓦国际调解与仲裁中心（AMC）外唯一的国际仲裁中心（SIAC），该中心基于与WIPO的AMC合作框架允许各方通过替代性争议解决方案解决争议。② 据新加坡知识产权局相关统计，截止到2018年新加坡知识产权相关法律涉及了专利、商标、版权、注册外观设计、植物品种、地理标志和商业秘密。尤其在专利方面，新加坡2006年以来申请量居高不下，2016年包括国际申请和本地申请的专利申请量为10980件，且无效案件近五年来均为个位数，这说明新加坡专利质量较高，无效案件较少，这无异得益于全面的专利制度建设。③ 本文意图在于通过系统介绍新加坡的专利申请制度，帮助我国机构、企业、个人了解新加坡的专利申请流程，同时对于我国的专利申请程序法律建设提供可鉴经验。

二、新加坡专利制度法律溯源

新加坡的地理位置导致这注定是一个重要战略重地，历史上经历过数次争端，被暹罗（今泰国）、满洲伯夷国以及英国统治，但对新加坡专利制度影响最大的就是英国的殖民。1819年，英国爵士斯坦福·莱佛士登陆新加坡，在致力于在中国和印度扩张英国版图的背景下，通过与新加坡当时的统治者天猛公签订贸易条约，顺利地将适合充当海外贸易据点的新加坡作为英国的殖民地。④ 至1965年新加坡正式独立，在被殖民期间，新加坡的政治、经济、法律、文化都走上了空前的繁荣期。因为有着这样的历史，新加坡的法律与人文都印上了殖民统治的痕迹。

作为普通法系国家，英国法律体系特点是制定法与判例法并重，这也深深影响了新加坡。对于制定法来说，二十世纪九十年代之前，新加坡法律体系被动的全盘移植英国法制，其专利制度也深受英国《专利法》的影响。具体来说，1993年之前，新加坡一直完全适用英国专利法，法律规定在新加坡受到保护的专利必须是根据英国专利法在英国授予的。直到1993年，新加坡国会通

② 新加坡政府法律部网站，https://www.mlaw.gov.sg，最后访问时间：2018年5月20日。

③ 新加坡政府数据2016专利态势报告，https://www.ipos.gov.sg/docs/default-source/resources-library/patents/infopacks/singapore-patent-landscape-report-2016.pdf，最后访问时间：2018年5月20日。

④ 刘颖：《新加坡独立问题研究》，《赣南师范学院》2015年硕士学位论文。

过制定《英国法适用法令》,明确限定了英国法在新加坡的实施,它的大意主要包括继续适用某些英国法令,包括习惯法和衡平法;同时赋予了新加坡部长对于适用的英国法令修改的权力。自此以后,新加坡开始逐渐制定和修改自己制定的专利法典。1995 年 2 月 23 日新加坡首部《专利法》开始实施,该法虽然大部分移植了英国 1977 年专利法的条文,但随后经过数次修改逐渐适应了发展变化的国情,最新一次修正是在 2017 年。⑤ 目前版本的专利法中对于英国 1977 年专利法仍有大量适用,如新加坡专利法中第 14 条关于新颖性的规定与英国 1977 年专利法中第一部分新国内法关于新颖性的规定基本相同。

对于判例法来说,在 1994 年之前,英国的枢密院(Privy Council)是新加坡的最高上诉法院,上诉到英国枢密院的专利判例现在仍有约束力,由于 1963 年至 1965 年,新加坡是马来西亚联邦的一部分,所以在 1963 年至 1965 年之间的马来西亚联邦最高法院作出的判决,对现在的新加坡法院也具有约束力。

新加坡的专利制度包括制定法和判例法两方面,制定法主要包括新加坡共和国宪法、新加坡专利法、有关部长根据法令拟定的辅助条规,即附属法规、被接纳的英国法令、国际公约。现在新加坡的所有制定法都收录在《新加坡共和国制定法》中,该收录是按照字母顺序排列,并且每一制定法均有一个章节数,方便查询。如上文所述,新加坡是普通法系国家,其法律主要由判例法组成,所以其主要的法律渊源还包括:新加坡法庭的判例、1994 年之前英国法庭的判例、1963 年到 1965 年间马来西亚联邦法庭的判例。除此之外,由于新加坡还遵守习惯和习惯法,故其法律渊源还包括新加坡的风俗习惯。⑥

1.《新加坡共和国宪法》

1965 年新加坡颁布了第一部宪法,马来西亚宪法中的部分条文仍然适用。宪法规定新加坡政体为议会共和制,还规定司法立法等机构关键职务的任用由总统批准。

2. 新加坡《专利法》

新加坡《专利法》于 1995 年 2 月 23 日生效,其后经过三次修订与数次修正,现行版本的法案是 2005 年修订版,最新一次修正是 2017 年 10 月。现行《专利法》及其附属法规由专利规定、专利(专利代理人)规则和专利(犯罪组

---

⑤ 新加坡法律,该网站有新加坡主要实体法律简介及部分判例法简介。http:/www.sinfaporelaw. sg/sglaw/,最后访问时间:2018 年 5 月 20 日。

⑥ 葛丽霞:《新加坡法律渊源简介》,《法制与社会学术前沿》2009 年 6 月(上)。

成)条例组成,共同收订在《新加坡共和国制定法》(第221章)中,构成了新加坡专利的制定法律保护体系。根据新加坡专利法的规定,新加坡的专利制度以先申请制度为基础,换句话说,一般来说对于同一个发明而言,第一个提交申请的人,优先于其他申请人。提交专利申请的,必须向新加坡知识产权局(Intellectual Property Office Of Singapore,IPOS)提交专利申请。专利申请应包含详细说明,包括对本发明的完整书面解释或发明的说明文本以及本发明工作的机制图。

3. 新加坡《知识产权局法》

新加坡知识产权法(第140章)规定了专利制度的管理机构,其中包括新加坡知识产权局、专利注册处等。

4. 附属法规

新加坡的附属法规,又称"授权立法"或"下位法",由新加坡行政机构或立法委员会根据法律授权制定,由《新加坡共和国附属立法大全》收录并出版成册。

5. 国际公约

新加坡签署的国际公约有许多,其中主要国际知识产权公约与条约有马德里议定书、巴黎公约、尼斯协定、布达佩斯条约、专利合作条约、世界知识产权组织表演和录音制品条约、世界知识产权组织版权条约、工业品外观设计国际保存海牙协定、国际植物新品种保护条约、伯尼尔公约等。

《专利合作条约》The Patent Co - operation Treaty (PCT) 是促进在不同国家同时提交专利申请的国际条约,新加坡已加入 PCT 第一章和第二章的缔约。

《巴黎公约》是指新加坡于1883年3月20日在巴黎签订的保护工业产权的公约。

三、专利申请客体

(一)可申请专利的发明

根据新加坡《专利法》第2条第(1)款的规定,新加坡专利法只有发明专利可以申请专利。发明专利,是指可申请专利的发明,具体包括可授予专利的发明和发明方法(下文简称可申请专利的发明)。根据新加坡《专利法》第13条第(1)款的规定,可专利的发明含义是为了某个问题提供新的技术解决方案的产品或过程。它可以是一种新的制作方式,一种新产品的组成,或者对某些工作的技术改进。所称“新产品”,是指属于专利发明的产品或就专利工艺而言通过该工艺直接获得的产品或该工艺所应用的产品;所称“技术改进”,是指本发明必须是已经可用的任何现有产品或过程的改进。

(二)可申请专利的发明的标准

根据《专利法》第13条第(1)款的规定,可申请专利的发明必须符合三项主要标准,即新颖性(Novelty)、创造性(Inventive step)和工业应用性(Industrial application)。

1. 新颖性

根据《专利法》第14条的规定,新颖性指某技术或方法不构成现有技术的一部分即符合新颖性标准,现有技术被视为包括在该发明优先权日之前的任何时间内通过书面或口头的描述、使用或以任何其他方式已经向公众(无论是在新加坡还是其他地方)提供的所有事项(无论是产品、方法、信息还是任何其他事项);还应包括该技术出现在该发明申请的优先权日或优先权日之后公开的另一已提交并已公开的专利申请中,且这一份专利申请的优先权日期早于该发明申请。

根据新加坡《专利法》第14条5A款和5B款的规定,向公众披露的发明申请,会影响新颖性判断。“向公众披露”包括由于知识产权管理人(作为直接或间接从发明人处获得发明信息的人)公开该申请,或根据该申请注册知识产权;或未经发明人同意,由从发明人处直接或间接获得该发明信息的人提出申请均构成向公众披露。但是根据《专利法》第14条第(4)款的规定,上述发明申请若是经非法披露或任何人违背诚信披露或学术交流披露,提交相关证据的情况下不妨碍新颖性的判断。“非法披露”是指由发明人披露或者由该发明人以保密方式将该发明信息提供给的其他任何人披露;或者因为其他人或发明人相信其有权获得该发明信息,从而其他人从发明人处获得该发明信息后披露;或者任何人秘密向其他人提供了该发明信息,或从任何有权知悉的人处获得该发明信息即构成非法披露。“违背诚信披露”是指由发明人或发明人以保密形式向其他人提供或其他人从发明人处以保密形式获得该信息后披露。“学术交流披露”是指发明人由于在国际展览中展示该项发明所作出或由其引致的披露;或者经过发明人同意或其同意的他人,或其代表的任何学术团体阅读了描述该发明的文件,或在任何学术团体的交易中经其同意而发表的披露均构成学术交流披露。根据《专利法》第14条第(6)款规定,上述发明人均包括暂时拥有该发明的所有人。

2. 创造性

根据《专利法》第15条的描述，创造性全称为创造性步骤，具体指如果一项发明对于本领域的技术人员来说并不显而易见，则应认为该发明涉及创造性步骤。

3. 工业应用性

如果申请专利的发明可以在任何类型的行业，包括农业上制造或使用，则该发明应被视为具有工业应用能力，不包括通过外科手术、治疗或诊断的方法对人或动物进行治疗的方法发明，但不应仅仅因为由某种物质或成分构成的产品是为了用于任何此种方法而发明的，而使之不能被视为具有工业用途。

(三)不具备可专利性的发明

根据《专利法》第13条的规定，不具备可专利性的发明包括(1)发现、科学原理、数学方法；(2)文学、戏剧、音乐或艺术作品，或是其他美术创作；(3)游戏、商业行为、心智活动之规则、方法及计划；(4)计算机程序；(5)资料的表达。

除此之外，根据《专利法》第13条第(2)款的规定，不具备可专利性的发明还包括非显而易见发明、诊疗方法、不道德发明。所称"非显而易见发明"指在本发明的技术领域中，本领域的技术人员的改进必须不是显而易见的。如果对于本领域技术人员来说，发明是新的但显而易见，则本发明将不可专利。所称"诊疗方法"指通过手术或治疗或在人体或动物体上进行的诊断来治疗人或动物体方法的发明不应被视为能够工业应用，因此不是可专利的，但根据《专利法》第14条第(7)款的规定，如果一项发明是由用于治疗人体或动物的物质或组合物组成的，通过外科手术、治疗或诊断而用于治疗人体或动物的方法，在其中使用该发明物质或组合物并不构成现有技术的一部分，则不妨碍将该发明视为新发明。所称"不道德发明"指一般预期会鼓励进攻(encourage offensive)、不道德或反社会行为的发明即使符合三项主要标准，也不会公布或获得专利。

四、专利申请主体

(一)申请人

根据新加坡专利法的规定，国内申请人、声称是发明所有人的任何个人或法人可以在新加坡申请专利。本文将可提起申请的人分为以下几类；发明人、订立协议的人、继受人以及共有申请人。(1)发明人，根据新加坡《专利法》第19条第(1)款的规定，任何人可单独或与另一人共同提出专利申请，其中包括主要发明人或合作发明人;(2)订立协议的人,上条第(2)款(b)规定,申请主体还包括凭借任何成文法规或法律规则、任何外国法律或条约、国际公约或者在作出发明之前凭借与发明人订立的协议中可强制执行的条款而作出的干预的人，在做出该项发明时，有权在新加坡申请专利,获得专利权之上的所有财产（除公平利益以外）。(3)继受人,第(2)款(c)规定,提出申请的人可以是主要发明人或合作发明人的继受人或上文提及另一人的继受人。(4)共有申请人,第(3)款规定,除非法律另有规定,2 人以上共同申请的视为共有专利权。根据新加坡《专利法》第 24 条第(2)款(c)的规定,上述(2)(3)(4)种情况下,若申请人不是唯一的发明人或者申请人不是共同发明人的,需表明其有权获得专利权的权利来源,如果申请人不这样做,应视为放弃申请。

虽然新加坡对国籍或居留权没有限制或歧视,但是非新加坡国内的申请人、不属于新加坡居民的申请人必须向新加坡的注册处提供新的服务地址以便向其发送通知。如果聘请专利代理人代表申请人行事,则该服务地址应为专利代理人的惯例地址。

(二)职务发明

新加坡《专利法》第九章专门规定了职务发明的相关规定,根据新加坡《专利法》第 49 条描述,如果发明是在职员的正常职责范围内作出,或在其正常职责范围以外但由雇主具体指派而作出,而且在任何一种情况下都可以合理地预期该发明是由于履行职责而作出的,或者发明是在职员的职责范围中作出的,在作出发明时,由于其职责的性质及其履行职责所产生的特殊责任,职员具有促进雇主利益的特殊义务,这两种情况下职务发明属于雇主。需要注意的是,新加坡对于职员的确定非常严格,要求职员必须受雇于新加坡;此外对于职员发明的专利申请权的取得不仅包含新加坡法律,还包括任何其他国家现行法律或任何条约或国际公约。除满足上述条件以外的职员做出的发明应该属于职员。

(三)海外申请

根据新加坡《专利法》第 34 条规定,新加坡居民如没有注册主任的书面授权,不得在新加坡以外提出发明专利申请,除非在新加坡以外提交申请 2 个月以上,且已向注册主任提交就同一发明的专利申请并且不属于被认定为不利于新加坡国防或公众安全的信息的申请,违反该规定提出或者要求提出授予专利权申请的即属犯罪,一经定罪,处以不超过五千元的罚款或者不超过二年的有期徒刑,或两者并处。但是居住在新加坡以外国家的新加坡居民在新以外国家提出申请的不包括在内。“居住在新加坡居民”包括根据新加坡《移民法》(第 133 章)合法入境并留居的任何人。

五、专利申请日期、受理及其他规定

(一)申请日与优先权日

1. 申请日

根据新加坡《专利法》第 26 条的规定,在符合本法规定的情况下,申请专利的申请日应被视为向注册处提交申请文件以开启申请程序的最早日期。符合在先申请条件的则在先申请的申请日视为该项新申请的申请日。

在新加坡,权利要求书的提交不需要与提交专利申请为同一日,提交日即为申请日,概念上与一些国家的临时专利申请相似,但权利要求书必不可少,因为它提供了保护范围。申请人需要在 12 个月内提供一个或多个权利要求以完成专利申请,否则视为放弃专利申请。12 个月是指,自申报优先权 12 个月或自专利申请截止日期起 2 个月(以后申请截止日为准),或者自申请专利申请日起没有申报优先权的 12 个月内。

根据新加坡《专利法》第 17 条的规定,除本法规定的申请日外,与专利申请有关的发明的优先权日以及申请中所载所有发明(不论是否与申请的发明相同)的优先权日为该申请的申请日。

2. 优先权日

新加坡如许多其他国家一样,允许在专利申请中提出优先权要求。根据新加坡专利法第 17 条的规定,如果申请人提前在巴黎公约签署国或世界贸易组织成员国提出在先申请,他可以在后来于新加坡提出的专利申请中要求提前提交申请,后在提交申请之日起 12 个月内提出新加坡的专利申请,则优先权日为在线申请日。如果没有提交在先申请,专利申请所涉及的发明的优先权日为申请人在巴黎公约签署国家或世界贸易组织成员国提交专利申请的日期。

同样,在新加坡首次提交的申请可以作为在巴黎公约签署国家或世界贸易组织成员国⑦提交的后续专利申请中的优先权要求的基础,只要后续的专利申请是在新加坡首次申请之日起 12 个月内提交的。也就是说,申请人要想获得在先提出的同一发明的专利申请的优先权,随后的专利申请必须在所要

⑦ 关于《巴黎公约》缔约方名单和世界贸易组织成员名单,参见 WIPO 网站 www. wipo. int 和世贸组织网站 www. wto. org,最后访问时间:2018 年 5 月 20 日。

求的12个月的优先权期内提交。

根据新加坡知识产权局官网的信息,自2007年4月1日起,即使申请人在在先申请之日起12个月内未能提交后续专利申请,他们也可以申请恢复在先相关申请的优先权申报。如果从在先申请之日起12个月内提交的后续申请未能做出优先权申报,他们也可以申请增加优先权申报(在在先的相关申请之日起12个月内提出的申请,但省略了优先申报)。恢复优先权申报的,随后的专利申请应自先前相关申请之日起14个月内提交。增加优先权申报的必须在在先相关申请之日起16个月内提交。

(二)受理机构与受理时间

根据新加坡《专利法》的规定,要在新加坡获得专利,申请人必须向新加坡知识产权局(Intellectual Property Office of Singapore,IPOS)提交专利申请。IPOS是新加坡政府律政部下属的一个法定机构,主要负责知识产权的管理工作。⑧ 该局下设专利、外观设计和植物品种注册处(The Registries of Patents, Designs & Plant Varieties)负责专利及相关权利管理和授权工作,该机构设立注册主任(Registrar)负责具体裁决和执行。

处理专利申请的时间通常在两到四年之间。这取决于诸如发明的复杂性、对申请的修改以及搜索和检索过程等因素。为了更好地服务更大的效率需求,IPOS向专利申请人作出承诺,包括如果没有异议,且申请人遵守了规定的时间限制,从提交申请之日起12个月内即可签发授权。但是一次授予的专利可能会被任何一个以撤销专利权为目的的理由质疑,如该发明不是可授予专利的发明等。

(三)其他规定

1. 申请延期

在专利申请程序中有规定期限的,如果申请人无法满足其中一个或多个期间要求, 则可以请求延长该特定期间的时间。值得注意的是在专利申请程序中, 并非所有规定的期限都可以延长, 对于那些可以延长的时间, 还有需要满足的要求和支付的费用。

2 付款方式

在新加坡支付相应的申请费用需要递交至IPOS,支持多种支付方式,如

---

⑧ 新加坡知识产权局官网,https://www.ipos.gov.sg/,最后访问时间:2018年5月20日。

支票或银行汇票、GIRO、网上银行、借记卡或信用卡。若通过支票或银行汇票方式汇款则必须支付新加坡元并在新加坡经营的银行借款。若通过 GIRO 付款，一旦 IPOS 收到申请人指定的银行批准，将会收到相应的 GIRO 申请结果通知。若通过网上银行方式支付，则可通过 IP2SG⑨ 的网上银行付款，申请人需要提供在花旗银行、星展银行/ POSB 银行、大华银行、华侨银行和渣打银行有效的网银账户。若使用信用卡/借记卡，则可以使用 VISA /万事达信用卡和借记卡在 IP2SG 中通过信用卡/借记卡付款。

3. 专利专业人员

由于专利申请包含技术和法律文件，因此对专利申请进行认真的制定是非常重要的，以便授予其预期的保护范围。另外，专利申请过程涉及若干步骤，不遵守或未在规定的时间内遵守，可能会产生不利后果。虽然新加坡专利法没有对专利专业人员的聘用提出要求，但申请人应考虑寻求经注册的专利代理人或执业律师和初级律师（法律工作者）的服务，以协助进行专利申请。注册专利代理人或律师提供的服务包括在申请前就所披露信息提供咨询意见，并就发明的专利性、现有发明进行检索，起草专利说明书以及在登记前处理专利申请。

六、专利审查制度

（一）国内专利审查制度

1. 初步审查

根据新加坡《专利法》第 28 条的规定，如果专利申请有申请日期、没有被撤销或被视为放弃、申请人已经支付了规定的申请费并且满足了其他必要条件，注册官应对专利申请进行初步审查，以确定是否符合要求，这些要求包括：一是所提优先权声明没有规定了提交新加坡专利申请之日前 12 个月以前的相关专利申请的日期；二是专利申请中没有缺失该发明专利的任何图形或描述；三是专利申请符合形式要求。

在注册主任依据新加坡《专利法》第 28 条第（1）款已经对专利申请进行初步审查后，若申请人向注册处提交文件，并不撤销该申请，则依据第 26 条第（8）款，申请若有任何遗漏部分，注册主任应对申请进行另一次初步审查，将

⑨ 新加坡专利一站式服务网站，https ://www. ip2. sg/，最后访问时间：2018 年 5 月 20 日。

遗漏的部分视为申请中所包含的内容。

如果在初步审查期间，注册主任确定申请已经符合所有规定要求后，将会发出一份手续明确报告，此时申请人可以继续申请下一步审查。如果并非所有规定要求都符合，注册主任将发出一份手续审查不良报告，此时申请人有三个月（在 2014 年 2 月 14 日或之后提交的申请，申请人有 2 个月时间）提出意见或修改申请，否则注册主任可以拒绝该申请。

2. 专利审查方式

新加坡的审查模式与其他国家不大相同，即形式审查与实质审查并重模式，在形式审查（初步审查）后，如果注册主任认为不符合相关形式，会令申请人在规定期限内按照要求修改，如果申请人未修改或未按照要求修改或修改后仍不符合要求，注册主任可以拒绝其申请。如果申请符合相关形式或申请人修改后符合相关形式，注册主任会发给一份审查意见通知书，此时申请人可请求进行实质审查。⑩

在新加坡申请人申请专利审查方式主要有四种：(1) 申请人在自申请日（或优先权日或实际递交日）起 36 个月内同时请求搜索报告联合检索报告（combined search - and - examination process），这种方式可最大限度地节约时间和成本；(2) 申请人在自申请日（或优先权日或实际递交日）起 13 个月内先请求搜索报告然后在自申请日（或优先权日或实际递交日）起 36 个月内再请求检索报告（search - then - examination process），该种方式申请人可以根据搜索报告决定是否申请检索报告，若搜索结果不符合设想则可以先不申请检索报告，但若继续申请检索报告需要交付更高的费用。上述两种方式在官方的手册上也称为“全内方式（All - local approach）”；(3) 申请人在自申请日（或优先权日或实际递交日）起 36 个月内只请求检索报告，此种方式要求申请人必须已有相关搜索报告，如果有国外搜索结果可用则这种审查方式，具有费用低廉的优势，但是若先前的搜索结果不是即时作出的可能会遗漏更新的现有技术。该种方式也称为“组合方式（Combination approach）”，在组合方式中，申请人多用于根据相应国际申请的检索结果向注册主任提交审查请求；(4) 申请人在自申请日（或优先权日或实际递交日）起 54 个月内只请求补充检索报告，此种方式也要求申请人有相关搜索和检索报告，也允许使用国外搜索和

---

⑩ 参见蒋慧、张忠民、邰永昌：《中国与新加坡的专利取得立法之比较研究》，《东南亚纵横》2006 年第 11 期。

检索结果,但若国外搜索和检索结果不符合新加坡的要求则被授予的专利可能被撤销。该种方式也称为“全外方式(All - foreign approach)”,在全外方式中,申请人一般用于已有国际搜索和国际检索报告的情况。

前三种审查方式自申请人提交书面意见的答复之日起 18 个月内作出报告,最后一种审查方式自申请人提交书面意见答复之日起 6 个月内作出报告。申请人可以选择其中一种审查方式来请求对专利申请的搜索和/或审查。⑪

3. 审查方式对比

相对来说,申请人选择全内方式中的搜索联合检索报告可以最大限度地节约时间和成本,审查结果也较为全面和即时,如果申请人已有即时的搜索报告或即时的搜索和检索报告,选择组合方式或全外方式对于申请人更有利。总的来说,新加坡的审查方式给予申请人更高的灵活性,可以根据不同情况更高效地进行资源利用,方便申请人的同时也为机构的工作减少负担。下表为四种审查方式的简单对比。

表 1　审查方式对比

审查方式	特征	请求时限	审查用时	优势	劣势
全内方式	搜索再检索	13 个月 + 36 个月	18 个月内	可根据搜索结果决定下一步行动,更灵活	若继续申请检索报告需支付更高费用
	搜索和检索	36 个月	18 个月内	最大节约时间和成本	
全外方式	已有搜索和检索报告	54 个月	6 个月内	只申请补充检索,无须费用,请求报告时限较长,做出报告用时较短	若已有报告不符合国家要求则被授予的专利可能被撤销
组合方式	已有搜索报告	36 个月	18 个月内	只申请检索报告,费用低廉	若搜索报告不是即时做出的,可能导致忽略现有技术。

⑪　参见桑敏:《新加坡专利申请的审查方式与选择策略》,《2015 年中华全国专利代理人协会年会第六届知识产权论坛论文集》2015 年版,第 12 页。

(二)国际审查

1. 国际初步审查与补充检索

根据新加坡《专利法》第86条的规定,新加坡国际阶段的申请适用于《专利合作条约》(PCT)的规定。在PCT第I章中,国际申请将在国际搜索机构(International Searching Authority ISA)进行检索。ISA将对检索结果发表书面意见,申请人还可以选择补充国际检索(SIS)以补充根据PCT第I章进行的检索。如果申请人决定进入国际阶段,国际局将把上述书面意见转换为国际专利检索初步报告(IPRP(第I章)),还需按照PCT第II章提出国际初步审查要求,以获得关于所要求保护的发明是否符合新颖性、创造性和工业应用性的初步和非约束意见,为进行审查,可使用PCT第I章的书面意见。审查完成后,会出具一份关于专利可行性的国际检索初步报告(IPRP(第II章))。国际初步审查要求需要于PCT国际申请之外单独提出,与提出国际申请类似,审查要求应包含规定的细节,并以英文提交给国际审查局(IPEA)。

申请人可以向国际局提交国际补充检索要求,申请人可以自由地要求处理PCT申请以外的任何国际权威机构进行国际补充检索。通过请求国际补充检索,申请人可以扩大检索文件的语言和/或技术范围,以减少在国家阶段发现新的现有技术的可能性。申请人可以从优先权日起19个月内的任何时间向任何提供服务的主管机构(主管机构进行主要搜索)申请国际补充检索,也可以向提供服务的不同机构请求多个国际补充检索。

检索完毕机构会自优先权日起28个月内制定国际检索补充报告(SISR)。如果有关机构决定不为国际申请制定国际检索补充报告,将会做出在优先权日起28个月内不会制定国际检索补充报告的声明,以便申请人更高效地作出选择。

2. 进入新加坡国家阶段的审查

申请人在新加坡的国际申请中,有选择是否在第一章或第二章进入新加坡的国家阶段。一般来说,审查员在收到进入国家阶段的请求后,将对申请进行核查,核查内容包括该申请是否指定新加坡以及是否支付相关费用,没有支付的,申请人应在请求之日起30个月内支付;相关文件应在请求之日起30个月内提交,语言为非英文的还需提交相关文件的英文译本。如果所有要求均已得到遵守,则审查员将发出申请日期通知。如果要求没有得到遵守,审查员将发出拒绝通知,申请人有两个月的时间来补救,否则视为撤回申请。收到申请日期通知的申请进入国家阶段,申请人将按照新加坡国内审查方式请求进行审查。

3. 专利审查国际合作计划

对于有些国外搜索和检索结果来说，新加坡设立了专利审查高速公路（PPH）和东盟专利审查合作计划（ASPEC），可使申请人更快更高效的在新加坡获得专利。

专利审查高速公路是指当申请人向不同国家两局提交同一申请时，在首次申请局获授权的申请在二次申请局可以简易程序优先审查，同时可以免交部分文件，还能利用首次申请局的搜索和检索结果以减少审查员的重复劳动。[12] 参与 PPH 项目的国家除了新加坡还有澳大利亚、奥地利、加拿大、丹麦、爱沙尼亚、芬兰、德国、匈牙利、冰岛、新西兰、以色列、日本、韩国、挪威、波兰、葡萄牙、俄罗斯、西班牙、瑞典、英国、美国和捷克。为了平衡这些参与国家与参与国申请人之间协作的关系，全球 PPH 制定了一些基本原则，如只要申请享有相同的生效日期（优先权日或备案）并且申请所要求的事项相同，就会具有选择 PPH 审查资格；参与国接受任何同一专利权要求在其他参加国所做的搜索或审查报告，包含书面意见但不包含初始的授权通知，如基于巴黎公约的 PCT 国家阶段搜索或检索等十项基本原则。

东盟专利审查合作计划是新加坡 2009 年 6 月 15 日启动的东盟知识产权局首个地区专利工作共享计划。其成员国包括文莱、柬埔寨、印度尼西亚、老挝、马来西亚、菲律宾、泰国、越南和新加坡 9 个东盟成员国（AMS）。其目的是在参与的知识产权局之间共享搜索和检索结果，使参与国申请人能够快捷有效地获得相应专利。当在某一参与国提交 ASPEC 请求时，在该国的相应程序会缩短周转时间，更快地获得专利授权。截至 2017 年 8 月 1 日，东盟专利审查合作统计了 274 项专利请求。该计划与 PPH 相似，都是旨在更快捷的授予专利权以及最大幅度的减少审查员的工作周期。

七、专利申请流程

（一）专利申请双通道系统

为配合新加坡企业日益增长的多样性和需求，IPOS 于 2004 年 7 月 1 日之后，2014 年 2 月 14 日之前，为有申请日期的申请推出了双通道申请系统。

---

[12] 参见郑树华、孙辰辉：《浅谈国外专利审查模式的创新发展》，《中国发明与专利》2016 年第 1 期。

该系统包括快速通道系统和慢速通道系统,"快速通道系统"是指作出审查请求的期限相对较短,且审查时间与请求授权时间也相对较短,而"慢速通道系统"时间相对较长。如做出检索请求期限快速通道为 21 个月,慢速通道为 39 个月;综合搜索和检索请求期限快速通道为 21 个月,慢速通道为 39 个月;国际审查期限快速通道为 42 个月,慢速通道为 60 个月;请求授权时间快速通道为 42 个月,慢速通道为 60 个月。一般而言,快速通道系统为默认系统。

但该双系统于 2014 年 2 月 14 日被停用,也就是说 2014 年 2 月 14 日及之后提交的申请自动进入一个单一专利审查时间线。单一专利审查时间线中做出检索请求期限和综合搜索和检索请求期限都为 36 个月;国际审查期限为 54 个月;请求授权时间为收到通知之后 2 个月。

(二)专利申请流程

1. 提交申请文件

根据新加坡《专利法》第 25 条的规定,申请人进行专利申请时需要递交相关文件并履行所需费用,相关申请文件包括专利申请表、该项发明的说明书(说明书必须至少包含一种实现所要求保护的方式,在适当情况下附上参考图)、一个或多个权利要求(该要求界定针对该发明的保护范围并应由说明书支持)、说明书或权利要求中提到的参考图、该项发明的摘要(应为本发明的总结,并用于专利申请的公开)。

根据新加坡《专利法》第 86 条的规定,申请人进行国际申请时需要递交相关文件及履行费用,若申请提交时申请人已经依据 PCT 公开申请,则还需递交该申请书副本及副本译本,修改申请时也需要提交译本。

2. 审核申请日

根据新加坡《专利法》第 28 条第(1)款(a),注册主任应对申请的申请日期情况进行审查。一般来说,如果满足提交申请文件、确定申请人、提交有关申请发明的描述或近似描述的,申请专利的申请日是向 IPOS 提交专利申请文件的最早日期,但在特殊情况下,如申请人在申请文件中作出优先权或相关的声明,相关声明包括提及的早期相关申请、早期相关申请日期和申请国家并且本专利申请所寻求的发明描述的说明是参照并完全包含在早期相关专利申请中的,即使关于本专利发明的描述不包含在提交以启动专利申请的文件中,申请人也可以获得专利申请的日期。如果 IPOS 认为不符合要求的会通知申请人,申请人必须在通知之日起两个月内确保符合要求,否则视为放弃该专利申请。

3. 申请公开

如果该申请已进行申请日审核且审核合格,并还未进入初步审查阶段,将会在申报的优先权日期之后 18 个月内尽快在专利期刊上公开;没有申报优先权日期的,在专利申请日之后会尽快在专利期刊上公开。

依据 PCT 进行的申请应该以英文形式公开。

4. 申请撤回

由于若申请被公开,专利申请即可供公众公开查阅,这对于发明的新颖性产生重大影响。因此,如果申请人希望保密,应该在 18 个月到期前一个月内递交撤回申请的文件。

5. 初步审查

根据新加坡《专利法》第 28 条的规定,如果专利申请有申请日期、没有被撤销或被视为放弃、申请人已经支付了规定的申请费且满足了其他必要条件,注册官应对专利申请进行初步审查。

6. 搜索与检索

根据新加坡《专利法》第 29 条的规定,申请符合规定要求的,申请人可以选择上文所述方式之中的一种提出审查请求,搜索请求—提出检索请求—提出组合请求或依靠国外搜索检索补充检索结果。

7. 作出审查报告

审查结果最终反映在审查报告中。在审查期间,审查官认为申请不符合法定要求,应当作出书面意见,给予申请人五个月不可延期的期限以补充审查请求,不可延长期限为 3 个月。对书面意见的答复必须以审查员意见的书面材料、规范的修改或者两者的形式提出。

对于 2014 年 2 月 14 日及之后提交的申请,如果审查员认为申请不符合法定要求并发出否定的审查报告且做出“意向拒绝专利申请通知”,申请人可以要求审查否定审查报告,此要求必须自意向拒绝专利申请通知之日起两个月做出。

8. 等待授权

在专利检索程序和专利审查程序结束后,专利申请人必须对获得专利授权的程序是否有价值进行评估。如果专利申请人选择继续申请专利授予,为了获得专利授权书(专利表格 14),他将随即需要提交一个专利授权书的授予申请。提交授予申请需要在从申请日或优先权日宣布起 42 个月内(快速通道)或 60 个月(慢速通道),或 2014 年 2 月 14 日以后从获得合格通知起两个月内提出申请。

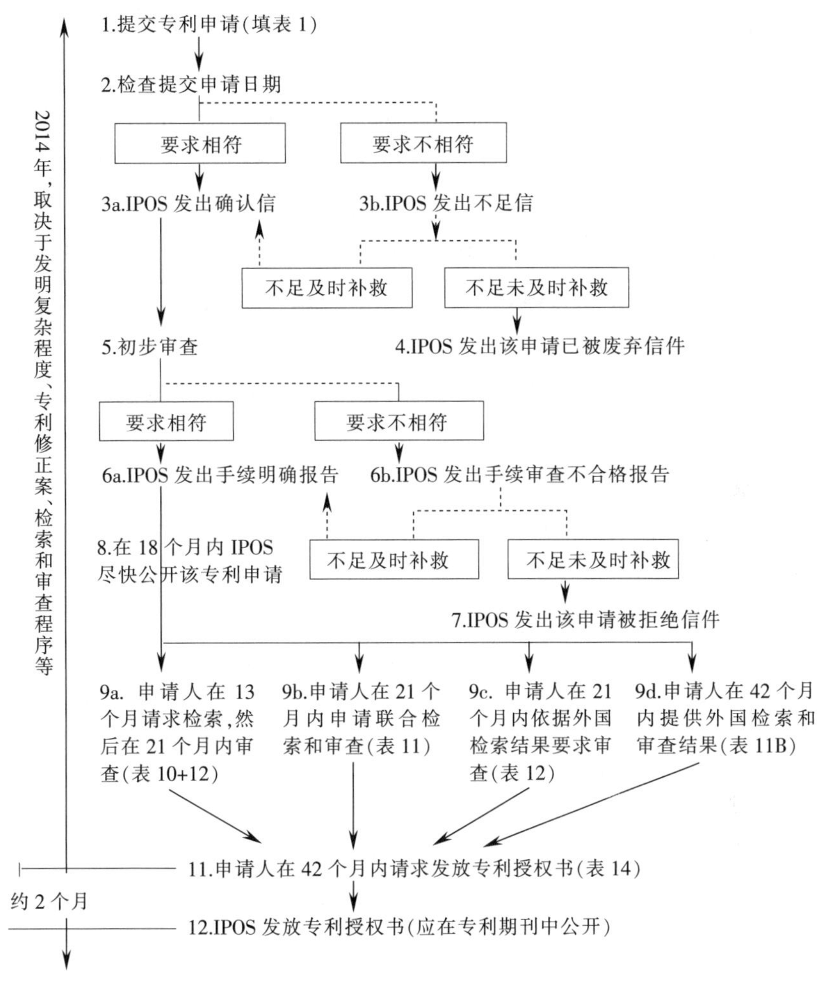

图 1 新加坡国内申请流程图

截止日期是从申报的优先权日起,或者在没有宣布优先权日时为专利申请的提交日期。默认情况下,申请程序将处于快速通道。要应用到慢速通道,专利表格必须在申请日或优先权日起 39 个月内提交。

The Experience of the Singapore Patent Application and Examination System

Abstract: Singapore as a relatively well – developed Asian country, its intellectual property system is recognized by most countries as comprehensive and strict. Against the background of China's "One Belt And One Road" initiative, To conduct a systematic study on Singapore's patent application and examination system. This paper systematically introduces the domestic patent application process in Singapore, and also discusses the special patent examination system in Singapore, and the special provisions of international patent application and examination system, and the Singapore Foreign Patent Cooperation Program. It can help Chinese investment enterprises to fully understand Singapore's patent application and examination system in Singapore.

Key Words: Singapore; Patent Application; Patent Examination

（责任校对：文禹衡）

图书在版编目（CIP）数据

湘江青年法学．第四卷．第一辑 / 魏远山，张贵昊主编．-- 湘潭 : 湘潭大学出版社，2019.7
ISBN 978-7-5687-0330-7

Ⅰ．①湘… Ⅱ．①魏… ②张… Ⅲ．①法学一文集 Ⅳ．①D90-53

中国版本图书馆 CIP 数据核字（2019）第 145300 号

湘江青年法学．第四卷．第一辑
XIANGJIANG QINGNIAN FAXUE
魏远山 张贵昊 主编

责任编辑：刘文情
封面设计：周大舜
出版发行：湘潭大学出版社
社　　址：湖南省湘潭大学工程训练中心
电　　话：0731-58298960 0731-58298966（传真）
邮　　编：411105
网　　址：http://press.xtu.edu.cn/
印　　刷：长沙鸿和印务有限公司
经　　销：湖南省新华书店
开　　本：710 mm×1000 mm 1/16
印　　张：15
字　　数：280 千字
版　　次：2019 年 7 月第 1 版
印　　次：2019 年 7 月第 1 次印刷
书　　号：ISBN 978-7-5687-0330-7
定　　价：55.00 元